中国与共建“一带一路”国家林产品贸易高质量发展研究

PROMOTING HIGH-QUALITY DEVELOPMENT OF
FOREST PRODUCTS TRADE
BETWEEN CHINA AND THE BELT AND ROAD COOPERATION COUNTRIES

程宝栋　李芳芳　万　璐　等　著

作者简介

程宝栋 北京林业大学经济管理学院教授、博士生导师、博士后合作导师、北京林业大学发展规划处副处长，国家林业和草原局重点（培育）学科林产品贸易学科负责人，国家级一流本科专业国际经济与贸易专业负责人。入选首届全国林业教学名师、国家林业和草原局全国林草科技创新领军人才、北京市优秀人才培养计划、北京高等学校青年英才计划、中国林业青年科技奖、中国哲学社会科学最有影响力学者排行榜（2017、2020）、中国青年农业经济学家论坛2020年度学者。兼任国家林业和草原局一带一路林草经贸国际合作中心秘书长、国家林业和草原局木材安全国家科技创新联盟理事长、国家林业和草原局林产品国际贸易研究中心副主任、中国企业管理研究会副理事长、中国林业经济学会副秘书长兼学术部主任、中国林业经济学会林产品贸易专业委员会秘书长、全国农林院校林产品贸易教学与科研协作组秘书长、中国农业技术经济学会青年学者工作委员会副主任、北京林学会副秘书长、中国林业产业联合会常务理事、国际林联林产品学部林产品认证与服务工作组副组长。承担本科课程“国际经营学”“国际贸易专业概论”，研究生课程“国际商务”“林产品市场与贸易专题”“论文写作与学术规范”等。近5年指导本科生11人、硕士生18人、博士生9人、博士后3人、留学生3人，指导大学生创新创业3人。所指导的博士生获得校长奖学金、梁希优秀学子奖、校级优秀博士学位论文奖、周诚农业经济学奖二等奖等。6名硕士生获得校级优秀硕士学位论文奖、3名硕士生获全国国际商务硕士优秀学位论文奖。主持国家自然科学基金（2项面上、1项青年）、教育部人文社会科学项目、北京市社会科学基金、国家林业和草原局重点科学技术项目等省部级科研课题30余项。在《中国农村经济》、《国际贸易问题》、《农业经济问题》、《国际贸易》、《资源科学》、《农业技术经济》、*Renewable & Sustainable Energy Reviews*、*Journal of Cleaner Production*、*Resources and Recycling* 等国内外重要期刊发表科研论文百余篇。在中国社会科学出版社、中国农业出版社、中国林业出版社、人民日报出版社等权威机构出版学术专著10余部。科研成果获得梁希林业科学技术奖一等奖、二等奖，商务部贸易救济与产业安全研究成果奖二等奖，河北省社会科学优秀成果奖二等奖，中国循环经济协会科学技术奖二等奖等多项学术奖励。所主持的国家自然科学基金“基于CAS与SD交互模型的中国木材供需预测研究”（71203011）在结题后评估中被评为“特优”。所提交的研究咨询报告多次获得商务部、国家林业和草原局主要领导的肯定性批示。

李芳芳　北京林业大学经济管理学院国际贸易系副教授、硕士生导师。2015年毕业于中国社会科学院研究生院，获经济学博士学位。2015～2017年在中国社会科学院工业经济研究所从事博士后研究工作。主要研究方向为产业经济、“一带一路”贸易与投资。目前主要的学术兼职有：国家林业和草原局一带一路林草经贸国际合作中心副秘书长、国家林业和草原局林产品国际贸易研究中心对外投资室主任、国家林业和草原局木材安全国家科技创新联盟副秘书长、中央财经大学国际投资研究中心特约研究员、中国企业管理研究会理事等。曾在《国际贸易》、《经济管理》、《宏观经济研究》、《城市发展研究》、《经济评论》、人民网、*Journal of Sustainable Forestry* 等国内外核心期刊或媒体发表学术论文20余篇。以第二著者在社会科学文献出版社、中国社会科学出版社等出版学术专著5部。主持并参与国家自然科学基金项目、政府或企业委托项目20余项。科研成果获梁希林业科学技术奖二等奖、中国循环经济协会科学技术奖二等奖等学术奖励。

万璐 北京林业大学经济管理学院国际贸易系副教授、硕士生导师。中国林业经济学会林产品贸易专业委员会委员、国家林业和草原局一带一路林草经贸国际合作中心副秘书长、国家林业和草原局木材安全国家科技创新联盟副秘书长。主要研究领域为国际贸易理论与政策、区域经济一体化、林产品贸易。2012 年毕业于对外经济贸易大学国际贸易学专业。2021 年获北京林业大学“三八”红旗标兵称号。主讲本科“外贸英语与函电”（双语）、“国际贸易”，研究生“国际商务”、“国际商务谈判”（双语）等课程。主讲课程获北京林业大学首届“好评课堂”，课程教案连续两年获校本科教案评比一等奖，多次获校青年教师教学基本功比赛奖项、校本科教学质量评价奖项、经管学院“魅力教学之星”。在《国际贸易》《南开经济研究》《当代亚太》等 CSSCI 核心期刊发表学术论文数十篇，多篇成果被人大复印资料全文转载，多次获得中国国际贸易学会征文奖，主持国家社科基金青年项目、中华学术外译项目等国家级科研课题，成果专著于 2018 年获商务部商务发展研究成果奖。对林业产业发展特征及动力机制的研究于 2017 年获国家林业局梁希林业科学技术二等奖，2018 年获中国循环经济协会科学技术二等奖。

前 言

党的十九大报告指出，中国特色社会主义进入新时代。新时代不仅意味着社会主要矛盾向人民日益增长的美好生活需要和不平衡不充分发展之间的矛盾转变，也意味着我国经济开始由高速增长阶段转向高质量发展阶段。高质量发展成为“十四五”乃至更长时期我国经济社会发展的主旋律，各个领域都进入攻坚克难的现代化建设快速推进时期。2020 年突如其来的新冠肺炎疫情，非但未能改变我国经济高质量发展的大局，反而从侧面展现出该发展阶段的实施已迫在眉睫。为应对不断变化的新形势，2020 年 5 月 24 日，习近平总书记在参加全国政协十三届三次会议经济界委员联组会时提出，要逐步形成以国内大循环为主体、国内国际双循环相互促进的新发展格局。双循环新发展格局主要强调，要依托国内大循环为主体，立足于扩大内需，维护国内的产业链安全与供应链安全；同时，形成国内国际双循环相促进，推进“一带一路”建设，积极推动新型全球化，促进国内循环、国际循环相互促进的全球大循环。

高质量发展的大势和双循环新发展格局的提出势必会对未来各行各业形成重大影响。林业产业建设是事关经济社会可持续发展的根本性问题，是生态文明建设的主力军，其为美好生活的创造和美丽中国的建设提供生态条件，并在中国成为全球生态文明建设重要参与者、贡献者和引领者角色中发挥着巨大作用，因此在新时代下被赋予了自身现代化建设提速和助力其他领域现代化建设的双重使命。“一带一路”贸易伙伴是中国林产品生产所需投入的重要来源国，亦存在较大的林产品市场潜力，与共建“一带一路”国家的林业产业对外贸易合作对我国林业产业和贸易结构调整、保障国内木材安全进而助力国内循环有着重要作用，更是林业产业进一步通过林业对外开放，促使林业企业和林产品“走出去”，实现高质量发展和国际大循环的必由之路。

基于此，本书聚焦林产品贸易高质量发展这一主题，主要探究我国与共建“一带一路”国家林产品贸易发展的格局、条件及未来潜力。全书共分为九章，核心观点如下。

第一，共建“一带一路”很多国家森林资源丰富，市场发展潜力巨大。这些国家的林产品贸易在世界林业经贸发展中占据重要地位。从资源禀赋、林业产业发展水平及林产品贸易结构等方面来看，我国与共建“一带一路”国家的林产品贸易具有较强的互补性，加强我国与共建国家的林产品贸易高质量发展，可以实现互利共赢，同时也是“一带一路”贸易畅通的重要组成部分。

第二，“一带一路”倡议的提出有助于我国与共建国家林产品贸易关税的降低，当前林产品贸易中除了个别人造板产品外已基本实现“零关税”；我国对新兴市场的开拓，亦可形成新的林产品贸易合作网络，这将有效提高我国林产品贸易的抗风险能力；绿色“一带一路”的不断推进，也在一定程度上缓解了各种非关税贸易摩擦，但未来仍需警惕技术型贸易壁垒，为此，我国应在提高森林认证标准，使其与国际标准接轨的同时，提高出口产品技术含量，并鼓励外贸企业进行海外直接投资。

第三，贸易便利化水平的提高有助于降低交易成本、简化贸易程序、提高通关效率。“一带一路”倡议提出后，我国与共建国家的林产品贸易合作机制不断完善，贸易便利化水平显著提高，但不同国家表现仍然存在较大差异，我国与部分共建国家的贸易便利化存在较大的提升空间。

第四，三元边际的测算结果显示，我国对共建“一带一路”国家林产品出口增长的主要拉动要素仍为出口数量，出口价格对出口增长的促进作用开始逐步显现，而出口种类要素则存在较大的提升空间。在所选取的共建国家中，与我国林产品贸易潜力巨大型国家有 9 个，且主要为中东欧国家；潜力再造型国家有 5 个，其现有贸易潜力已基本开发完成；剩余国家则为潜力开拓型国家，是未来我国与共建国家林产品贸易的有力增长点。

第五，当前我国林产品贸易依然“两头在外、大进大出”，全球价值链参与度不高，并面临“低端锁定风险”。从我国与共建国家林产品贸易互补性、技术变革和制度创新等全球价值链重构基本条件来看，我国林业产业借力“一带一路”平台进行全球价值链升级存在较强的可能性。

第六，全球价值链分工体系的演进，带来了碳排放的跨区域流动。随着林产品贸易的不断增长，共建“一带一路”国家木质林产品出口隐含碳排放总量不断上升。不同国家、不同产品的出口隐含碳排放结构具有较强的异质性，部分国家为碳净流出国家，部分为碳净流入国，且具体流向也不尽相同。在这种背景下，需要构建同时兼顾生产者和消费者利益的碳排放责任分配方案，形成有助于全球生态的碳排放责任共担机制。

高质量发展是能够体现创新、协调、绿色、开放和共享的发展。为了推进我国与共建“一带一路”国家的林产品贸易高质量发展，还需要进一步增强我国林产品贸易的创新能力、提升整体协调性、推进生态环境保护、解决内外联动问题并加快全球价值链的重构，以此实现参与国的利益共享，并使林业产业能够为建设生态文明和美丽中国作出新的更大贡献。

需要说明的是，本书是在笔者的两个国家自然科学基金项目“中国木材加工业转移粘性、集聚与产业升级研究”（编号为 718730016）和“南方集体林区公益林补偿政策对农户收入的影响及机制优化研究”（编号为 72073012）的资助下完成的。全书由程宝栋拟定研究框架，由李芳芳和万璐完成最终审阅定稿。全书具体执笔情况如下：第一章由程宝栋、周莹莹执笔，第二章由李芳芳、张倩、徐畅执笔，第三章由万璐、张倩、周莹莹执笔，第四章由万璐、张露露、李慧娟执笔，第五章由李芳芳、陶晨璐、李心斐执笔，第六章由程宝栋、张金珠、杨超、解希玮执笔，第七章由李芳芳、熊立春、张金珠执笔，第八章由李芳芳、李慧娟、张露露执笔，第九章由万璐、程宝栋、解希玮执笔。

本书的顺利出版得到了社会科学文献出版社王利民社长、皮书出版分社邓泳红社长、宋静编辑的大力支持。团队系列成果的出版，长期受到他们的热忱支持与帮助，这里一并表达诚挚谢意。当然，文责自负，欢迎读者们批评指正。

CONTENTS

目录

01 第一章

研究背景

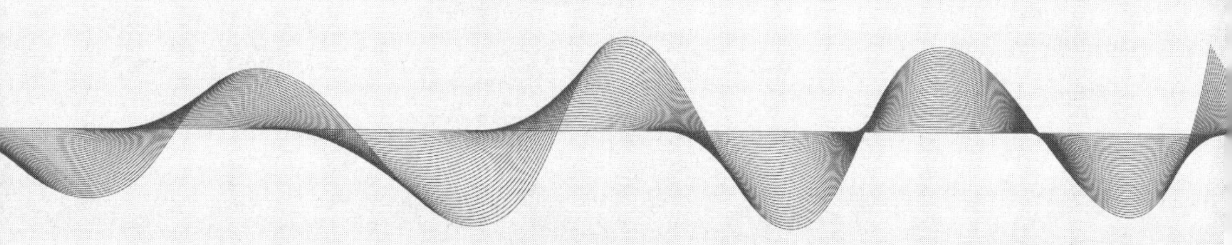

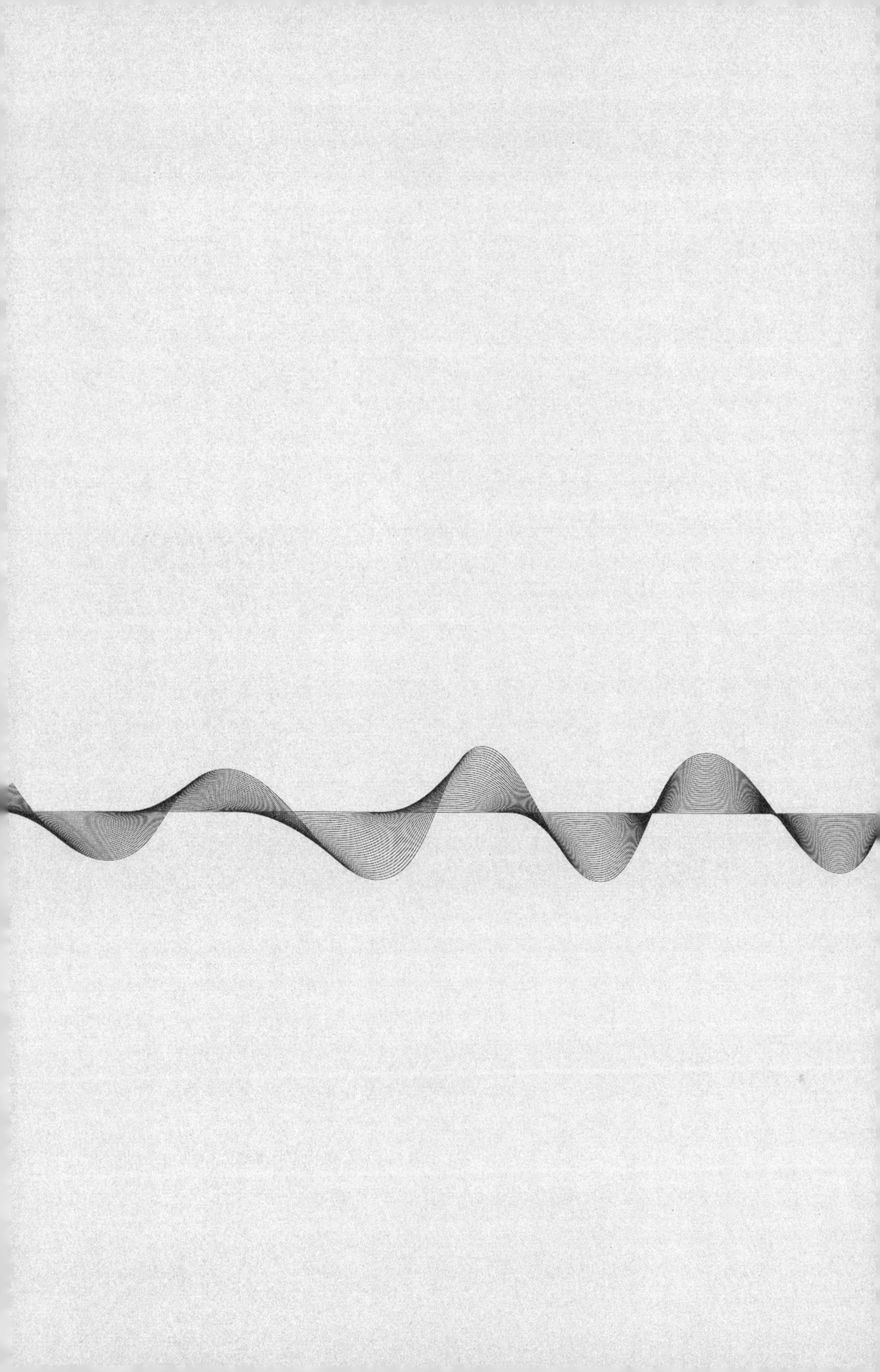

当今世界经济高速发展，各国交往日益密切，促使全球各国成为一个命运共同体。在此背景下，开放和合作显得尤为重要。而任何层面的国际合作，要想富有成效，都应遵循“共商、共建、共享”的原则。这既是高效合作的重要基础，也是满足各国“获得感”的必要条件（李晓、李俊久，2015）。中华民族拥有五千年的悠久历史，从公元前就形成了与世界共谋发展的对外交往格局，丝绸之路便是中国走向世界、拥抱世界、发展世界的体现。进入21世纪，和平发展、合作共赢才是人间正道，面对复苏乏力的全球经济形势、纷繁复杂的国际和地区局面，传承和弘扬丝路精神更显重要和珍贵。在此背景下，习近平总书记在2013年提出的“一带一路”倡议，致力于在通路、通航的基础上通商，形成和平与发展新常态，符合世界经济发展潮流，对于共建国家，乃至世界各国的发展均具有积极的推动作用。

中国作为“一带一路”倡议的发起国，肩负着协助共建国家共同发展的使命。借助于“一带一路”倡议，密切各国之间的经贸往来是实现共同发展的主要途径之一。共建“一带一路”国家多为发展中国家，林产品作为重要的基础性可再生资源，大力发展其相关贸易将有利于推动这些国家的发展。明确中国与共建“一带一路”国家林产品贸易的发展格局、发展条件及发展现状，对于进一步优化中国与共建“一带一路”国家林产品贸易，更好地实现在通路、通航的基础上通商，形成和平与发展新常态具有十分重要的作用。

一　“一带一路”倡议及对共建国家林产品贸易的意义

“一带一路”合作倡议，旨在通过加强国际合作，对接共建国家发展战略，实现优势互补，促进共同发展。“一带一路”倡议是中国为推动经济全球化深入发展而提出的国际区域经济合作新模式（袁新涛，2014）。其核心目标是促进经济要素有序自由流动、资源高效配置和市场深度融合，推动开展更大范围、更高水平、更深层次的区域合作，共同打造开放、包容、均衡、普惠的区域经济合作架构。“一带一路”倡议的理念是“和平合作、开放包容、互学互鉴、互利共赢”。与以往经济全球化不同的是，这一倡议更加强调参与主体间的协调共赢，而国际贸易是实现这一目的的有力举措。

中国作为一个人口大国，人均自然资源占有量低，国内林产品需求旺盛，国际贸易成为缓解国内需求的主要途径。而共建“一带一路”国家多为发展中国家，劳动力充足，诸多国家森林资源丰富。发展中国与共建“一带一路”国家的林产品贸易不仅有利于满足中国的需求，也有利于带动共建其他国家的发展，充分体现了“共建、共享、共赢”的宗旨。

（一）“一带一路”倡议的缘起

“一带一路”（The Belt and Road，B&R）是“丝绸之路经济带”和“21 世纪海上丝绸之路”的简称。2013 年 9 月和 10 月，习近平总书记在出访中亚和东南亚国家期间，先后提出共建“丝绸之路经济带”和“21 世纪海上丝绸之路”的重大倡议（张宏志，2016）。2014 年 5 月，习主席在上海亚信峰会上进一步指出，中国将同世界各国一道，加快推进“丝绸之路经济带”和“21 世纪海上丝绸之路”的建设，并指出尽早启动亚洲基础设施投资银行。同年 10 月，21 个亚投行意向成员国在京签署《筹建亚投行备忘录》，年底“丝路基金”完成工商注册，12 月丝路基金成立。2015 年 3 月，国家发改委、外交部、商务部共同发布《推动共建丝绸之路经济带和 21 世纪海上丝绸之路的愿景与行动》，同年 10 月，推进“一带一路”建设工作领导小组办公室印发《标准联通“一带一路”行动计划（2015 ~ 2017）》，12 月亚洲基础设施投资银行正式成立。至此，由中国倡导的“一带一路”倡议的两大金融平台已经形成。2016 年，中欧班列建设发展规划被提出，与相关国家的政策对接合作规划落地实施，2017 年 5 月《共建“一带一路”：理念、实践与中国的贡献》发布，同年 5 月，首届“一带一路”国际合作高峰论坛在京成功举办。这一系列的成果和实践证明，“一带一路”倡议虽然是由中国提出的，但它并非中国自己的“独奏曲”，而是世界各国、各民族共同参与的“交响乐”，是致力于谋求各国、各民族共同利益的重要发展战略（田惠敏、曹红辉，2015）。对于共建国家各方面的发展均具有重要的推动作用和引领意义。

（二）中国与共建“一带一路”国家进行林产品贸易的必要性

我国提出“一带一路”倡议并非偶然，而是进入21世纪以来，特别是后危机时代，中国经济内外发展环境发生深刻演变的产物（杜德斌、马亚华，2015）。我国森林资源人均占有量较低，环境压力较大，国内旺盛的林产品需求需要通过国际贸易满足。然而，国际贸易受各国政治局势、政策法律、地理区域等因素影响较大，林产品贸易的稳定性难以得到保障。“一带一路”倡议是中国提出的、旨在团结共建国家共同发展的区域合作新路径，推动共建国家之间的贸易畅通是“一带一路”倡议的重要目标之一，也为中国寻求更优质的原木贸易伙伴和资源、进一步优化林产品贸易结构、增强林产品贸易稳定性奠定了坚实的基础。中国与共建“一带一路”国家进行林产品贸易的必要性主要体现在以下方面。

1. 优化林产品贸易结构、保障国内木材安全的需要

我国人口基数大、森林资源有限，且林产品需求旺盛，在世界林产品贸易网络中一直居于要位。但长期以来，我国木质林产品贸易以加工贸易为主，通过大量进口原木、锯材、纸浆等原料，经过简单加工，满足国内市场和对外贸易需求。然而，这种“两头在外、大进大出”的贸易模式，致使我国林产品对外依存度较高（李佳佳、贝淑华，2020），贸易结构稳定性较差，容易受国际政治局势、贸易伙伴关系等因素的影响。另外，天保工程等一系列森林保护工程实施以来，我国政府虽然采取了一系列措施，但尚未找到既能一定程度上满足国内木材需求，同时又能使木材“越采越多、越采越好”的林业可持续发展路径。且现阶段国内林产品消费市

场开发不足，部分林产加工业技术水平落后于其他国家，这些因素均限制了我国林产品贸易结构的优化升级，威胁着我国的木材安全。

“一带一路”倡议是我国发起的、致力于带动共建国家尤其是发展中国家发展的开放性、共赢性策略，该倡议的提出为我国优化林产品贸易结构、保障国内木材安全提出了新的思路。“一带一路”倡议以“共商、共建、共享”为合作宗旨，目前已有100多个国家和地区与中国签订了合作文件，这不仅能够进一步密切中国与共建国家的林产品贸易关系，还为中国寻找更多的贸易伙伴提供了条件。此外，共建“一带一路”国家森林资源丰富，劳动力比较优势明显，有利于我国将林产品加工中的低端制造业转移出去，同时，加强与共建国家的技术和管理合作，从原料进口、产品出口、森林培育三个方向优化林产品贸易结构，推动林产品国内和国际市场的同步发展。

2. 带动共建国家经济发展、体现大国责任的需要

当今世界国际政治经济新秩序的争夺日益激烈。中国作为世界上最大的发展中国家，在坚持和平共处五项原则的前提下，始终坚持“亲诚惠容”的周边外交理念以及“和平合作、开放包容、互学互鉴、互利共赢”的丝路精神。共建“一带一路”倡议源自中国，更属于世界，根植于历史，更面向未来，重点面向亚欧非大陆，同时向国际上所有伙伴开放。

建设“一带一路”，目的是让中国与世界更加紧密地联系在一起，推动更多国家和地区开展全方位合作，共克时艰，共创辉煌（袁新涛，2014）。这就要求我们要充分考虑共建国家的国情特点。相较于发达国家，共建“一带一路”国家多为发展中国家，工业基础薄弱，发展速度缓慢，中国与共建国家的合作更应因地制宜，从基础行业入手。林业作为第一产业，为中国早期的发展提供了大量的原始资本积累。同样地，共建“一带一路”欠发达地区也可借助自身的森林资源优势，同中国进行林产品贸易，赚取外汇，进而带动其他产业的发展。对于森林资源匮乏的共建国家，中国可向其出口具有一定技术含量的林产品，满足其国内需求。因此，中国与共

建"一带一路"国家进行林产品贸易是双赢，充分展示了中国主动参与国际事务的积极姿态和负责任大国的形象，表明中国将在力所能及的范围内承担起应负的责任与义务，为世界和平、繁荣与稳定作出更大贡献。

3. 充分释放共建国家人力和森林资源优势、巩固和推进"一带一路"倡议高质量发展的需要

由全球森林资源评估数据可知，共建"一带一路"国家森林资源禀赋差异较大，其中俄罗斯、印度尼西亚、印度、马来西亚等国家的森林林木蓄积量位居世界前列，这些国家也一直与中国保持着密切的林产品贸易往来。在"一带一路"倡议下，这种贸易关系会更加牢固，同时也为共建国家之间的林产品贸易搭建了桥梁。与此相反，埃及、沙特阿拉伯、以色列等国家森林资源严重匮乏，中国与这些国家进行林产品贸易不仅能够一定程度上缓解这些国家对部分林产品的需求，同时，中国也可以借助"一带一路"的"资金融通、道路畅通"等便利条件，推动林业产业在共建国家的对外直接投资，将林业产业中的低端制造业转移到共建国家，帮助共建国家将自身的劳动力和森林资源优势转化为经济优势，在满足其国内林产品需求的同时，带动当地经济的发展。

"一带一路"倡议由中国发起，因此，在推动该倡议顺利实施的过程上，中国理应起到"领头羊"的作用。林业产业是重要的基础性产业，在共建"一带一路"众多欠发达地区的发展中起到重要的基础性作用。中国与共建国家在林产品贸易方面的深度合作，是基于共建国家和中国自身的国情和市场需求，不仅有利于拓展各国间的合作范围，充分发挥各国的比较优势，还有利于稳固共建国家的合作基础，推动"一带一路"倡议向更高层次、更高水平、更宽领域发展。

（三）"一带一路"倡议对中国与共建国家发展林产品贸易的意义

"一带一路"倡议是中国在"共商、共建、共赢"的原则下主动提出

的旨在推动区域共同发展的倡议，是中国主动承担大国责任的体现，对中国和共建国家发展林产品贸易具有重要的意义。

1. 有利于中国与共建国家建立紧密的林产品贸易伙伴关系

随着我国经济的迅速发展和世界经济的复苏，受限于国内天保工程的实施，我国林产品贸易需求持续扩大。但是复杂的国际形势为中国的林产品贸易带来了诸多挑战。以往“大进大出、两头在外”的林产品贸易格局稳定性较差、风险较高，不利于中国林业产业的可持续发展。“一带一路”的提出为优化中国的林产品贸易结构提供了可行性思路。“一带一路”是致力于推动区域经济平衡发展的合作框架，从整个国际视角而言，这一构想展现了中国推动区域经济平衡发展、谋求国家之间合作共赢的新理念、新蓝图、新途径和新模式（刘卫东，2015）。“一带一路”倡议以构建平等互利、合作共赢的“利益共同体”和“命运共同体”为主旨，通过政策沟通、道路联通、贸易畅通、货币流通、民心相通等新途径，加强与共建国家的交流和合作，因此，在“一带一路”倡议的合作框架下，共建国家在政策、道路、贸易、货币、民心等方面的联系会更加密切，这些为中国与共建国家建立紧密的林产品贸易伙伴关系提供了保障。

2. 有利于将政治互信、地缘毗邻、资源互补等优势转化为林产品贸易方面的务实合作，增强中国及共建国家林业产业的持续竞争优势

中国自古以来就是崇尚和平发展的礼仪之邦，与邻国一直保持着密切的交往与合作，拥有政治互信的基础，且共建“一带一路”国家多为欠发达的发展中国家，部分与中国距离较近，拥有地缘毗邻、经济互补的优势。但由于综合国力、世界政治格局动荡等因素，以往中国与周边国家的合作并未充分利用这些优势。当今情境下，“一带一路”倡议将引导中国以带状经济、走廊经济、贸易便利化、技术援助、经济援助、经济一体化等各种可供选择的方式与共建国家共同推进欧亚区域经贸发展，这种创新的合作模式为中国与共建国家的林产品贸易提供了新的路径，基于政治互

信、地缘毗邻、经济互补等优势，中国与共建国家林产品贸易关系会更加紧密。中国是一个跨越温带、热带和亚热带三个气候带的国家，同时，共建“一带一路”国家跨越寒带、温带、亚热带和热带四个气候带，因而，从自然资源禀赋、产品匹配角度，中国与共建“一带一路”主要国家具备构建良好林产品贸易互补关系的条件，“一带一路”倡议下，这些有利条件能够充分转化为林产品贸易方面的务实合作，增强中国与共建国家林业产业的持续竞争优势，使得共建国家乃至世界更多国家的相互合作更加深入，发展空间更加广阔。

3. 有利于优化中国的林产品贸易网络，推动林产加工业的优化升级

中国的森林资源虽然丰富，但人均占有量远低于世界平均水平，因此中国林产品以“大进大出，两头在外”的外贸为主。目前，共建“一带一路”国家中中国进口林产品的国家主要局限于具有森林认证能力的国家，如俄罗斯、泰国、越南等，以满足向发达国家出口林产品所用的原材料满足原料来源合法、可追溯，确保来自“可持续经营的森林”的需求。而其他木材资源比较丰富的国家（如缅甸），由于短时间内无法建立森林可持续经营认证体系，其林产品出口受到很大限制。根据联合国粮农组织的统计数据，人造板和木家具是中国出口至共建“一带一路”国家的主要林产品，且俄罗斯、阿联酋、沙特、新加坡、马来西亚、菲律宾是中国主要出口目的地。而原木和锯材是中国自共建“一带一路”国家进口的主要林产品，且俄罗斯、泰国、马来西亚、印尼、越南是主要进口来源国。

从贸易现状来看，在世界林产品国际贸易中，中国属于净出口国，但在中国与共建“一带一路”国家林产品贸易中，中国则一直是净进口国（赵晓迪等，2020）。由此可见，共建“一带一路”国家作为“消费者”的市场潜力有待进一步开发。“一带一路”倡议的提出加深了中国与共建国家的友好关系，为我国带来了更多更为稳定的林产品贸易伙伴。中国可以根据共建国家的资源和发展情况，在满足共建国家林产品贸易需求的同时积极拓宽林产品贸易范围，如中国对共建“一带一路”国家的林产品出

口越来越多元，过度依赖单一市场的情况有所缓解；由于现有贸易伙伴的绿色贸易壁垒、法律法规的颁布、国际政治局势的动荡等，在“一带一路”合作框架下，立陶宛、波兰、白俄罗斯可能成为未来一段时间缓解中国林产品原料缺口的候补国家。由此可见，“一带一路”倡议对于优化中国的林产品贸易网络、推动林产加工业的优化升级起到了十分重要的作用。

二　研究对象及范围界定

（一）共建“一带一路”国家界定

“一带一路”（The Belt and Road，B&R）作为一个全新的开放型区域经贸合作网络，经过7年多的发展，迄今为止，全球已有100多个国家和国际组织积极支持和参与“一带一路”建设，联合国大会、联合国安理会等也逐步将“一带一路”建设纳入会议议题中，“一带一路”的“朋友圈”不断扩大，功能不断丰富和深入。截至2020年1月底，与中国签订共建“一带一路”合作文件的国家达到138个，具体如图1－1a所示。其中非洲44个，亚洲37个，欧洲27个，南美洲8个，大洋洲和北美洲各11个。非洲和亚洲与中国签订共建“一带一路”合作文件的国家占全部签订国家总数的59%，充分体现了中国致力于帮助各国，尤其是落后的发展中国家走向繁荣富强的宗旨和使命。

然而，研究中国与共建“一带一路”国家林产品贸易的发展状况，需要从时间的角度纵向探究中国与各共建国家长期的贸易关系，因此，为便于纵向对比研究，本研究根据中国一带一路网①对共建国家及所属地区的划分方式，选取了共建“一带一路”初始65个（含中国）国家作为研究对象，具体国家如表1－1所示，各地区所占国家数量和比例如图1－1b所

① https：//www. yidaiyilu. gov. cn/jcsjpc. htm.

示，由图 1－1b 可知，65 个初始成员国中，亚、非国家占比高达 70%，可见，“一带一路”倡议不同于发达国家之间的联盟，是联合广大发展中国家共谋发展的新兴组织，是中国负责任大国的重要体现。

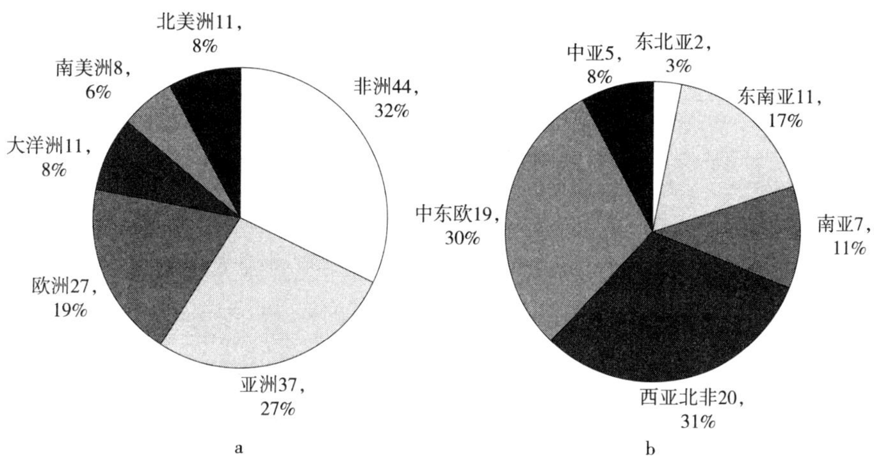

图 1－1　各地区“一带一路”共建国家占比情况

资料来源：中国一带一路网。

除按照地区划分“一带一路”国家外，余淼杰（2019），李建军等（2019），张帆等（2017），耿仲钟、肖海峰（2016）等学者分别对“丝绸之路经济带”和“21 世纪海上丝绸之路”展开研究。为此，本研究借鉴已有研究经验，也将共建“一带一路”国家划分为共建“丝绸之路经济带”国家和共建“21 世纪海上丝绸之路”国家，并且在表 1－1 中进行标注。

表 1－1　共建“一带一路”国家名单

地　区	共建国家
东北亚	蒙古国[a]、俄罗斯[a]
东南亚	新加坡[b]、印度尼西亚[b]、马来西亚[b]、泰国[b]、越南[b]、菲律宾[b]、柬埔寨[b]、缅甸[b]、老挝[b]、文莱[b]、东帝汶[b]
南　亚	印度[b]、巴基斯坦[b]、斯里兰卡[b]、孟加拉国[b]、尼泊尔[a]、马尔代夫[b]、不丹[a]
西亚北非	阿联酋[b]、科威特[b]、土耳其[a]、卡塔尔[b]、阿曼[b]、黎巴嫩[a]、沙特阿拉伯[b]、巴林[b]、以色列[a]、也门[b]、埃及[b]、伊朗[b]、约旦[a]、叙利亚[a]、伊拉克[b]、阿富汗[a]、巴勒斯坦[a]、阿塞拜疆[a]、格鲁吉亚[a]、亚美尼亚[a]

续表

地 区	共建国家
中东欧	波兰[a]、阿尔巴尼亚[a]、爱沙尼亚[a]、立陶宛[a]、斯洛文尼亚[a]、保加利亚[a]、捷克[a]、匈牙利[a]、马其顿[a]、塞尔维亚[a]、罗马尼亚[a]、斯洛伐克[a]、克罗地亚[a]、拉脱维亚[a]、波黑[a]、黑山[a]、乌克兰[a]、白俄罗斯[a]、摩尔多瓦[a]
中 亚	哈萨克斯坦[a]、吉尔吉斯斯坦[a]、土库曼斯坦[a]、塔吉克斯坦[a]、乌兹别克斯坦[a]

注：a 表示共建“丝绸之路经济带”国家；b 表示共建“21 世纪海上丝绸之路”国家。

资料来源：中国一带一路网官方网站，报告参考余淼杰（2019）、李建军等（2019）等文献对共建“一带一路”国家进行分类。

由表 1－1 可知，共建“一带一路”64 个初始国家（不包括中国）中，共建“丝绸之路经济带”共包括蒙古国、俄罗斯等 38 个国家，共建“21 世纪海上丝绸之路”共包括新加坡、印度尼西亚等 26 个国家。共建“丝绸之路经济带”和共建“21 世纪海上丝绸之路”国家在地理位置、资源禀赋、发展现状、对外贸易等方面均存在明显不同，因此，下文各章节对中国与共建“一带一路”国家林产品贸易结构、潜力等研究均从共建“丝绸之路经济带”和共建“21 世纪海上丝绸之路”两个维度进行对比分析，以便更为深入地探究共建“一带一路”国家与中国林产品贸易的特点及未来的发展方向。

（二）林产品范围界定

林产品意指林木产品、林副产品、林区农产品、苗木花卉、木制品、木工艺品、竹藤制品、艺术品、森林食品、林化工产品，以及与森林资源相关产品的综合。当前，国内外对于林产品范畴的界定不一（张寒、聂影，2010），不同统计口径下林产品所包含的内容差别也较大，这在一定程度上限制了有关林产品研究的横向对比。因此，厘清不同统计口径下的林产品范围以及本研究所包含的林产品内容十分必要。

国际贸易领域对林产品范畴的统计口径较多，且不同统计口径下的产品种类、内容和贸易额有所不同。当前，在国际贸易领域对林产品采用的统计口径主要分为以下 5 种：SITC 口径；HS 口径中第 44、47、48 章；HS 口径中第 44、47、48 章去除木制品；《中国林业统计年鉴》；其他的一些由研究者自己定义的口径（刘艺卓等，2006）。

本研究对于林产品范围的界定主要针对木质林产品，林下经济产品等非木质林产品不计入研究范畴。在国际粮农组织林产品范围的基础上，借鉴《中国林业发展报告》、《中国林业统计年鉴》以及万璐、程宝栋（2017）等学者的研究，本研究主要将木质林产品分为6类，涵盖工业用原木、锯材、人造板、木浆、纸制品与木家具，具体分类及对应的HS编码如表1－2所示。

表1－2　木质林产品分类及HS编码对应

商品类目	HS编码货品名称	HS编码
1. 工业用原木	原木（不论是否去皮、去边材或粗锯成方）	4403
2. 锯材		
（1）特种锯材（枕木）	铁道及电车道枕木	4406
（2）普通锯材	经纵锯、纵切、刨切或旋切的木材	4407
3. 人造板		
（1）刨花板	碎料板，定向刨花板及类似板，木或其他木质材料制	4410
（2）纤维板	木纤维板或其他木质材料纤维板	4411
（5）胶合板	胶合板、单板饰面板及类似的多层板	4412
4. 木浆	木浆及其他纤维状纤维素浆	47（除4707）
5. 纸制品		
（1）废纸	回收（废碎）纸或纸板	4707
（2）纸及纸制品	纸及纸板；纸浆、纸或纸板制品	48
（3）印刷品	书籍、报纸、印刷图画及其他印刷品；手稿、打字稿及设计图纸	49
6. 木家具	皮革坐具及其零件	940161
	其他坐具及其零件	940169
	办公室用木家具	940330
	厨房用木家具	940340
	卧室用木家具	940350
	其他木家具	940360

资料来源：万璐、程宝栋《中国林产品贸易的亚太区域格局及发展趋势》，《国际贸易》2017年第8期。

三　主要研究内容和框架

本文聚焦于探究中国与共建“一带一路”国家林产品贸易发展的格

局、条件和潜力，总体上遵循从全局到局部再到个体的逻辑，首先，阐述研究背景，分别对全球和共建“一带一路”国家林产品贸易进行探讨；其次，从中国与共建“一带一路”国家林产品贸易现状、特征、条件、潜力等方面深入分析当前贸易格局和未来贸易方向；再次，探究中国在“一带一路”倡议下，林产品贸易的全球价值链攀升，以及全球价值链分工下中国与共建国家林产品贸易隐含碳排放责任共担和跨区域补偿；最后，根据前文研究结论，就如何推进中国与共建国家林产品贸易的高质量发展提出相关的政策建议。具体研究内容如下。

1. 世界林产品贸易发展

随着全球化与贸易自由化的逐步深入，各国分工日益细化，这促进了林产品生产链向国际化发展，使得国家之间经贸联系更加密切，林产品国际贸易更加复杂化。同时，林产品贸易在长期的发展中形成了不同的地区分布格局，商品结构也随着时间和空间的变化而调整。为此，全面掌握世界林产品贸易发展的特征及演变规律，有利于对未来国际贸易发展趋势做出预判，识别具有发展潜力的林产品类型及地区。

中国作为世界林产品贸易大国，广泛参与全球林产品的贸易与合作，也形成了自身比较优势，这体现在林产品贸易规模、林产品出口种类及主要出口地区等诸多方面。由于中国森林禀赋缺乏、国内林产品需求较大，林产品进口也不断增加。结合分析世界林产品贸易动态及变化规律，分析中国现阶段林产品贸易发展格局及其演化，有助于明确中国在林产品国际贸易所处的地位及扮演的角色，了解中国林产品进出口潜力，为进一步锁定发展方向奠定基础。同时，一定程度上也为分析中国与共建“一带一路”国家林产品贸易发展前景及意义提供了有效支撑。因此，本章主要从林产品贸易规模、贸易地区分布及贸易商品结构来研究世界林产品贸易发展和中国林产品贸易发展的特征及演化规律，进而剖析推进中国与共建“一带一路”国家林产品贸易的意义及价值。

2. 共建“一带一路”国家林产品贸易发展及特征

作为全球性的地缘政治和地缘经济倡议，“一带一路”成为涵盖世界约43.7%的人口、31.09%的经济规模的区域合作平台。同时，共建“一带一路”很多国家森林资源丰富，市场发展潜力巨大，从而为林产品贸易发展提供了新的机遇。林业作为第一产业的重要组成部分，为共建“一带一路”发展中国家的经济发展提供了大量的原始资本积累。共建“一带一路”国家的林产品国际贸易在世界林业经贸发展中占据重要地位。2017年，共建“一带一路”国家林产品出口总额高达1371亿美元，占到世界林产品贸易出口总额的33%；共建国家林产品进口总额也达到1275亿美元，占据世界林产品贸易的32.4%。因而，共建国家林产品贸易在“一带一路”倡议——贸易畅通方面将发挥重要作用。

本章主要从共建“丝绸之路经济带”和共建“21世纪海上丝绸之路”两个层面出发，对2009~2018年共建“一带一路”国家林产品贸易的发展概况进行分析，具体将从“一带一路”林产品贸易的全球占比及发展特征，“一带一路”林产品贸易的地区、国别结构及变化特征，“一带一路”林产品贸易的商品结构及变化特征等方面深入研究共建“一带一路”国家林产品贸易发展及特征。

3. 中国与共建“一带一路”国家林产品贸易发展及特征

共建“一带一路”国家众多，具有广阔的国际市场，各国森林资源禀赋、林业产业发展水平和林产品结构存在较大差异，与中国林产品贸易具有较强的互补性。在此背景下，研究中国与共建“一带一路”国家林产品贸易的规模、结构及特征，有利于把握双边林产品贸易变化规律，充分利用国内国外“两个市场、两种资源”挖掘中国林产品贸易的新增长点，优化贸易结构，提升与共建国家林产品贸易水平，实现互利共赢。

本章聚焦于探究中国与共建“一带一路”国家林产品贸易的发展现状及特征。首先，分析中国与共建“一带一路”国家林产品贸易的规模特征，包括总体发展概况、中国与共建“丝绸之路经济带”和“21 世纪海上丝绸之路”国家林产品贸易的规模特征。其次，分析中国与共建“一带一路”林产品贸易的市场结构及变化特征，包括中国与共建“一带一路”国家林产品贸易的区域分布特征，中国与共建“丝绸之路经济带”和“21 世纪海上丝绸之路”国家林产品贸易的规模特征。最后，分别从共建“一带一路”整体、共建“丝绸之路经济带”和“21 世纪海上丝绸之路”以及两者的对比四个方面分析中国与共建“一带一路”国家林产品贸易的商品结构及变化特征。

4. 中国与共建“一带一路”国家林产品贸易的发展条件

“一带一路”倡议旨在同共建各国分享中国发展机遇，实现共同繁荣。中国作为全球最大的木质林产品贸易国和“一带一路”倡议的发起国，加强中国与共建“一带一路”国家的双边贸易网络不仅可以帮助中国建设适宜自身发展的全球经济治理机制，也为林产品贸易的发展进一步创造了条件（赵景瑞、孙慧，2019）。从贸易摩擦角度来看，“一带一路”倡议的提出不仅有助于中国与共建“一带一路”国家林产品贸易实现关税的降低，也可在一定程度上缓解各种非关税贸易摩擦，特别是针对林产品贸易的反倾销严重的现状。在贸易便利化方面，“一带一路”的推进使得 2013 年之后，共建国家的贸易便利化水平有明显提升。近年来“一带一路”林业合作亦取得新进展，与共建重点国家和地区的合作机制不断完善。例如，中蒙俄林业合作机制，中国与东盟建立“1 + 10”林业合作机制等，这些都体现了中国贸易便利化水平的不断提高，同时预示着中国与共建“一带一路”国家的林产品贸易向着更好的方向发展。

在此背景下，本章主要分析中国与共建“一带一路”国家林产品贸易的发展条件。首先，从关税、非关税贸易壁垒方面分析中国与共建“一带一路”国家的贸易摩擦，同时探究“一带一路”倡议对中国与共建“一带一路”国家间林产品贸易摩擦带来的影响。其次，从贸易便利化指标体系构建、贸易便利化水平测算方面分析中国与共建“一带一路”国家贸易便利化情况。

5. 中国与共建“一带一路”国家林产品贸易的增长潜力

目前，各国经济仍处于金融危机之后的深度调整中，全球经济格局正发生巨大转变，“一带一路”建设的推进，又为全球经济格局的重塑增添了更多可能性，而且许多共建“一带一路”国家林业资源丰富，如俄罗斯、印度尼西亚、波兰等，新的林产品贸易渠道的挖掘、林产品贸易格局的变动都给中国林产品贸易转型升级提供了机遇。如何进一步通过林业对外贸易来促进林业改革和发展，借力“一带一路”平台，促使林产品“走出去”，为林业发展注入新活力，在新时代下具有更重大的价值和意义。

本章首先测算中国与共建“一带一路”国家林产品贸易的三元边际，并根据测算结果对中国与“一带一路”林产品出口三元边际整体情况、分板块情况进行深入分析，将中国对共建国家的林产品出口增长分解为广度增长、数量增长与价格增长。然后进一步运用引力模型分析不同国家市场的贸易潜力情况。最后对如何进一步增强中国与共建“一带一路”国家林产品贸易提出相应的政策建议。

6. “一带一路”倡议下中国林产品贸易的全球价值链攀升

随着经济全球化的深入，全球价值链分工体系正成为产品分工生产的最新模式，国际分工协作程度更高，生产工序分割更为精细。在此背景下，作为制造业中的重要一环，木材产业也嵌入全球价值链分工体系，世界各国分工协作生产木材产品的趋势也更加明确。“一带一路”倡议旨在充分发挥共建各国的比较优势，实现共同发展，对于中国来说，“一带一路”倡议的提出为中国林产品贸易的全球价值链攀升提供了前所未有的机遇。

本章主要探讨“一带一路”倡议下中国林产品贸易的全球价值链攀升。首先，从中国林产品贸易全球价值链分工现状、价值链攀升的必要性以及“一带一路”倡议为中国林产品贸易全球价值链攀升带来的契机三个方面分析“一带一路”倡议下中国林产品贸易的全球价值链攀升的内在需求和必然性。其次，从全球价值链视角重新审视中国与共建“一带一路”国家的林产品贸易潜力。再次，分析“一带一路”倡议下中国林产品贸易全球价值链攀升的切入点。最后，根据前文研究结论，给出“一带一路”倡议下中国林产品贸易全球价值链攀升的相关建议。

7. 全球价值链分工下，中国与共建“一带一路”国家林产品贸易隐含碳排放责任共担和跨区域补偿

当前以二氧化碳排放为主的气候变暖问题已经成为人类面临的严峻环境问题之一。在全球价值链分工体系的不断演进、生产与消费环节实现地理空间分离的同时，也带来了碳排放的跨区域流动。全球碳排放转移关系着各国的碳减排责任，各国因此也对贸易隐含碳排放的归属问题产生了较大争议。如何构建科学合理的碳排放责任分担机制成为全球气候治理的重要内容。随着木质林产品生产和贸易规模的扩大，木质林产品行业对全球碳排放的影响也不断增强。然而木质林产品一直被赋予可再生、绿色、低碳的标签，使得木质林产品碳排放问题被轻视。

本章首先阐述在全球价值链分工下，林产品出口隐含碳排放的重要性。其次，以中国与共建“一带一路”国家林产品贸易为例，利用多区域投入产出模型对 2000～2014 年中国与共建“一带一路”国家木质林产品出口隐含碳排放进行测算，并根据测算结果分析出口隐含碳排放的结构特征、国别特征，以及净流动特征。最后，尝试构建生产者和消费者“共同而有区别”的碳减排责任分担机制，以期为促进全球合作减排提供科学参考。

8. 推进中国与共建国家林产品贸易高质量发展的政策建议

2017 年 10 月，习近平总书记在党的十九大报告中首次指出，“中国经济已由高速增长阶段转向高质量发展阶段”，标志着中国特色社会主义进入引领人民追求美好生活的新时代。同年出版的《习近平新时代中国特色

社会主义思想学习纲要》第九章再次强调，“高质量发展，是能够很好满足人民日益增长的美好生活需要的发展，是体现新发展理念的发展，是创新成为第一动力、协调成为内生特点、绿色成为普遍形态、开放成为必由之路、共享成为根本目的的发展。更明确地说，高质量发展，就是经济发展从‘有没有’转向‘好不好’”。

本章在前文分析的基础上，主要思考如何推动中国与共建国家林产品贸易高质量发展，并给出了相应的政策建议，第一，增强林产品贸易创新能力，培育竞争新优势。第二，提升整体协调性，推动林产品贸易持续健康发展。第三，推进生态环境保护，注重人与自然和谐共生。第四，解决内外联动问题，拓展高层次开放型贸易。第五，坚持共建共享，不断推进共建“一带一路”各国共同富裕。

四 本章小结

本章从研究背景出发，阐述了“一带一路”倡议的缘起、中国与共建“一带一路”国家进行林产品贸易的必要性，主要体现在优化林产品贸易结构、保障国内木材安全的需要，带动共建国家经济发展、体现大国责任的需要，充分释放共建国家人力和森林资源优势、巩固和推进“一带一路”倡议高质量发展的需要。以及“一带一路”倡议对中国与共建国家发展林产品贸易的意义，体现在有利于中国与共建国家建立紧密的林产品贸易伙伴关系，有利于将政治互信、地缘毗邻、资源互补等优势转化为林产品贸易方面的务实合作、增强中国及共建国家林业产业的持续竞争优势，有利于优化中国的林产品贸易网络，推动林产加工业的优化升级。然后，界定了本研究所涉及的国家和林产品的范围。本书以“一带一路”初始65个（含中国）成员国为研究对象，涉及的林产品包括6类，涵盖原木、锯材、人造板、木家具、木浆与纸制品。最后，对本研究重点探究的八个问题进行了简明的阐述，为下文的深入分析奠定基础。

主要参考文献

[1] 杜德斌、马亚华：《“一带一路”：中华民族复兴的地缘大战略》，《地理研究》2015 年第 6 期，第 1005 ~ 1014 页。

[2] 耿仲钟、肖海峰：《中国与“21 世纪海上丝绸之路”沿线国家农产品贸易特征分析》，《农业经济问题》2016 年第 6 期，第 81 ~ 88 页。

[3] 李佳佳、贝淑华：《我国木质林产品贸易结构优化升级策略研究》，《中国林业经济》2020 年第 1 期，第 81 ~ 83 + 86 页。

[4] 李建军、孙慧、田原：《产品内分工如何影响发展中国家全球价值链攀升——以“丝绸之路经济带”沿线国家为例》，《国际贸易问题》2019 年第 12 期，第 91 ~ 105 页。

[5] 李晓、李俊久：《“一带一路”与中国地缘政治经济战略的重构》，《世界经济与政治》2015 年第 10 期，第 30 ~ 59 + 156 ~ 157 页。

[6] 刘卫东：《“一带一路”战略的科学内涵与科学问题》，《地理科学进展》2015 年第 5 期，第 538 ~ 544 页。

[7] 刘艺卓、左常升、徐宏源：《中国林产品产业内贸易分析》，《中国农村经济》2006 年第 9 期，第 38 ~ 44 页。

[8] 田惠敏、曹红辉：《“一带一路”的动因与挑战》，《全球化》2015 年第 6 期，第 66 ~ 77 + 132 页。

[9] 万璐、程宝栋：《中国林产品贸易的亚太区域格局及发展趋势》，《国际贸易》2017 年第 8 期，第 29 ~ 36 页。

[10] 余淼杰：《海上丝绸之路串起东南亚朋友圈》，《中华工商时报》2019 年 5 月 16 日。

[11] 袁新涛：《“一带一路”建设的国家战略分析》，《理论月刊》2014 年第 11 期，第 5 ~ 9 页。

[12] 张帆、余淼杰、俞建拖：《“一带一路”与人民币国际化的未来》，《人民论坛·学术前沿》2017 年第 9 期，第 28 ~ 45 页。

[13] 张寒、聂影：《中国林产品出口增长的动因分析：1997 ~ 2008》，《中国农村经济》2010 年第 1 期，第 35 ~ 44 + 52 页。

[14] 张宏志：《古路新生与民族复兴——从“一带一路”建设看中华民族伟大复兴的

新征程》，《党的文献》2016 年第 6 期，第 3 ~ 11 页。

[15] 赵景瑞、孙慧：《中国与“一带一路”沿线国家贸易关系演进研究》，《国际经贸探索》2019 年第 11 期，第 36 ~ 48 页。

[16] 赵晓迪等：《中国与“一带一路”沿线国家林产品贸易格局及发展趋势》，《国际经济合作》2020 年第 2 期，第 34 ~ 43 页。

02

第二章

世界林产品贸易发展

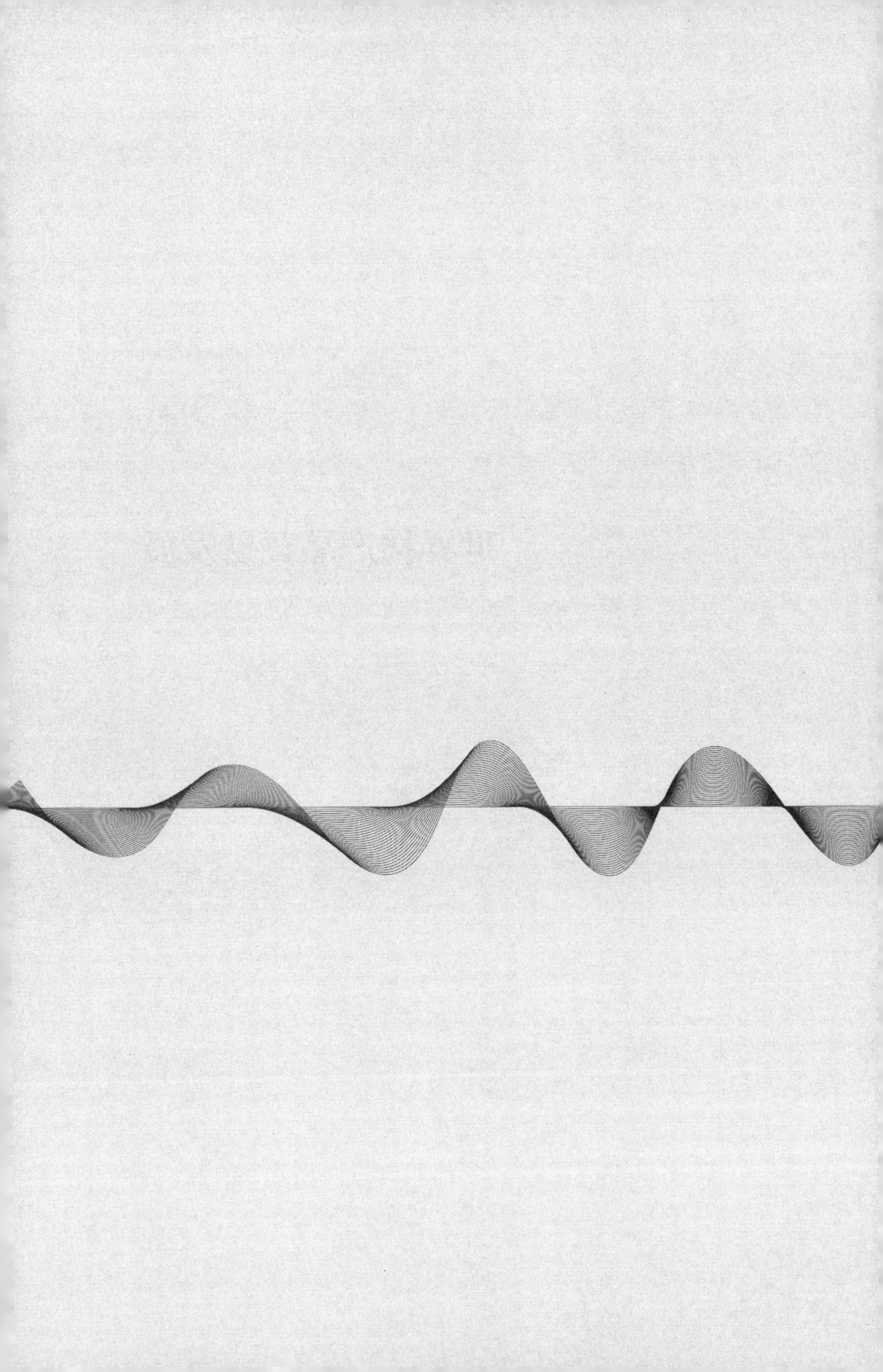

随着全球化与贸易自由化的逐步深入，各国参与国际分工日益细化，这促进了林产品生产链向国际化延伸，国家之间经贸联系更加密切，林产品国际贸易更加复杂化。在长期的发展中，林产品国际贸易形成了不同的地区分布格局，商品结构也随着时间和空间的变化而调整。为此，全面掌握世界上林产品贸易发展的特征及演变规律，有利于对未来林产品贸易发展趋势做出预判，识别具有发展潜力的林产品类型及地区。中国作为世界上林产品贸易大国，广泛参与全球林产品的贸易与合作，逐渐形成了自身比较优势，体现在林产品贸易规模、林产品出口种类及主要出口地区等诸多方面。由于中国森林资源禀赋匮乏、国内林产品需求较大，林产品进口得到迅速发展。结合世界林产品贸易动态及变化规律，分析中国现阶段林产品贸易发展格局及其演化，有助于明确中国在林产品国际贸易所处的地位及扮演的角色，了解中国林产品进出口潜力，为进一步锁定国家贸易发展方向奠定基础，同时，一定程度上也可为分析中国与共建“一带一路”国家林产品贸易发展前景及意义提供有效支撑。

一 世界林产品贸易发展现状及特点

（一）世界林产品贸易总规模及发展特征

木材是绿色、低能耗和环保型的原材料，消费者对木制品的需求与日俱增，促进了各国林产品生产的扩张。各国林产品消费能力和生产能力的增强，大大刺激了世界林产品贸易的发展。2009～2018 年，世界林产品贸易总规模整体呈现上升态势，年均增长率达到 3.7%。具体来看，2009 年，世界林产品贸易总额达到 6256.5 亿美元，到 2018 年，世界林产品贸易总额增至 8705.2 亿美元。其中，2011～2014 年保持较快增长，2015～2016 年出现短暂下滑后又恢复增长，整体呈现良好的态势。

从世界林产品进口来看，2009～2018年，进口总额明显增加，由2009年的3150.1亿美元增加到2018年的4382.8亿美元，年均增长率达到3.7%，如图2－1所示。其中，2009～2010年进口总额仍受2008年金融危机的影响停滞不前，2010年进口金额下降至2958亿美元。直至2011年进口总额才实现恢复性增长，且增长速度较为稳定。其中，2014年、2017年、2018年的同比增长速度分别达到4.2%、6.4%和9.7%，增长态势较为明显。

从世界林产品出口来看，出口总额整体上要高于进口总额，变化趋势与林产品进口较为相似。2009～2018年，出口总额表现出良好的增长态势，由2009年的3106.3亿美元上升至2018年的4322.4亿美元，年均增长率也达到3.7%。其中，2013～2014年、2017～2018年同比增长速度实现了正的增长。2017年同比增长速度最高，达到8.1%。2018年同比增长速度略有下降，为3%，但整体上呈现增长的趋势，林产品出口市场潜力较大。

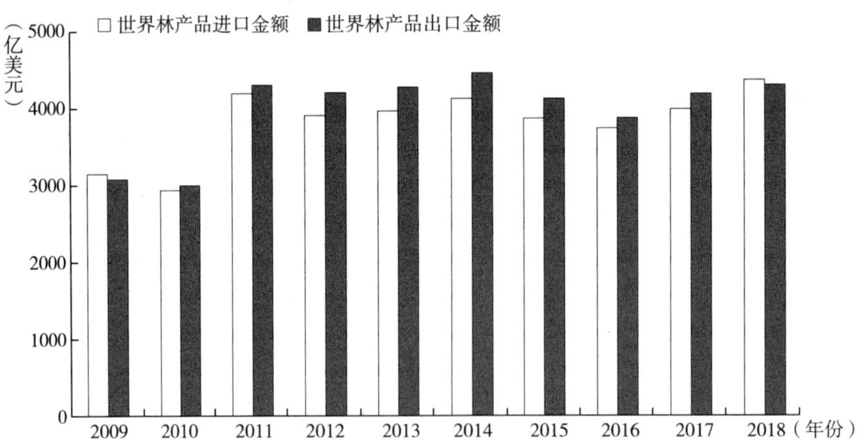

图2－1 2009～2018年世界林产品进出口金额情况

资料来源：联合国统计司、中国海关，由EPS DATA和笔者整理。

（二）世界林产品贸易的地区分布及其变化特征

本小节旨在全面了解世界林产品进口和出口的地区分布特征及随时间的变化规律。为此，依据世界各国所处的地理位置将各国划分为欧洲、亚洲、美洲、大洋洲、非洲，分别对五大洲林产品进口额和出口额进行统计。从世界林产品进口来看，如图 2－2 所示，欧洲地区林产品进口所占比重最高，2018 年达到 42%；亚洲和美洲位列其次，2018 年林产品进口总额分别达到世界林产品进口总额的 31% 和 22%。非洲、大洋洲所占的份额相对较小，2018 年所占比重分别为 3%、2%。另外，由图可以看出，欧洲地区进口总额所占比重由 2009 年的 51% 下降到 2018 年的 42%，进口份额进一步缩水。究其原因，欧洲地区经济复苏乏力，经济增长逐步放缓，使得国内林产品需求动力不足，这可能导致林产品进口份额下降。然而，亚洲地区包含中国及共建“一带一路”新兴经济体，国内经济发展迅速，林产品需求旺盛，极大地带动了林产品进口。亚洲进口总额由 2009 年的 771.7 亿美元上升到 2018 年的 1370.7 亿美元，所占比重由 2009 年的 23% 增长至 2018 年的 31%，增长潜力较大。而美洲地区进口总额整体表现平稳，进口所占比重保持在 20% 左右。

从世界林产品出口来看，如图 2－3 所示，欧洲地区出口总额占世界林产品出口总额一半左右。其中，2009 年欧洲所占比重达到 57%，而在 2012 年、2015 年欧洲地区所占比重出现下降，但所占比重也分别达到 52%、48%。亚洲地区出口份额也较高，并且呈现上升趋势，出口总额由 2009 年的 672.9 亿美元上升到 2018 年的 1112.6 亿美元，所占全球出口份额的比重也由 2009 年的 20% 增加到 2018 年的 26%，出口份额增长较为明显。亚洲地区林产品出口份额的增长与该地区木材加工业的发展密切相关，该地区的部分发展中国家凭借低廉的劳动力成本优势和丰富的森林资源优势大力发展国家的木材加工业，林产品生产能力大幅度增强，并能够以较低的价格取得国际竞争优势，直接促进了该地区林产品的出口。而美洲地区出口份额变化则较为稳定，占比在 20% 左右浮动。大洋洲、非洲的

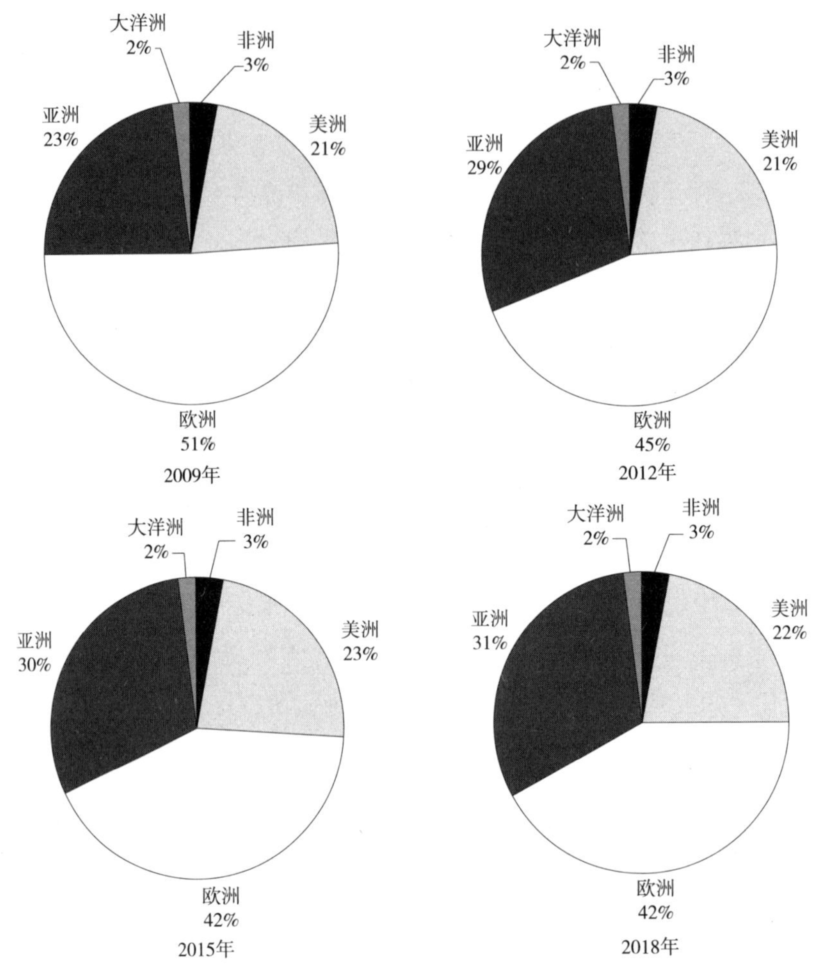

图 2－2　世界林产品进口地区分布

资料来源：联合国统计司、中国海关，由 EPS DATA 和笔者整理。

出口占比相对较小，维持在 1%、2% 水平。

图 2－4 则呈现了 2009～2018 年世界各地区林产品进出口总额的时间变化趋势及所占全球进出口贸易总额的比重变化情况。由图可知，欧洲地区林产品出口总额整体上高于进口总额，并且均呈现先上升后下降，再缓慢爬升的变化趋势。但是可以明显发现，不管是针对林产品出口额，还是林产品进口额，欧洲占全球林产品贸易份额均呈现下降的趋势。这也表

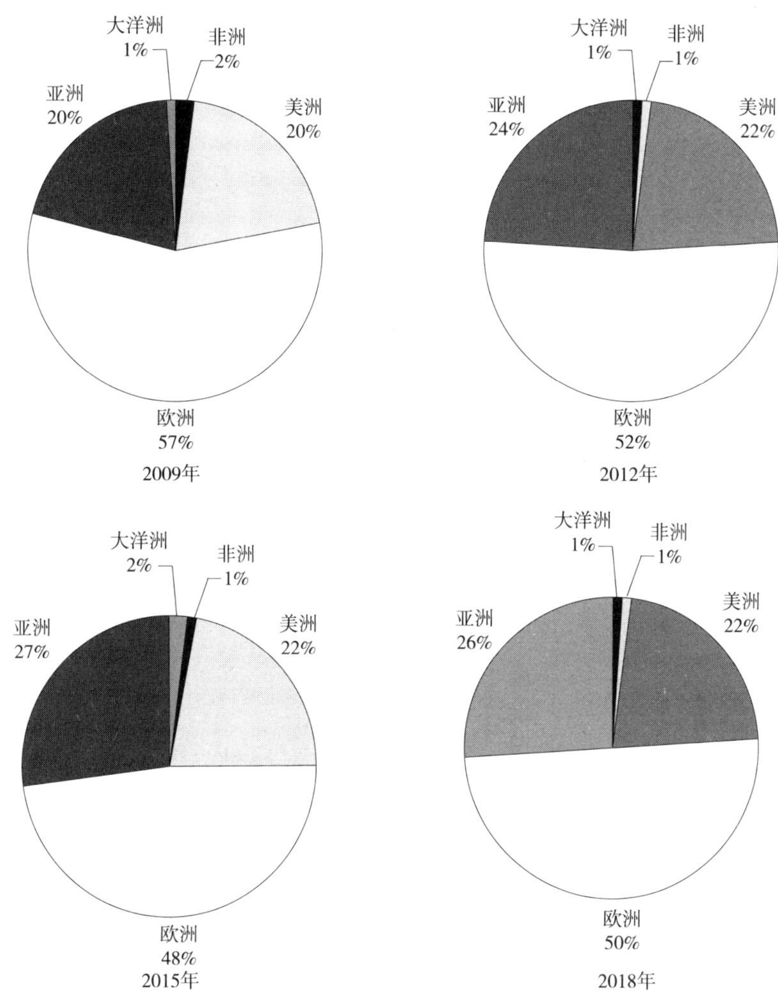

图 2－3　世界林产品出口地区分布

资料来源：联合国统计司、中国海关，由 EPS DATA 和笔者整理。

明，受欧洲国家经济增长放缓影响，制约了国内林业企业的生产经营水平上升，使得林产品贸易增长速度逐渐放缓。反观亚洲地区则呈现较为良好的发展趋势。从整体而言，亚洲地区的进口总额要高于出口总额，且进出口总额均具有增长态势，年均增长率分别达到 6.6% 和 5.7%。美洲地区在 2009～2018 年，林产品进口总额和出口总额相差较小，整体呈现缓慢增长的趋势。而大洋洲林产品进口额要高于林产品出口额，表现为先波动上升，而后波动下降的变化规律。并且可以发现大洋洲的进口比重呈现下降趋势，而出口则呈现上升的发展趋势。而非洲地区的进口总额要远远高于出口总额，并且进口总额在波动中上升，而出口总额变化则相对稳定。

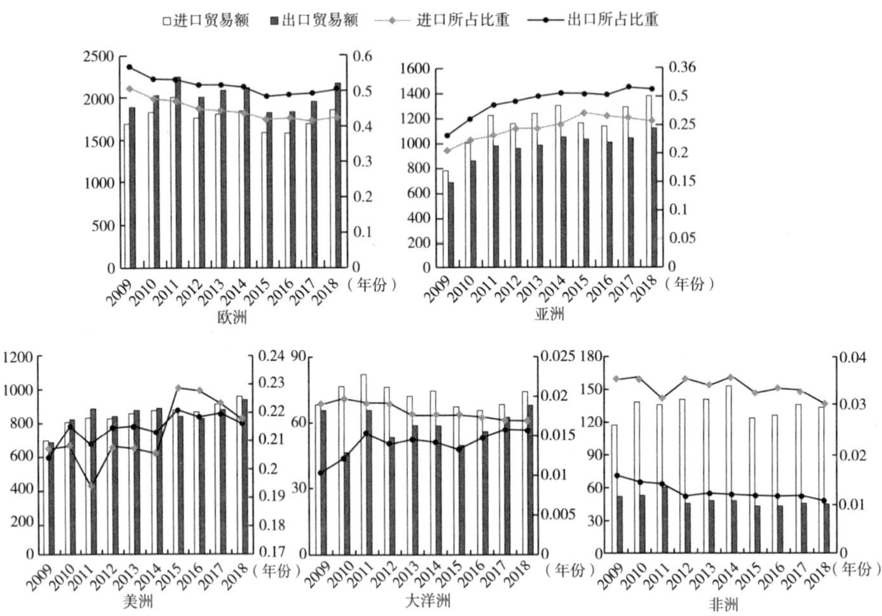

图 2－4　2009～2018 年世界林产品进出口地区贸易额及所占比重变化

注：进口贸易额和出口贸易额单位为亿美元，为左轴数据；进口所占比重和出口所占比重单位为%，为右轴数据。因图太小，在此说明。

资料来源：联合国统计司、中国海关，由 EPS DATA 和笔者整理。

（三）世界林产品贸易的商品结构及变化特征

从贸易商品结构来看，世界林产品进口贸易以纸制品、木家具为主。2018 年，纸制品进口总额占世界林产品进口总额比重最高，达到 50%，木家具位列其次，占比达到 15%，如图 2－5 所示。另外，可以从图 2－5 中看出，纸制品进口总额所占比重虽然较高，但 2009～2018 年比重略有下降，占比由 2009 年的 60% 下降至 2018 年的 50%。而在此期间内，锯材和木家具的进口份额有所上升，分别由 2009 年的 7%、14% 上升到 2018 年的10%、15%。针对世界林产品出口贸易，如图2-6所示，纸制品、木家具仍占据较大份额，2018年所占份额达到52%、17%。但在2009~2018年，纸制品出口总额占出口总额的比重也具有下降趋势，由2009年的61%下降至2018年的52%。然而，木家具的份额有所上升，由2009年的15%增加为2018年的17%。另外，木浆出口份额上升比较明显，由2009年的7%上升为2018年的10%。最后，锯材、人造板的出口份额也呈现缓慢增加趋势，分别由2009年的7%、7%增加为2018年的9%、9%。

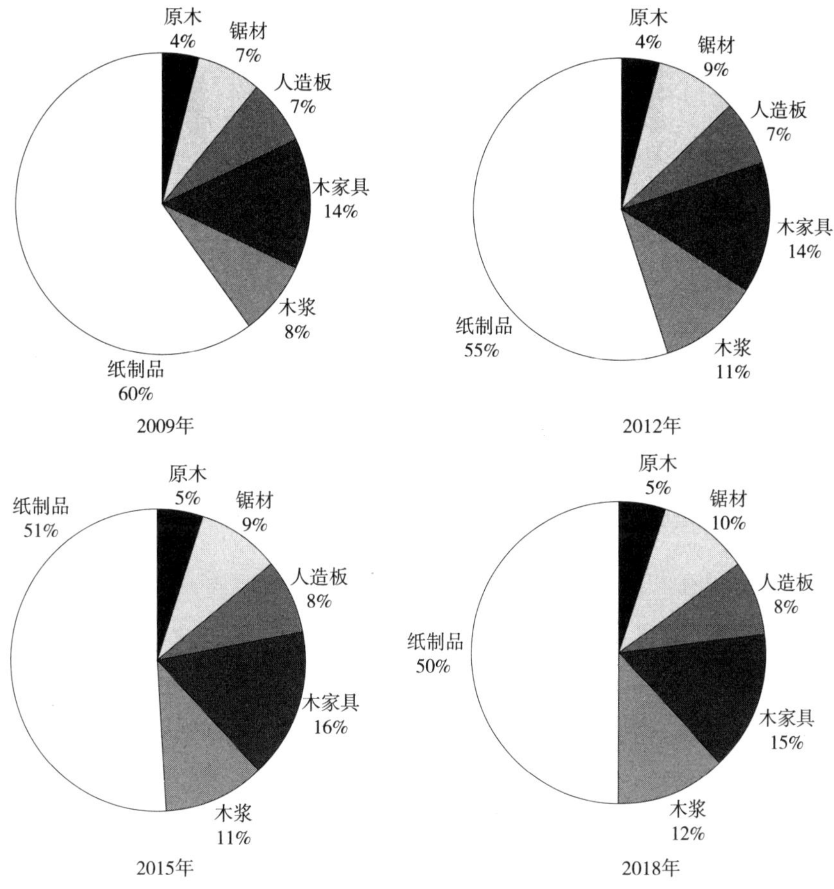

图2-5 2009~2018年世界林产品进口商品结构

资料来源：联合国统计司、中国海关，由EPS DATA和笔者整理。

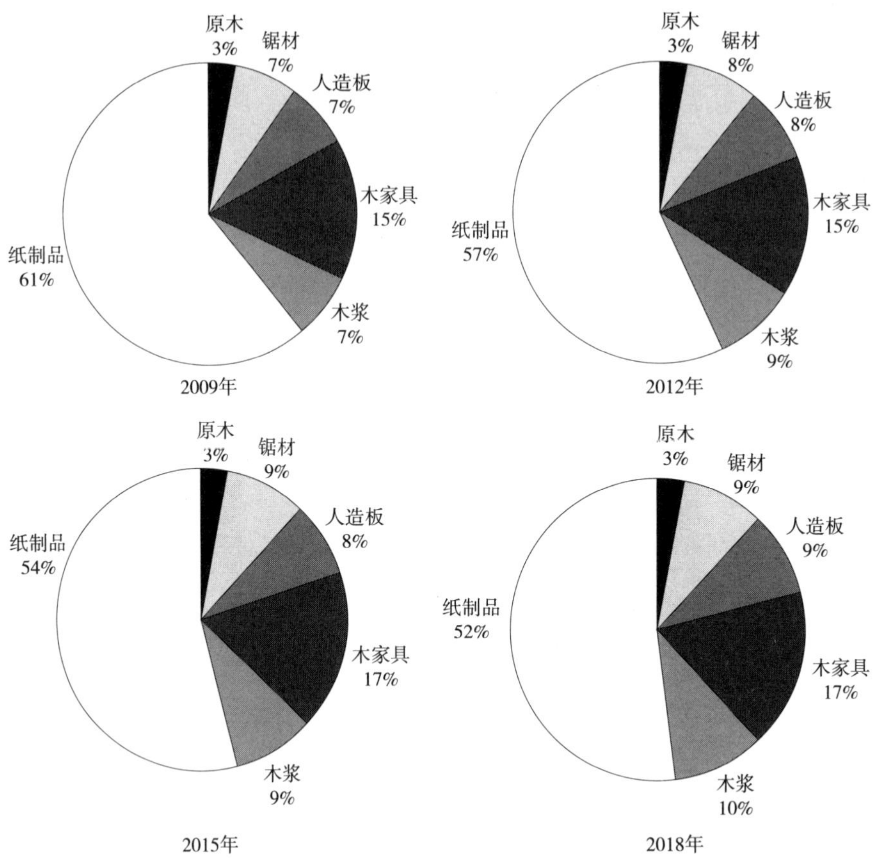

图 2－6　2009～2018 年世界林产品出口商品结构

资料来源：联合国统计司、中国海关，由 EPS DATA 和笔者整理。

由于各国林产品需求与生产能力之间存在较大差异，世界林产品贸易商品结构因地区不同也呈现差异性特征，如图 2－7 和图 2－8 所示。从世界林产品进口来看，亚洲地区纸制品、木浆进口总额要远远高于其他林产品进口，并且两者进口总额均在 2009～2018 年呈现增长趋势，木浆进口总额在 2016～2018 年进口增长最快，拥有较大增长潜力。而欧洲地区林产品进口以纸制品、木家具为主，在 2009～2018 年，纸制品进口首先在波动中下滑，并于 2016 年开始出现缓慢上升趋势，而木家具的进口总额呈现缓慢爬升趋势，并没有明显的波动。另外，美洲和大洋洲的木家具进口也呈现

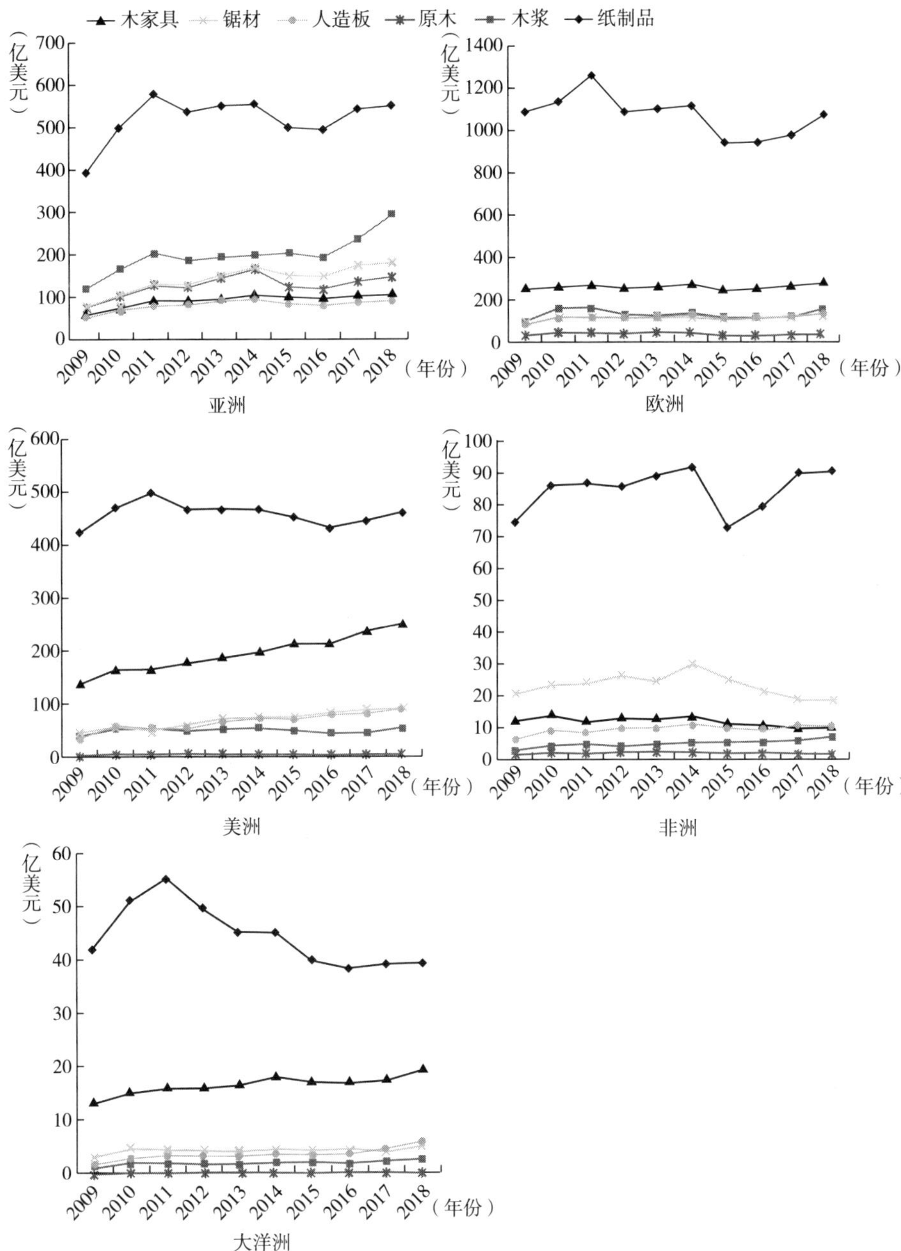

图 2-7　2009~2018 年世界林产品分地区进口商品结构

资料来源：联合国统计司、中国海关，由 EPS DATA 和笔者整理。

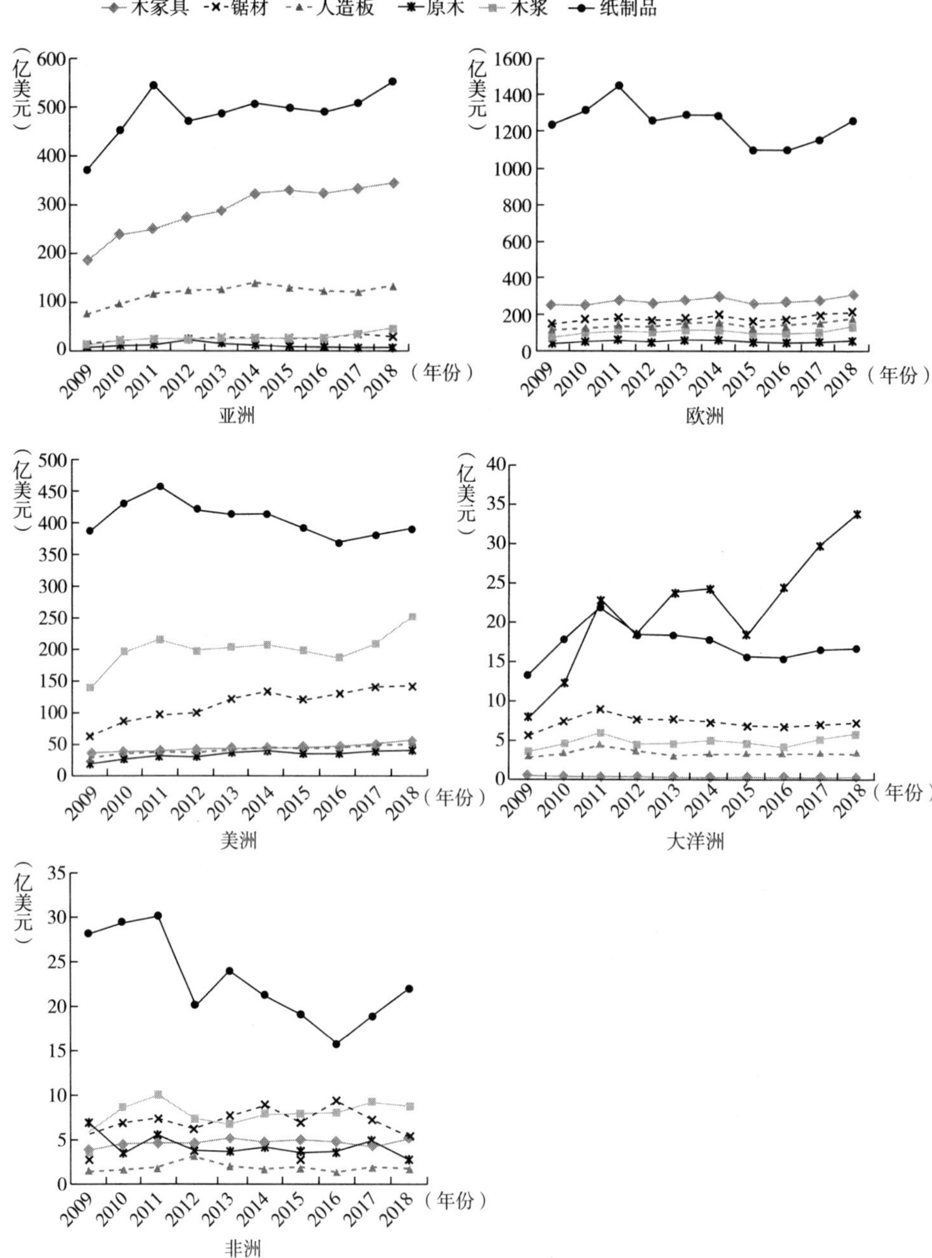

图 2-8　2009~2018 年世界林产品分地区出口商品结构

资料来源：联合国统计司、中国海关，由 EPS DATA 和笔者整理。

不断增加的趋势。从世界林产品出口来看，亚洲、欧洲、美洲等地区纸制品的出口总额整体上要高于其他林产品的出口总额。并且在2009～2018年，亚洲纸制品出口总额呈现明显的上升趋势，而欧洲、美洲地区纸制品出口总额增长速度逐步放缓，各别年份还出现下降趋势，这表明纸制品贸易市场竞争尤为激烈，尤其是近年来拥有丰富森林资源和低劳动成本优势国家加入纸制品贸易的行列，纸制品贸易的新生力量崛起。另外，亚洲、欧洲地区的木家具出口总额仅次于纸制品，并且欧洲纸制品出口总额要远远高于木家具的出口总额，亚洲地区则差异相对较小，保持增长的趋势。大洋洲拥有丰富的森林资源，使得该地区具有原木出口的绝对竞争优势，其原木出口总额则整体上高于其他林产品出口总额，并在2009～2018年呈现波动上升趋势。

二　中国林产品贸易发展格局及其演变

（一）中国林产品贸易总规模及发展特征

2009～2018年，中国林产品贸易发展迅猛，具有较高的增长潜力。中国林产品贸易额由2009年的484.2亿美元增长至2018年的1086.2亿美元，年均增长率达到9.4%。其中，金融危机之后中国提出了扩大内需、促进经济平稳较快增长的10项措施。这些政策使得国内经济恢复增长，带动国内消费需求，使得2010年后中国林产品贸易逐渐从金融危机中恢复，达到小高峰水平。2010年、2011年同比增长速度达到32.6%、24.3%，而后增长速度有所下降，2017年、2018年同比增长速度为10.8%、7.9%。中国林产品贸易额占世界林产品贸易总额的比重也相应上升，由2009年的7.7%扩张到2018年的12.5%。

具体来看，如图2－9所示，中国林产品进口总额由2009年的225.8亿美元增加到2018年的552.0亿美元，年均增长率达到10.4%。中国林产品进口总额占世界林产品进口总额的比重由2009年的7.8%上升至2018年的12.4%。其中，2010年、2011年增长最快，环比增长速度分别达到36.2%和

30.9%。2012 年之后，增长速度放缓，并于 2016 年出现负增长，但持续期较短，2017 年又转为正增长，增长速度达到 22.7%。这是因为 2014 年前后中国经济发展进入新常态，经济增长速度放缓，国内需求持续下降，使得中国进口贸易出现连续的负增长状态。而连续贸易负增长，使得 2016 年基数较低，抬高了 2017 年的贸易增长速度，同时全球经济的温和复苏，也促使中国林产品贸易呈现增长态势。

从中国林产品出口总额来看，整体上也呈现较为乐观的增长态势。2009 年中国林产品出口总额为 258.5 亿美元，2018 年出口总额增长至 534.2 亿美元，保持 8.4% 的年均增长速度。中国林产品出口额占世界林产品出口总额的比重由 2009 年的 6.8% 增加为 2018 年的 12.6%，占据更加重要的位置。其中，中国林产品出口的环比增长速度在 2010 年、2011 年高达 29.5%、18.2%，而经历快速上涨之后，增长速度逐渐放缓，2017 年、2018 年的增长速度为 1.2%、4.7%。在此期间，“一带一路”倡议稳步推进，也极大地促进中国林产品出口贸易的增长，出口贸易逐渐出现回稳向好的发展趋势。

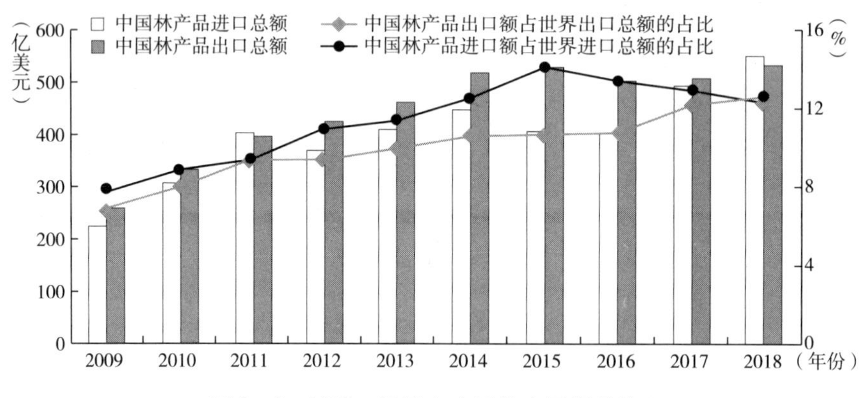

图 2-9　2009~2018 年中国林产品贸易情况

资料来源：联合国统计司、中国海关，由 EPS DATA 和笔者整理。

（二）中国林产品贸易的地区、国别结构及其变化特征

由于中国和世界其他地区在森林资源禀赋特征、木材加工水平等方面

存在较大差异，中国对世界林产品的进口和出口形成不同的地区分布格局。从中国林产品进口来看，如图 2－10 所示，2018 年，中国林产品进口地区分布较为均匀，其中中国从大洋洲进口林产品所占比重最高，为 24%，而对美洲、非洲的进口位列第二和第三，占比达到 22% 和 21%。中国对亚洲的进口所占份额最小，占比达到 14%。另外，从图中可以直观地看出，中国进口的地区分布变化比较稳定，但也出现了局部调整。例如，中国对亚洲地区的进口份额由 2009 年的 20% 下降至 2018 年的 14%，对美洲地区的进口份额由 2009 年的 17% 增加到 2018 年的 22%。尽管中间年份中国对各地区进口份额出现变化，但进口地区分布较为平衡。

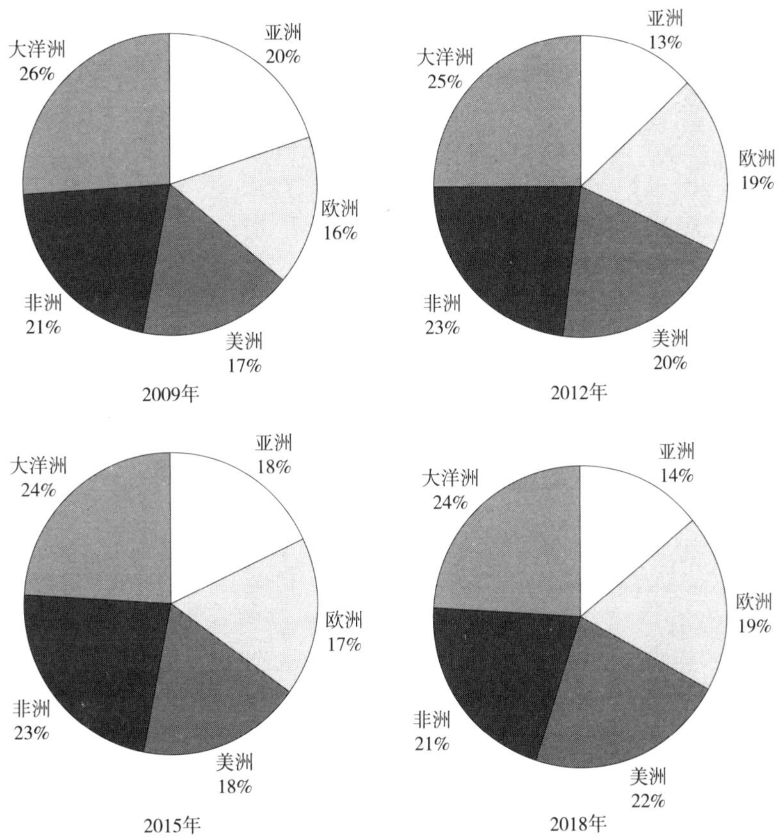

图 2－10　2009～2018 年中国林产品进口地区分布

资料来源：联合国统计司、中国海关，由 EPS DATA 和笔者整理。

从中国林产品出口来看，中国林产品出口主要集中在亚洲和美洲地区（见图 2-11）。2018 年，中国对亚洲出口份额达到 38%，对美洲的出口份额达到 37%。而对欧洲、大洋洲、非洲的出口所占比重较小，分别为 16%、5%和 4%。其中，中国对亚洲的出口比较稳定，出口份额稳定在 40%左右；中国对美洲的出口占比则由 2009 年的 33%提高到 2018 年的 37%，而中国对欧洲的出口却由 2009 年的 20%下降为 2018 年的 16%。从整体上来看，中国林产品出口市场分布不均衡问题突出，地区贸易潜力有待于进一步开发。

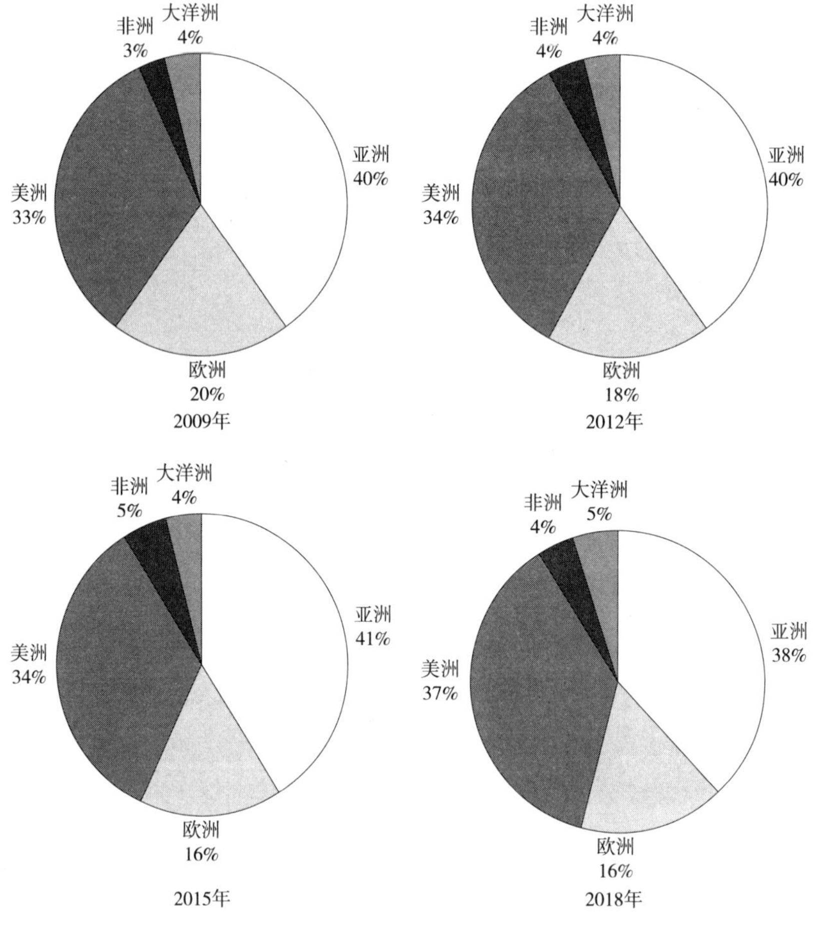

图 2-11　2009～2018 年中国林产品出口地区分布

资料来源：联合国统计司、中国海关，由 EPS DATA 和笔者整理。

综合来看，中国对不同地区林产品的进出口呈现不同的变化规律，如图 2－12 所示。2009～2018 年，中国对亚洲、美洲等地区林产品出口额整体上要高于进口额，并且呈现良好的增长态势。而中国对非洲、大洋洲的进口额整体上要高于出口额，并于 2013 年达到峰值，而后出现下降趋势。另外，2013 年之前，中国对欧洲的进口额要高于出口额，2013 年之后，出口额高于进口额，但呈现不断下降趋势。2013 年，随着中国一系列扩内需、稳外需政策措施的逐步落实并发挥成效，中国林产品国内需求不断扩张，这使得中国林产品对各地区的进口总额急速增加，达到峰值水平。而后随着中国经济增速的放缓，国内林产品需求不足，加之国际贸易环境的严峻，中国林产品进口总额逐渐出现下滑趋势。

（三）中国林产品贸易的商品结构及变化特征

由于国内森林资源的缺乏，以及生产加工水平的限制，中国林产品进出口的商品结构呈现较大差异。从林产品进口来看，中国进口以木浆、纸制品、原木为主。2018 年，中国对木浆的进口份额最高，为 36%，其次是纸制品和原木，所占比重分别达到 23%、20%，如图 2－13 所示。同时，2018 年中国对锯材的进口份额也达到 18%。另外，2009～2018 年，中国对木浆的进口份额由 30% 增加到 36%，对锯材的进口由 10% 增加到 18%。而中国对纸制品的进口有所缩水，由 2009 年的 39% 缩小至 2018 年的 23%。

从林产品出口来看，中国林产品出口则以纸制品、木家具、人造板为主，2018 年，这三类商品分别占中国林产品出口份额的 44%、43% 和 13%，如图 2－14 所示。而其他林产品的出口优势并不明显，出口总额所占比重较小。从图中可以明显看出，2009～2018 年，木家具在中国林产品出口中始终占据近一半，出口份额比较稳定，同时中国对人造板的出口份额也基本稳定在 13% 左右；而中国对纸制品的出口份额则有所增加，由 2009 年的 39% 增加至 2018 年的 44%。整体来看，中国林产品出口的商品结构比较集中，并且各商品的出口份额基本稳定。

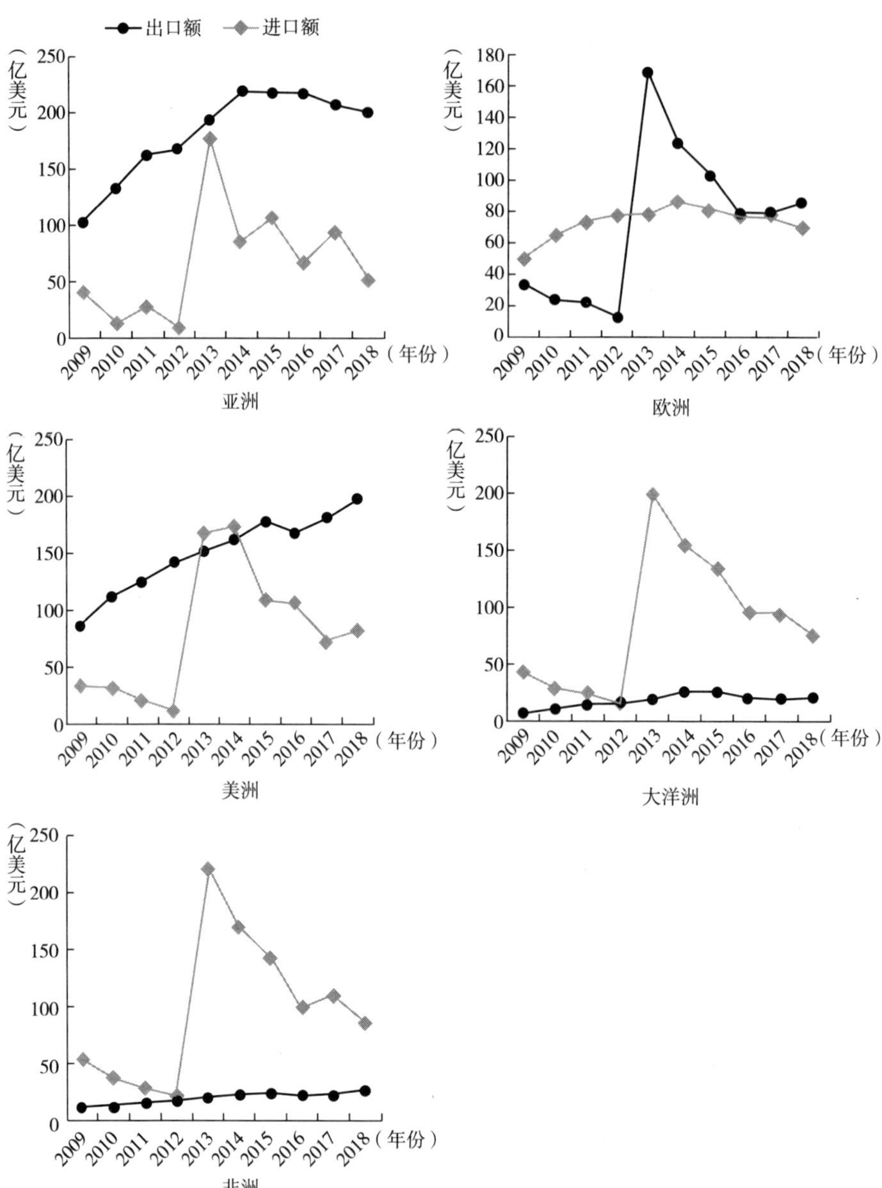

图 2－12　2009～2018 年中国对不同地区林产品进出口变化情况

资料来源：联合国统计司、中国海关，由 EPS DATA 和笔者整理。

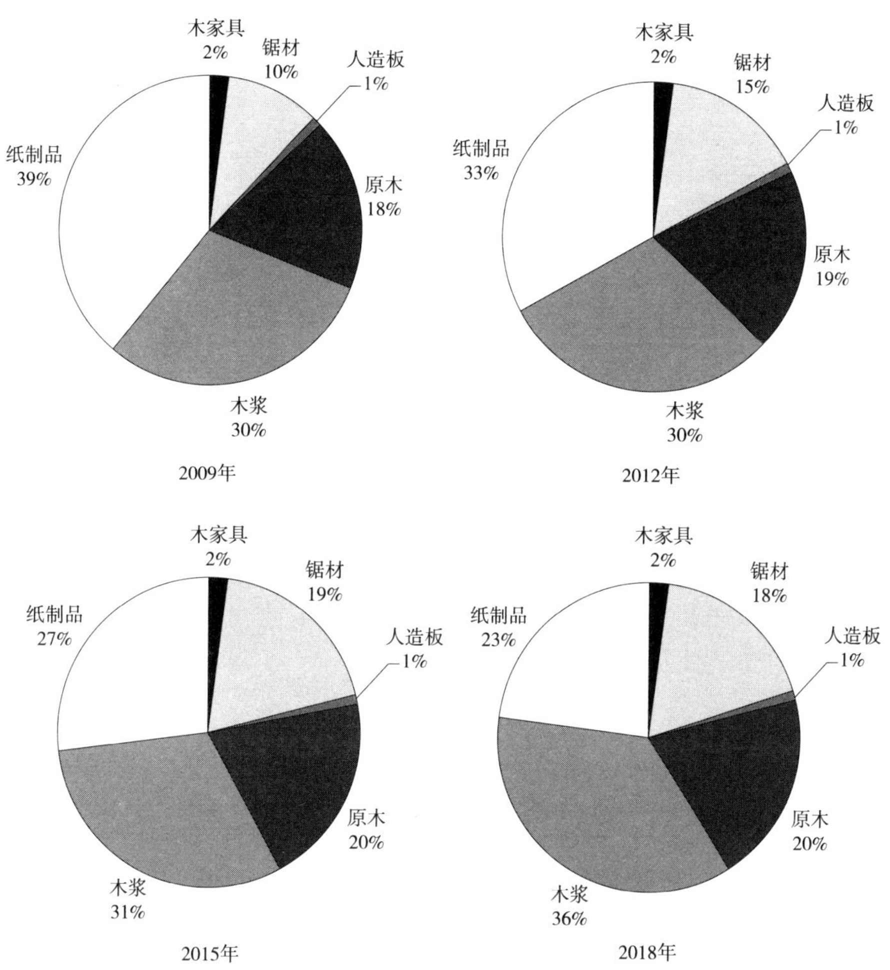

图 2-13　2009~2018 年中国林产品进口商品结构

资料来源：联合国统计司、中国海关，由 EPS DATA 和笔者整理。

此外，中国林产品进出口贸易的商品结构因地区不同而呈现差异化特征。从中国林产品进口商品结构来看，如图 2-15 所示，中国木浆进口来源主要包括美洲、欧洲和亚洲地区。其中美洲地区所占比重最高，高达 66%，而欧洲、亚洲地区分别占比 17%、15%。针对纸制品来说，中国第一进口来源地区为亚洲，所占份额为 40%，其次是美洲、欧洲地

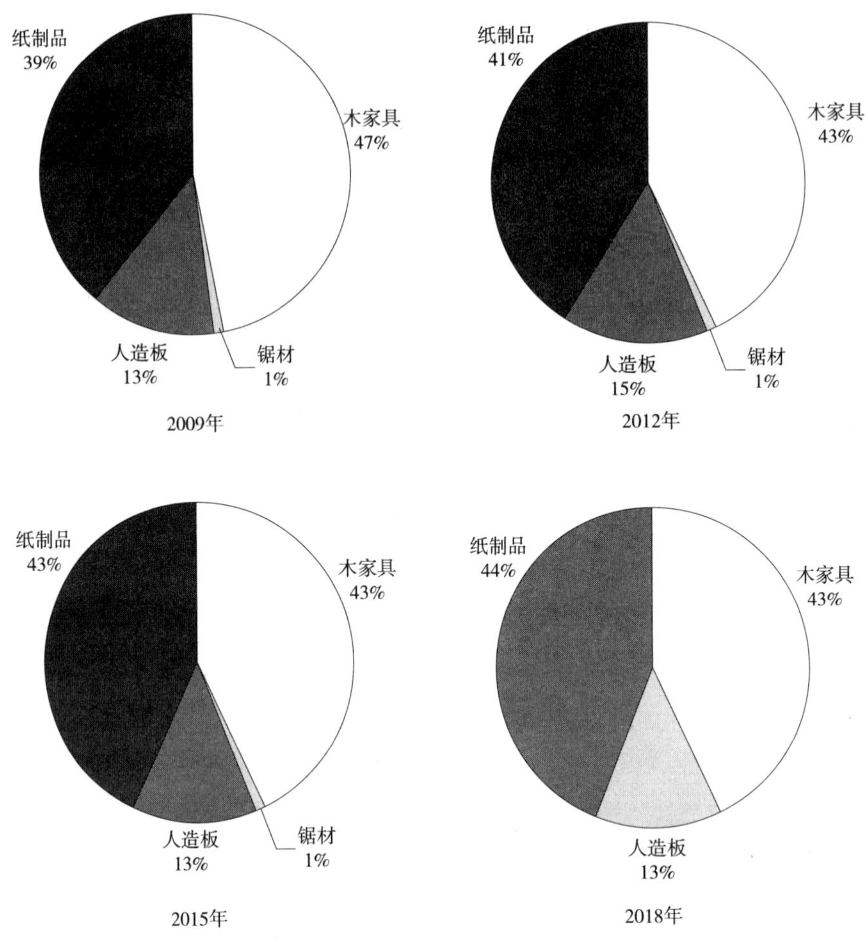

图 2－14　2009～2018 年中国林产品出口商品结构

资料来源：联合国统计司、中国海关，由 EPS DATA 和笔者整理。

区，所占比重分别为 29%、28%。从中国林产品出口商品结构来看，中国纸制品的出口市场主要集中在亚洲地区，所占份额达到 48%，而美洲、欧洲地区占比也相对较高，分别达到 27% 和 16%（见图 2－16）。针对木家具出口，中国出口美洲的木家具总额占中国家具出口总额的 49%，而出口到亚洲、欧洲地区木家具总额占比位列第二和第三，占比达到 26%、17%。针对人造板的出口，中国出口目的地则是亚洲地区，对该地区的出口占中国人造板出口总额的43%，其次是美洲、欧洲地区，所占份额分别为29%、16%。

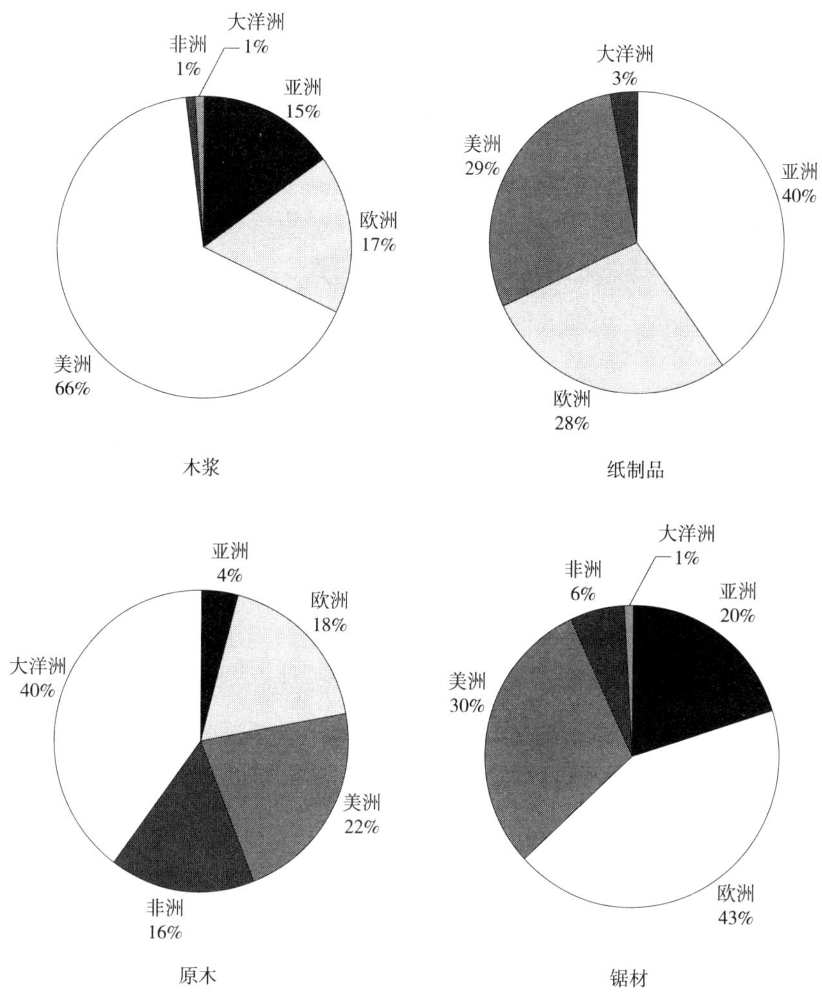

图2-15　2018年中国林产品分地区主要进口商品结构

资料来源：联合国统计司、中国海关，由EPS DATA和笔者整理。

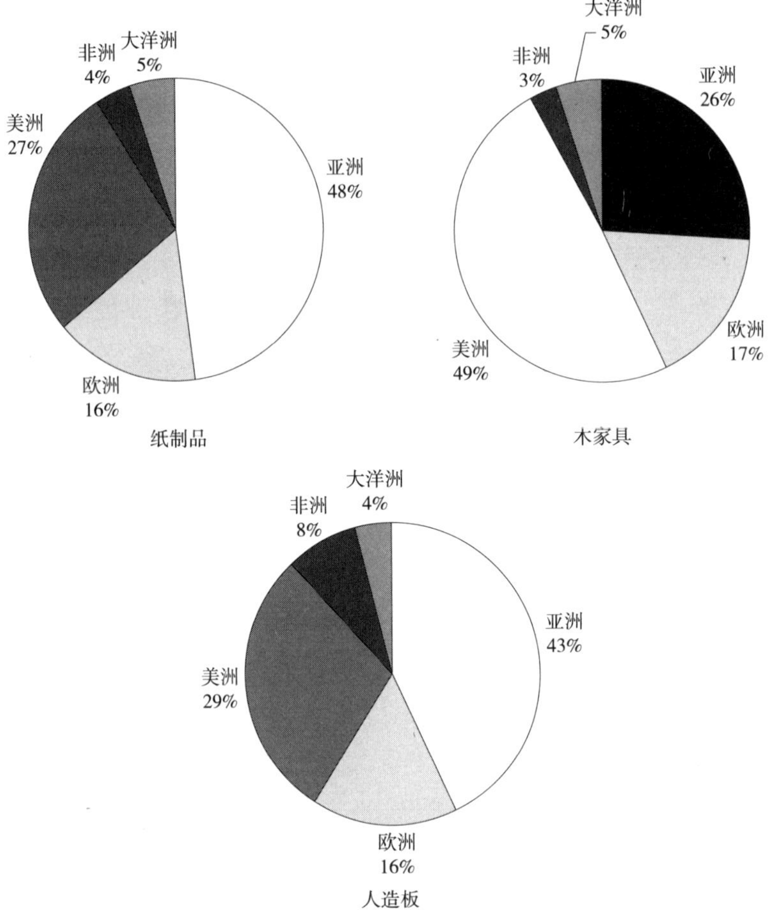

图 2－16　2018 年中国林产品分地区主要出口商品结构

资料来源：联合国统计司、中国海关，由 EPS DATA 和笔者整理。

三　大力推进中国与共建“一带一路”国家林产品贸易的重要意义

（一）加快林业“走出去”，促进林产品贸易转型

中国林产品价格竞争优势的逐渐消失，使得林产品贸易发展面临转型

压力。长期以来，中国林产品以低廉的价格取得同种林产品的竞争优势，薄利多销的模式促进了林产品贸易的迅速发展。然而，随着国内人口红利的消失，价格竞争优势逐渐丧失，“薄利多销”的林产品贸易弊端凸显。同时，各种制约发展中国家出口林产品的新型贸易壁垒出现，加大了国内的贸易成本，使得国内木业企业出口遭遇困境（程宝栋等，2015）。另外，随着各国对森林资源保护意识的增强，很多国家纷纷出台限制原木、锯材等产品出口的政策，这增加了中国进口林产品的难度，使国内林业企业负担更为严重的原材料成本压力。由此可以看出，中国林产品进出口面临严峻挑战，林产品贸易发展举步维艰，迫使中国林业企业寻求贸易转型发展。

“一带一路”倡议的提出为中国林产品贸易转型提供了机遇。共建“一带一路”国家涵盖较多亚洲国家，通过前面两节分析可以发现，亚洲地区林产品需求不断增加，林产品贸易潜力巨大，拥有较为广阔的发展前景。因而中国能够依靠国内相对成熟的木材加工产业体系，加深与共建国家的贸易合作，增加对林产品的出口。同时，共建“一带一路”国家多为森林资源禀赋丰裕的国家，与中国贸易互补性较强，中国林产品进口可以转移到这些地区，从而缓解国内企业的原材料压力。另外，共建“一带一路”国家相对不发达的木材加工业制约了当地的林业行业发展，这也为中国寻求贸易合作提供了契机。中国能够采取在共建“一带一路”国家投资、设厂的方式，充分利用这些国家劳动力成本优势，生产低附加值的木材加工品，用于国内和国际贸易。这一方面有利于促进共建“一带一路”国家木材加工业的发展，增加对中国木材机械设备及技术服务的进口；另一方面加快中国产业转移的步伐，迫使中国国内研发高端产品，林产品贸易实现由劳动密集型向资本密集型转型。

（二）推动木材产业全球价值链重构，摆脱“低端锁定”困境

综观已形成的全球木材贸易格局，中国虽然成为世界林产品贸易大国，但仍然不是林产品贸易强国，处于发达国家所主导的林产品价值链的中下游位置，不利于中国林产品贸易的持续发展。目前，中国木材加工业

以贴牌生产为主，主要承接中低端产业链的加工贸易，生产模式较为粗放，造成了木材产业资源基础薄弱、木业企业布局分散、规模水平低等诸多问题（熊立春，2019）。因而，中国木材产业尽管深入参与国际分工，但缺少国际话语权，只是被动接受既有的贸易秩序与规则，使其贸易收益较低，占据附加值最低的生产加工环节。“两头在外，大进大出”的贸易模式使得中国林产品贸易面临“低端锁定”困境，制约着中国木业企业国际竞争力的提高，国内林业产业发展面临瓶颈。

共建“一带一路”地区涵盖国家众多，并且以发展中国家为主，长期来看也将面临“价值链低端锁定”风险，这有利于中国与这些国家抱团取暖，共同寻求突破“低端锁定”途径。而全球价值链重构是发展中国家突破“低端锁定”困境，进而实现产业升级的重要途径（李芳芳等，2019）。中国与共建“一带一路”国家在资源禀赋、经济发展水平、产业基础等方面的差异为林产品全球价值链重构提供了前提。由于国际分工的日益深化，中国和共建“一带一路”国家分别处于林产品全球价值链的不同位置，并且该地区的一些欧洲国家占据着林产品全球价值链相对较高的地位，这为传统价值链分解、要素重新配置和组合提供了条件，有利于形成较为完整的林业产业发展链条。同时，中国的综合国力不容小觑，在“一带一路”地区将拥有较高的国际话语权。并且，中国相较于共建“一带一路”多数国家而言，木材加工产业发展较为壮大，生产能力强，具备一定的竞争优势，为中国主导林产品价值链重构提供了机会。中国主导林产品价值链重构，有利于实现区域的分工合作，提升中国在林业产业链的位置，在带动区域林业经济发展的同时，促进国内林业产业的转型升级。

（三）互利共赢，形成“一带一路”贸易新格局与新秩序

现阶段，发达国家贸易保护主义势力抬头，主张优先发展国内经济，实现国家贸易顺差。这大大抬高了外国商品进入门槛，诸多包括中国在内的发展中国家面临层出不穷的贸易壁垒新形式，使得林产品出口面临严重冲击。新冠肺炎疫情的暴发，加剧了全球贸易分化，以本国利益优先的西

方国家正在破坏既有的林产品贸易分工和合作，各国林业产业发展面临不同程度的风险和严峻挑战。全球国际贸易长期由发达国家主导，发达国家拥有研发技术和品牌优势，占据林产品国际贸易的有利地位。弱势国家只能通过不断分割自身的贸易利益，从而维持自身林产品的贸易发展。从长期来看，这不利于后者的可持续发展，贸易发展弊端凸显。因此，唯有突破既有规则和秩序的束缚和制约，主动开拓国家林产品贸易发展新格局才是实现国家林产品贸易持续发展的关键。

中国与共建“一带一路”国家林产品贸易的发展为贸易新规则、新秩序的提出创造了前提。“一带一路”倡议提出以来，一系列针对共建地区经贸合作的规则及国际制度建设应运而生，“创新、协调、绿色、开放、共享”的制度理念有利于营造公平、互利互惠的区域贸易合作环境，这将有利于进一步规范和制约中国和共建国家林产品贸易行为，保障区域林产品贸易公平和可持续发展。另外，中国能够发挥大国智慧，提出更多符合地区发展的规划及方案，进一步指导“一带一路”林产品贸易合作，从中提升中国的领导能力，打破既有以发达国家优先的游戏规则，促进贸易新规则新秩序的形成。未来，“一带一路”主导的新规则新秩序将带动各国林业产业的繁荣发展，在不断的合作中实现互利共赢，区域的林业产业发展水平也将迈上崭新的台阶。

四　本章小结

本章主要从林产品贸易规模、贸易地区分布及贸易商品结构来研究世界林产品贸易发展和中国林产品贸易发展的特征及演化规律，进而剖析发展中国与共建“一带一路”国家林产品贸易的意义及价值。

针对世界林产品贸易，从贸易总规模来看，世界林产品贸易总规模整体呈现上升态势。2009～2018 年，进口总额明显增加，年均增长率达到 3.7%，而林产品出口总额整体上要高于进口总额，与进口总额的年变化趋势较为接近。从贸易地区分布来看，欧洲地区林产品进口所占比重最高，但受欧洲经济复苏乏力影响，进口份额表现出缩水特征。该地区林产品出口总额整体上高于进口总额，所占全球比重虽然出现下降，但仍占据举足轻重的地位。亚洲进出口总额所占比重相对较高，并且呈现良好的增长态势，贸易发展潜力较大。而美洲地区林产品进出口贸易则相对稳定，扮演相对重要的角色。从林产品贸易的商品结构来看，世界林产品进口贸易以纸制品、木家具为主，但纸制品进口总额在 2009～2018 年占比有所下降，而锯材和木家具的进口份额有所增加。另外，亚洲地区纸制品、木浆进口总额要远远高于其他林产品进口，而欧洲地区林产品进口以纸制品、木家具为主。而纸制品、木家具在林产品出口中仍占据较大份额，亚洲、欧洲、美洲等纸制品的出口总额整体上要高于其他林产品的出口总额，并且亚洲纸制品出口总额呈现明显的上升趋势，而欧洲、美洲地区纸制品出口总额增长速度逐步放缓，各别年份还出现下降趋势。

针对中国林产品贸易，从贸易总规模来看，2009～2018 年，中国林产品贸易发展迅猛，具有较高的增长潜力。金融危机之后中国提出的 4 万亿元政策极大地带动了中国林产品贸易的发展，于 2010 年步入一个小高峰，保持增长的趋势。从贸易地区分布来看，中国林产品进口地区分布较为均匀，主要集中在大洋洲、美洲、非洲地区，尽管中间年份中国对各地区进口份额出现变化，但进口地区分布较为平衡。中国林产品出口主要集中在亚洲和美洲地区，欧洲、大洋洲、非洲的出口所占比重相对较小，中国林产品出口市场分布较不均衡，地区贸易潜力有待于进一步开发。从贸易商品结构来看，中国进口以木浆、纸制品、原木为主。2009～2018 年，中国增加了对木浆、锯材的进口，而对纸制品的进口有所缩水。中国林产品出口则以纸制品、木家具、人造板为主，出口的商品结构比较集中，并且各商品的出口份额基本稳定。同时，中国林产品进出口贸易的商品结构因地区不同而呈现差异化特征。进口贸易中，中国木浆进口来源主要包括美洲、欧洲和亚洲地区，而纸制品的进口来源集中在亚洲、美洲、欧洲地区。出口贸易中，中国纸制品的出口市场主要集中在亚洲、美洲、欧洲地区，而针对木家具出口，中国出口美洲的木家具份额最高，其次是亚洲和欧洲地区。

共建“一带一路”地区作为林产品贸易发展潜力较大的地区，发展中国与共建“一带一路”国家林产品贸易不仅有利于国内林业产业的发展，而且有助于促进这些国家发挥优势，实现该地区林产品贸易的持续发展。“一带一路”倡议的提出为中国林产品贸易转型提供了机遇，加快了中国林业“走出去”步伐。同时，有利于中国与共建“一带一路”国家抱团，共同寻求突破“低端锁定”路径，推动木材产业全球价值链重构，带动区域发展再平衡，另外，有利于形成“一带一路”贸易新格局与新秩序，中国能够凭借本国经济实力在共建“一带一路”国家林产品贸易合作中发挥重要作用，使得林业产业发展迈上崭新的台阶。

主要参考文献

[1] 程宝栋、秦光远、宋维明：《“一带一路”战略背景下中国林产品贸易发展与转型》，《国际贸易》2015 年第 3 期，第 22 ~ 25 页。

[2] 李芳芳等：《“一带一路”倡议背景下的全球价值链重构》，《国际贸易》2019 年第 2 期，第 73 ~ 79 页。

[3] 熊立春：《中国木材产业全球价值链攀升的动力机制、路径选择研究》，北京林业大学博士学位论文，2019。

03

第三章

共建“一带一路”国家林产品贸易的规模、结构及特征

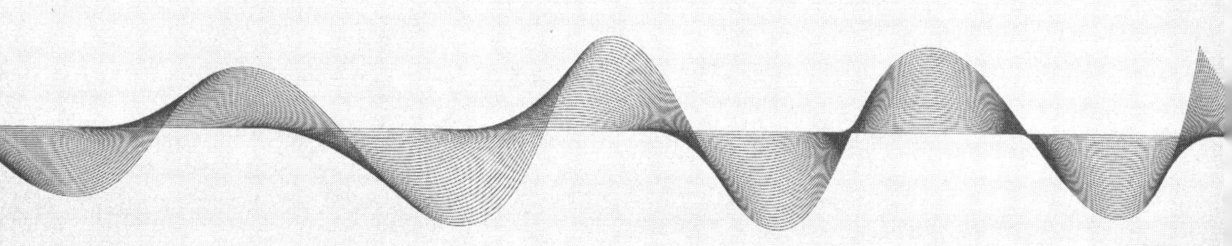

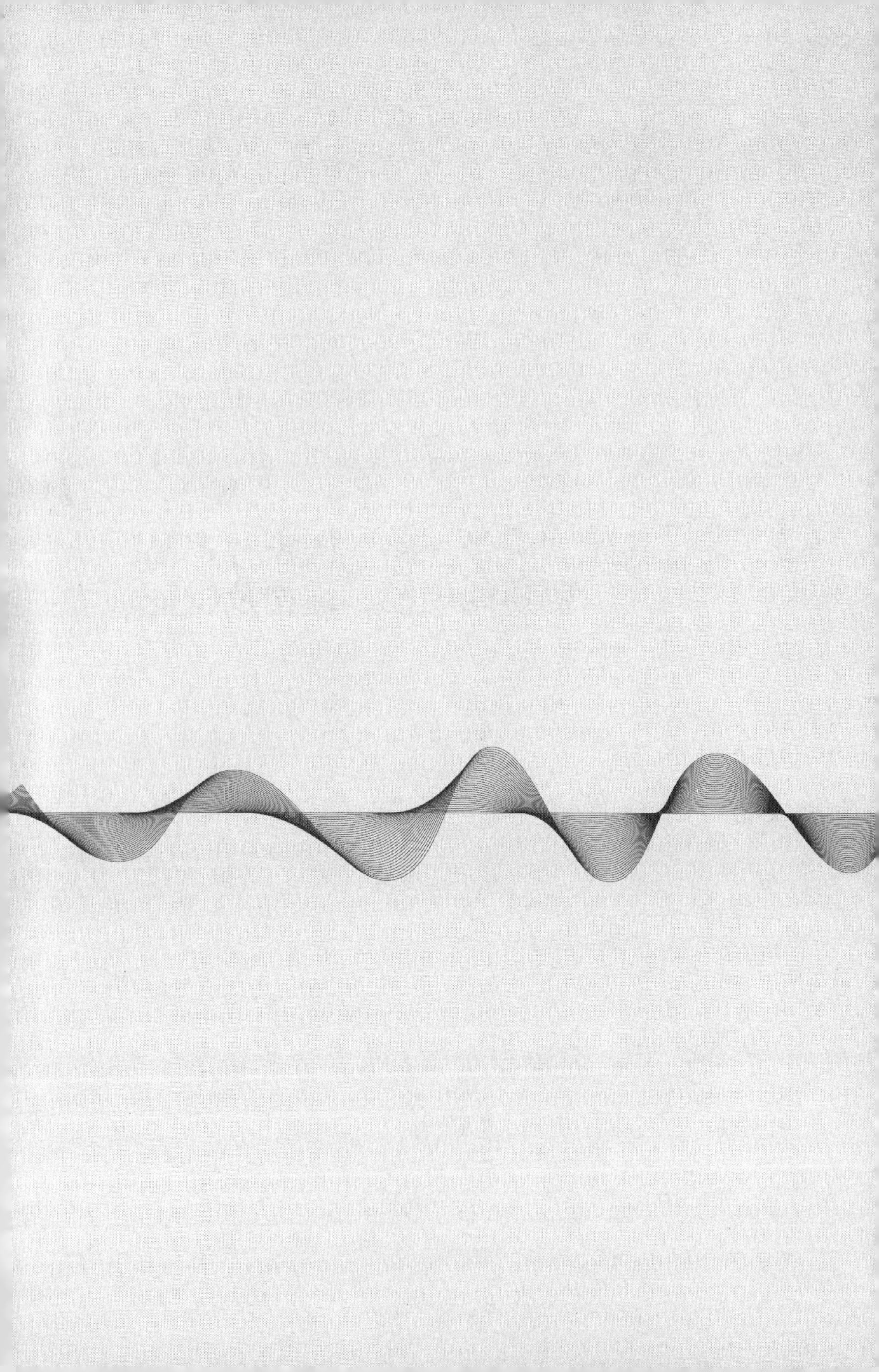

和平、发展、合作、共赢是21世纪发展的时代主题。面对全球经济复苏乏力以及国际纷繁复杂的形势，中国坚持进一步扩大对外开放和国际合作。2013年，习近平总书记提出了建设"丝绸之路经济带"和"21世纪海上丝绸之路"的战略构想，即"一带一路"倡议。"一带一路"倡议既是中国经济步入新常态以后的对外开放领域的重大战略部署，也是国际经济合作和实现区域协同发展新模式的重要实践（赵景瑞，2019）。"一带一路"倡议作为面向全世界的交流和服务平台，被认为是推动国际合作、促进世界经济增长的催化剂。倡议一经提出，便迅速得到了共建国家的积极响应，截至2019年7月底，中国政府已与136个共建"一带一路"国家签署政府间合作协议（陶章、乔森，2020）。共建"一带一路"国家以新兴经济体和发展中国家为主，正成为目前全球贸易和跨境投资增长最快的地区之一。

作为全球性的地缘政治和地缘经济倡议，"一带一路"成为涵盖世界约43.7%的人口、31.09%经济规模的区域合作平台（王彦芳等，2019）。同时，共建"一带一路"国家很多属于具有森林禀赋的发展中国家，森林资源丰富，市场发展潜力巨大，从而为林产品贸易发展提供了新的机遇（程宝栋等，2015）。林业作为第一产业的重要组成部分，为共建"一带一路"国家中经济发展水平较低的发展中国家的经济发展提供了大量的原始资本积累。林产品国际贸易在世界林业经贸发展中占据重要地位。2017年，共建"一带一路"国家林产品出口总额高达1371亿美元，占到世界林产品贸易出口总额的33%；共建国家林产品进口总额也达到1275亿美元，占据世界林产品贸易进口总额的32%。因而，共建国家林产品贸易在"一带一路"倡议——贸易畅通方面将发挥重要作用。然而，既有研究主要针对中国与共建"一带一路"国家林产品贸易展开（吴天博、张滨，2018；张慧、胡明形，2018），缺乏对共建"一带一路"国家林产品贸易整体情况的掌握。为此，本章节将集中讨论共建"一带一路"国家林产品贸易发展问题，主要围绕共建"一带一路"国家林产品贸易在2009~2018年发展变化规律、地区（国别）结构变化特征、商品结构及变动三个方面进行分析。

一 共建"一带一路"国家林产品贸易的全球占比及发展特征

（一）共建"一带一路"国家林产品贸易发展现状

2009~2018年，共建"一带一路"国家林产品贸易得到迅速发展。如图3-1a与表3-1所示，共建国家进出口总额整体呈现上升趋势，年均增长率分别达到5.3%和5.6%。2017年，共建国家林产品进口总额占全球林产品进口总额的比重达到32%，而出口总额也占到全球林产品出口总额的33%。这表明共建"一带一路"国家林产品贸易占据全球林产品贸易的重要份额，并且具有广阔的发展空间。

然而，共建"一带一路"较多国家依赖于出口低附加值的初级林产品获取利润，林产品贸易竞争力较弱，从而易遭受国际形势的影响。2011~2012年，发达国家经济增长减速所造成的国内需求的下降，使得亚太国家和地区的贸易尤其是出口贸易受到波及①，共建"一带一路"国家的进出口贸易额在此期间也出现明显下滑。同时，2015年，作为林产品需求较高的经济体，欧洲经济复苏乏力以及中国经济增速放缓使得林产品需求缩水，这极大地影响了共建国家的林产品贸易（马涛，2016）。从整体上看，共建国家的林产品出口总额整体上高于进口总额，以出口林产品为主。这一方面是因为共建国家需要依赖出口初级森林资源，比如原木、锯材，以维持生存发展需求；另一方面是由于这些国家拥有低廉的劳动力，木材加工业产业逐步向这些地区转移，并且许多国家在印度尼西亚、越南等投资设厂，极大地增加了林产品的生产潜力，从而刺激了这些地区林产品的出口。

① http://www.mofcom.gov.cn/aarticle/i/jyjl/k/201201/20120107920751.html.

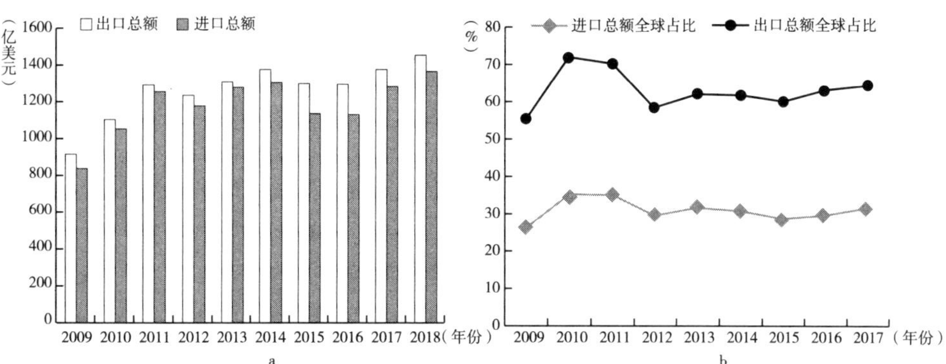

图 3－1　2009～2018 年共建“一带一路”国家林产品贸易发展及全球占比

资料来源：EPS 数据库。

表 3－1　世界和共建“一带一路”国家进出口林产品贸易情况

单位：亿美元

年份	林产品进口额		林产品出口额	
	世界	共建“一带一路”	世界	共建“一带一路”
2009	3150.14	831.71	3106.34	909.84
2010	2958.01	1046.92	2998.93	1099.51
2011	4206.47	1255.65	4313.70	1284.24
2012	3930.63	1175.64	4232.68	1229.85
2013	3978.71	1273.40	4301.31	1302.61
2014	4146.76	1300.36	4473.63	1375.89
2015	3886.83	1132.07	4134.98	1294.78
2016	3752.95	1124.55	3879.31	1286.13
2017	3994.75	1275.12	4195.09	1371.32

资料来源：EPS 数据库。

（二）共建“丝绸之路经济带”林产品贸易总规模及发展特征

共建“丝绸之路经济带”国家共有 39 个，占共建“一带一路”国家总数的 60%。2018 年，共建“丝绸之路经济带”国家出口总额整体上高于进口总额，分别占共建“一带一路”国家出口总额、进口总额的 79% 和 75%。并且在 2015 年，共建“丝绸之路经济带”国家木质林产品出口额比进口额高出了27.37%。2009~2018年，共建“丝绸之路经济带”进出口总额整体呈现上升趋势，如图3-2a所示。其出口总额、进口总额的年均增长速度分别达到6.7%和5.7%，出口总额增长速度要高于进口总额增长速度。这表明共建“丝绸之路经济带”林产品出口相较于进口呈现良好的发展态势，在林产品贸易中占据重要地位。

综上所述，共建“丝绸之路经济带”国家林产品国际贸易整体呈现上升趋势，出口增长速度要快于进口增长速度，呈现良好的发展态势。究其原因，共建“丝绸之路经济带”国家以经济水平相对落后的国家为主。这些国家依托地区丰富的森林资源出口原木等原材料以换取外汇，发展本国的木材加工业，从而促进出口的增长，实现国内经济的发展，使得共建“丝绸之路经济带”林产品出口持续扩张。

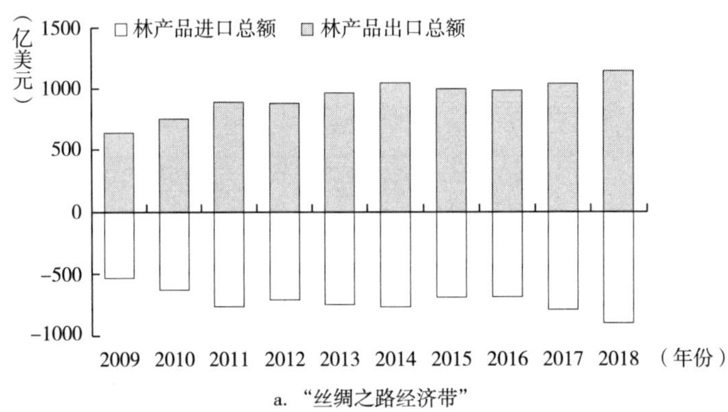

a. “丝绸之路经济带”

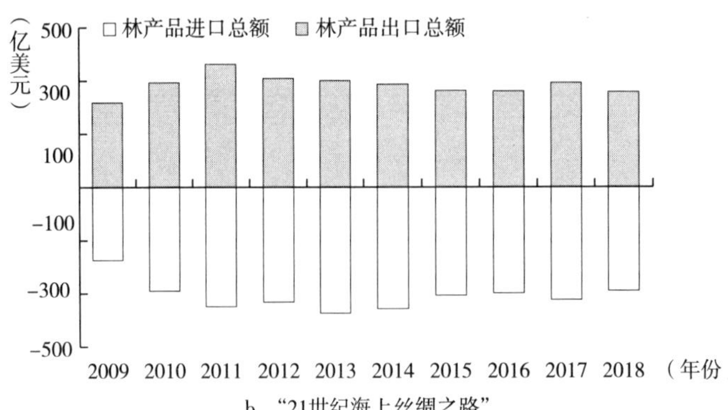

b. “21世纪海上丝绸之路”

图3-2 2009~2018年共建“丝绸之路经济带”与“21世纪海上丝绸之路”林产品贸易发展概况

资料来源：UN Comtrade。

（三）共建“21世纪海上丝绸之路”林产品贸易总规模及发展特征

共建“21世纪海上丝绸之路”国家共有26个，占据共建“一带一路”国家总数的40%。2018年，共建“21世纪海上丝绸之路”国家林产品进、出口总额分别达到347亿美元和301亿美元，分别占共建“一带一路”国家进口总额和出口总额的25%和21%。图3－2b表示2009～2018年共建“21世纪海上丝绸之路”国家林产品贸易发展概况，由图可以看出林产品进口总额变化趋势较为复杂，2009～2011年整体呈现上升趋势。2012年出现小幅下降而后恢复上升趋势，然而在2013～2016年，进口总额持续下降。从整体来看，共建“21世纪海上丝绸之路”国家进口总额经历了不断上升和下降的波动过程。而针对林产品出口总额，其变化较为平稳，年均增长率约为1.3%。在2009～2011年整体保持上升趋势，自2011年开始出现下滑，直至2016年后出现缓慢上升趋势，2018年又出现下滑。

总体来看，共建“21世纪海上丝绸之路”国家林产品进出口贸易额总体变化幅度较为平缓，但是进口总额年均增长率（4.3%）要高于出口总额年均增长率，进口总额大于出口总额。2012年之前，共建国家进出口贸易额的变动趋势保持一致，2012～2013年，进出口贸易额变动趋势相反，之后两者又保持一致，但2012年之前，木质林产品出口额大于进口额，2012年之后，木质林产品进口额大于出口额，且2013年两者的差距达到最大（19.37%）。共建“21世纪海上丝绸之路”国家很大程度上依赖港口便利的地理位置优势，国内经济得到迅速发展。这就大大刺激了国内需求的扩张，从而使得林产品需求持续增加，带动了林产品进口的增长。

（四）共建“丝绸之路经济带”与“21世纪海上丝绸之路”林产品贸易规模比较

综合比较2009～2018年共建“丝绸之路经济带”与“21世纪海上丝

绸之路”林产品贸易发展概况，可以发现两者在贸易规模、贸易结构方面存在显著差别，如表 3－2 所示。其中，针对林产品贸易规模而言，共建“丝绸之路经济带”39 个国家 2009～2018 年木质林产品进口总额明显高于共建“21 世纪海上丝绸之路”26 个国家，差异达到 4604.09 亿美元；至于林产品出口总额，前者也比后者高出 188.97%。由此可以看出，共建“丝绸之路经济带”国家林产品贸易总量整体大于共建“21 世纪海上丝绸之路”国家林产品贸易总量。

而针对贸易结构，即林产品贸易进出口变化规律而言，共建“丝绸之路经济带”和共建“21 世纪海上丝绸之路”则呈现不同的特征。共建“丝绸之路经济带”国家木质林产品的进出口贸易相对稳定，进出口总额整体均较高。2009～2018 年，共建“丝绸之路经济带”国家木质林产品的出口额均要高于进口额，呈现稳定增长的态势。而共建“21 世纪海上丝绸之路”国家木质林产品的贸易结构波动较为明显。2012 年之前，该地区林产品出口总额整体上高于进口总额，但 2012 年之后林产品进口总额则明显高于出口总额。同时可以发现，该地区林产品进出口贸易整体呈现下降趋势。中国、俄罗斯作为共建“丝绸之路经济带”的重要林产品贸易国家，其国内林产品贸易发展趋势很大程度上将影响该地区的林产品贸易水平。长期以来，中国是人造板、木家具等林产品的出口大国，同时对原木、锯材等原料型林产品的进口保持较大的需求。而俄罗斯则以出口原木、锯材等产品为主，同时对人造板、木家具的需求较高。这两国林产品进出口贸易的持续发展极大地带动共建“丝绸之路经济带”林产品贸易的稳定增长。针对共建“21 世纪海上丝绸之路”，东盟成员国作为该地区的主要国家，其依托本地丰裕的森林资源发展林产品贸易。这些国家大部分是新兴经济体，国内经济发展将带动林产品贸易发展。但是，该地区林产品贸易发展存在诸多不确定性因素，比如近年来随着这些国家打击非法采伐、限制原木出口等措施的出台，将对林产品贸易产生不同程度的制约，林产品贸易呈现波动的发展态势。

表 3-2　共建“丝绸之路经济带”与“21 世纪海上丝绸之路”林产品规模比较

单位：亿美元

年份	“丝绸之路经济带”		“21 世纪海上丝绸之路”	
	进口额	出口额	进口额	出口额
2009	590.15	641.05	241.55	268.79
2010	713.23	765.88	333.69	333.63
2011	863.82	893.76	391.83	390.48
2012	794.3	888.39	381.34	341.46
2013	855.41	965.57	418.00	337.04
2014	897.46	1048.93	402.91	326.96
2015	775.95	988.35	356.12	306.43
2016	777.77	982.75	346.78	303.38
2017	907.75	1041.18	367.37	330.15
2018	1014.53	1147.16	346.7	301.86

二　“一带一路”林产品贸易的地区（国别）结构及变化特征

（一）“一带一路”林产品贸易地区（国家）整体发展概况

共建“一带一路”国家地理区位、自然条件各异，加上经济发展水平不同，使得共建国家的林产品贸易呈现不同的结构特征与变化规律。为此，本小节主要从地区（国别）层面深入探究林产品贸易发展变化特征。陆上丝绸之路的中国、俄罗斯、捷克、奥地利等国与海上丝绸之路的印度尼西亚、马来西亚、新加坡等国在共建国家林产品贸易发展中占据重要位置。另外，从各大板块来看，根据表 1-2 的分类标准，我们计算了 2018 年各地区林产品贸易在共建“一带一路”地区林产品贸易总额的占比情况。其中，东亚林产品贸易总额占共建地区比重排在首位，林产品进、出口总额分别占共建“一带一路”地区林产品进、出口总额的 41%、37%。而中东欧林产品贸易进、出口总额也占到共建国家林产品贸易进出口总额的23%和30%。东南亚则位列第三，其林产品贸易进、出口总额占共建国家进、出口总额的12%和18%。东北亚、南亚、西亚北非地区占共建国家林产品贸易比重较为靠后，中亚所占比重较小。由于地区的划分涉及国家的数量不同，不同国家又有各自的发展特征，为进一步深入了解共建“一带一路”国家林产品贸易发展变化规律，接下来的章节在共建“丝绸之路经济带”和共建“21世纪海上丝绸之路”划分的前提下，对主要经济体和经济合作组织的林产品贸易发展展开研究。

（二）共建“丝绸之路经济带”林产品贸易的地区（国别）结构及变化特征

通过分析可以发现，共建“丝绸之路经济带”中有10个国家属于经济合作与发展组织（Organisation for Economic Cooperation and Development，简称经合组织，OECD），占共建“丝绸之路经济带”国家总数的26%。2018年，上述10个OECD国家林产品进、出口总额分别占共建“丝绸之路经济带”进、出口总额的28%和33%，因而是共建“丝绸之路经济带”林产品贸易的重要组成部分。为此，针对OECD国家林产品贸易发展情况，本研究进行深入分析。OECD是全球34个市场经济国家组成的政府间国际经济合作组织，该组织致力于实现二战后欧洲重建的马歇尔计划。其成员包括美国、英国、法国、德国、日本等发达国家和墨西哥等少数发展中国家。其中，现有成员国中的土耳其、以色列、波兰、立陶宛、爱沙尼亚、拉脱维亚、捷克、斯洛伐克、匈牙利、斯洛文尼亚10个国家是共建“丝绸之路经济带”的重要国家。图3-3（a）表示2009~2018年这10个国家林产品进出口贸易变化趋势，由图可以直观地看出，共建“丝绸之路经济带”的OECD成员国林产品进口总额显著大于出口总额，属于典型的进口依赖型组织。近10年间，OECD成员国林产品进口总额的变动幅度较大，2009~2011，一直处于上升阶段，2012年出现短暂下滑后又逐步爬升，2015~2018年的增长趋势尤为明显。而林产品出口总额则整体变动幅度相对平稳，呈现缓慢增长趋势。共建“一带一路”的10个OECD成员国中，除土耳其和波兰外，其余 8 个国家均为发达国家。OECD 作为发达国家的“俱乐部”，其成员国的经济发展水平均较高，因而对林产品的需求也日益旺盛，这极大地增加了林产品的进口。同时，拉脱维亚等国家的森林覆盖率均高于 50%，其良好的森林资源支撑其发展林产品工业，这将有利于这些国家发展林产品出口行业，从而带动 OECD 林产品出口总额的总体水平。而捷克、波兰等国国内森林管理水平较高，有管理规划的森林比例达到 90% 甚至 100% 的水平（庞新生、王敏，2019），这将有利于森林资源的产出，促进林产品的生产，从而带动林产品出口贸易的上升。

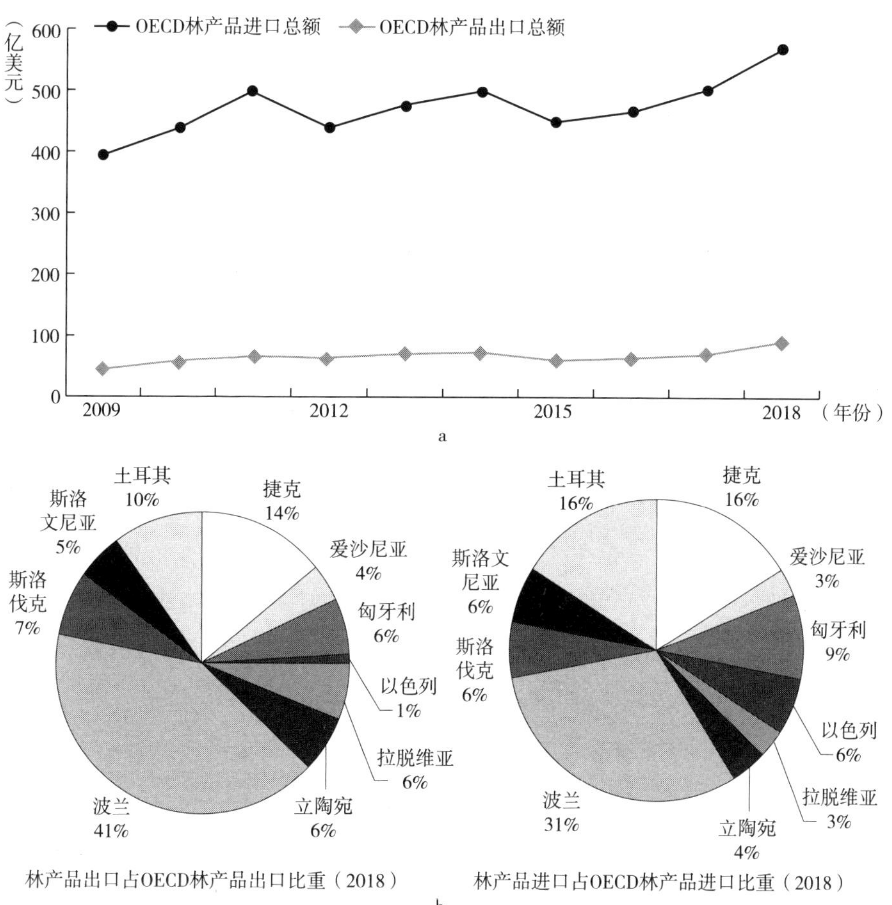

图 3-3 OECD 成员国林产品进出口总额变动趋势及各国占比情况

资料来源：UN Comtrade。

共建“丝绸之路经济带”国家除OECD成员国外，中国、俄罗斯、罗马尼亚等国在其林产品贸易中也占据重要比重。图3－4展示了2009～2018年丝绸之路主要经济体林产品进出口总额发展概况。由图可以直观地看出，中国、俄罗斯林产品进出口总额占比较大，林产品出口总额整体呈现上升趋势，但受到国际经济形势低迷的影响，出口总额在2015年出现下降，其中俄罗斯下降更为明显。而针对进口总额，中国总体呈现增长趋势，而俄罗斯林产品进口总额自2015年出现较为明显的下降，而后呈增长态势。这可能与俄罗斯扶持本国木材深加工业有关。近年来，俄罗斯出台了一系列限制原木、锯材等初级林产品出口的政策，并大力支持发展本国的木材加工业，以满足国内市场的需求。因而，这可能会造成俄罗斯林产品出口的下降，同时随着国内加工业的发展，对林产品进口的依赖程度也将有所降低。而罗马尼亚、克罗地亚、塞尔维亚、保加利亚等国林产品的进出口则整体上保持稳定的增长趋势，林产品贸易发展速度较为稳定。乌克兰、白俄罗斯等中东欧国家受全球经济形势的影响较为严重，林产品进出口贸易呈现不同幅度的波动情况。而哈萨克斯坦因国内GDP的不断增长，使得国内需求逐渐恢复，促使林产品进口贸易的不断增长，林产品贸易发展潜力巨大。

（三）共建“21世纪海上丝绸之路”林产品贸易的地区（国别）结构及变化特征

东盟十国是共建“21世纪海上丝绸之路”林产品贸易的重要组成部分，东盟地区林产品的进、出口总额分别占共建“21世纪海上丝绸之路”的48%和84%，因而深入分析东盟林产品贸易的发展特征将有利于深入了解共建“21世纪海上丝绸之路”林产品贸易发展阶段。位于共建“21世纪海上丝绸之路”的东盟十国包括新加坡、印度尼西亚、马来西亚、泰国、越南、缅甸、菲律宾、柬埔寨、老挝、文莱，这些国家凭借丰富的森林资源和劳动力成本优势促使林产品贸易快速发展。图3－5a则展示了2009～2018年东盟十国林产品进出口贸易的发展变化趋势，由图可以直观地看出，东盟木质林产品的出口总额一直大于进口总额，但进口总额呈现赶超出口总额的趋势。

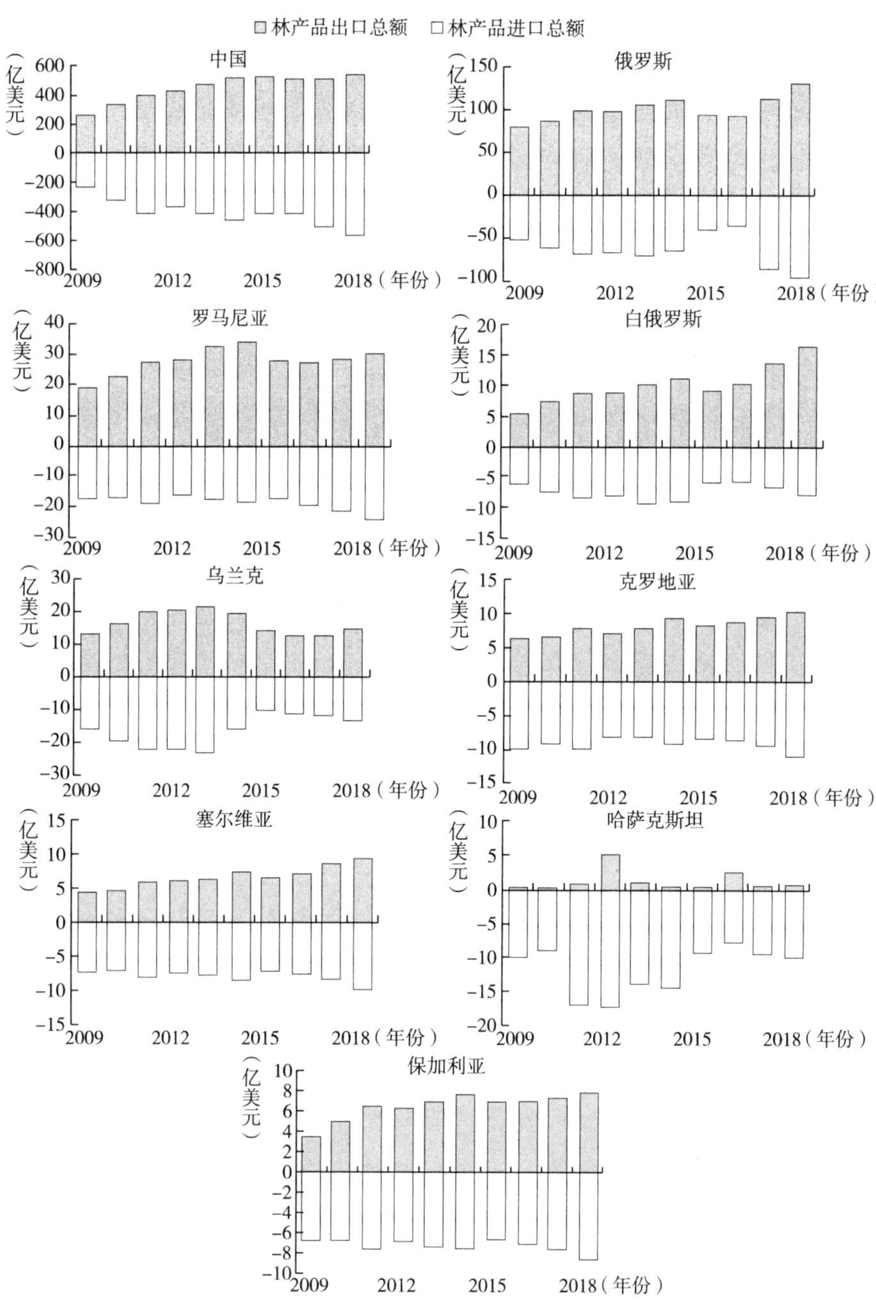

图 3-4　2009～2018 年共建“丝绸之路经济带”主要经济体林产品进出口总额发展概况

资料来源：UN Comtrade。

这也体现了东盟成员国林产品贸易以出口为主，并且贸易顺差正在逐渐减小。其中，东盟林产品进口总额呈现缓慢上升趋势，而与之相比林产品出口总额波动幅度较大，只有 2009 ~ 2011 年林产品出口额呈显著上升趋势，其他年份增长趋势并不明显，并从整体上看存在下滑趋势。近年来，东盟成员国为了缓解环境压力，带动地区就业，基本上停止了原木出口的官方渠道，并要求所有木材必须经一定加工方能出口，这也可能是使得东盟林产品出口下降的重要因素。而图 3 – 5b 则表示东盟主要成员国林产品进出口贸易情况，由图可以看出，印度尼西亚林产品进出口总额比重较高，分别达到 24% 、42% ，马来西亚、泰国次之。而菲律宾、缅甸林产品进口总额占比要高出出口总额占比。

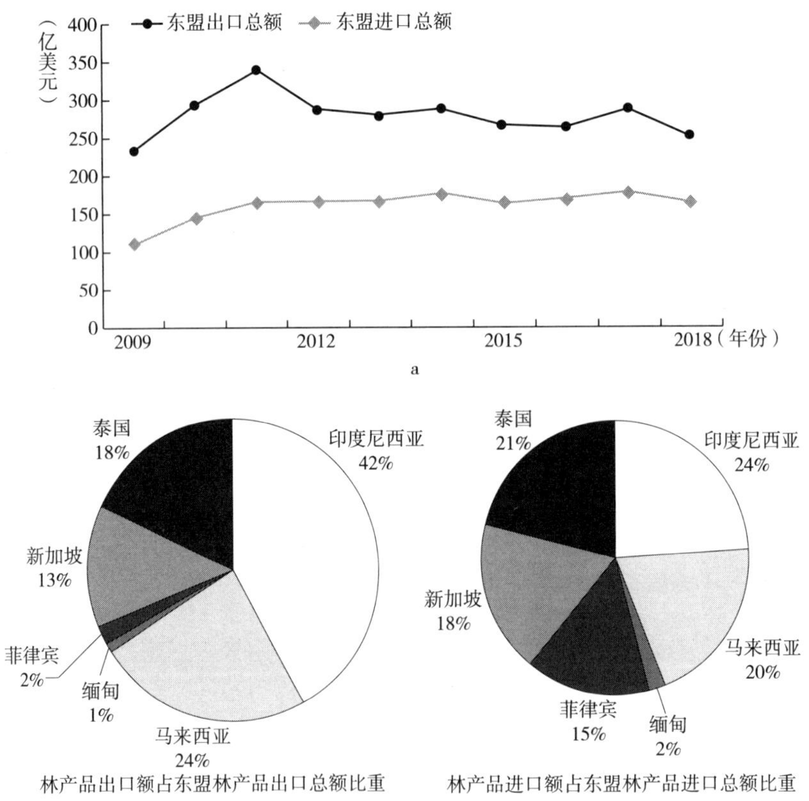

图 3 – 5　2009 ~ 2018 年东盟成员国林产品贸易发展概况及 2018 年占比分析

资料来源：UN Comtrade。

此外，共建“21世纪海上丝绸之路”除东盟成员国外，印度、巴基斯坦、沙特阿拉伯、埃及、阿联酋、阿曼等也是重要的林产品贸易国家。由图3-6可以看出，这些国家林产品进口总额整体上要高于林产品出口总额。并且印度、巴基斯坦的林产品出口总额整体呈现增长趋势，而林产品进口总额则波动幅度比较大，但总体上也呈现增长趋势。两国作为具有发展潜力的新兴经济市场，经济发展水平快速提高，直接带动了林产品贸易的发展。沙特阿拉伯、埃及林产品出口总额变化则比较平稳。而阿联酋、阿曼等国的林产品贸易在2013年前呈上升态势，而2014年林产品贸易则走向了下坡路。究其原因，可能是2014年的油价下跌重创了这些凭借石油资源赢利的国家的经济，经济的下行，国际贸易停滞不前，致使林产品贸易出现下降，并步入低谷。

（四）共建“丝绸之路经济带”与“21世纪海上丝绸之路”林产品贸易地区（国别）结构比较

通过上述的分析可以发现，共建“丝绸之路经济带”涵盖国家数量多，林产品进出口总额远高于共建“21世纪海上丝绸之路”进出口总额。其中，共建“丝绸之路经济带”经济发展水平较高的OECD国家，林产品的进口总额整体上要高于林产品出口总额，林产品需求不断扩张。而中国、俄罗斯等国是共建“丝绸之路经济带”林产品贸易的重要国家，但是两国林产品进出口总额广泛受到世界经济形势的影响。此外，还有些国家，比如哈萨克斯坦等中亚地区，仍存在森林资源匮乏、林产工业发展落后等问题，使得林产品进口总额远远高于出口总额，林业行业的发展潜力有待于进一步挖掘。针对共建“21世纪海上丝绸之路”，东盟是最重要的经济合作组织，其林产品出口总额要远远高于林产品进口总额，但是随着近年来各国对森林资源的保护利用，东盟成员国出现各种以限制森林资源作为原材料出口的措施，使得林产品出口的发展受到一定程度的制约。而共建“21世纪海上丝绸之路”的其他国家，林产品进口总量要远远高于林产品出口总量，这一方面来自国内经济快速上涨而带来的林产品需求的上升，另一方面也是囿于森林资源禀赋缺乏、木材加工业停滞不前所导致的

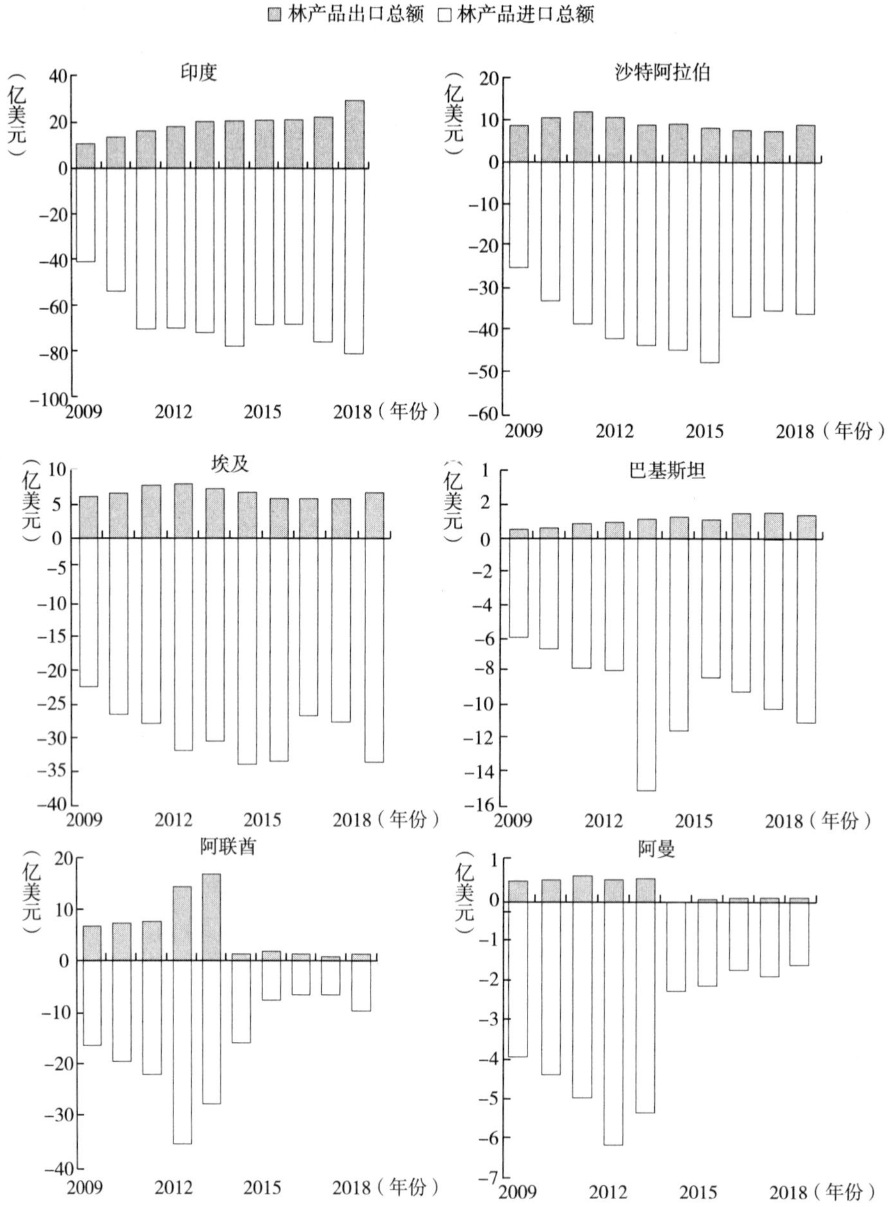

图 3-6 2009~2018 年共建“21 世纪海上丝绸之路”主要经济体林产品贸易发展概况

资料来源：UN Comtrade。

进口依赖加深。此外，这些林产品贸易的发展很大程度上受国际经济形势的影响，并且较短时间内很难恢复。

三 共建"一带一路"国家林产品贸易的商品结构及变化特征

（一）共建"一带一路"国家林产品贸易的商品结构及变化特征概述

前两节主要从国际占比和地区（国别）两个层面对共建国家木质林产品的总贸易量进行分析，并未区分不同产品间贸易结构的特点。为此，本小节主要针对表1－2林产品类别展开分析，聚焦共建"一带一路"国家的林产品贸易的商品结构及变化特征。首先，针对共建"一带一路"国家各种林产品出口总额来说，表3－3和表3－4分别给出了2009～2018年共建"一带一路"65个国家木质林产品进、出口贸易情况。由表3－4可知，2009～2018年，6种木质林产品中，纸制品出口总额最大，其次是木家具、人造板、锯材、原木、木浆。且纸制品出口额占其余5种木质林产品出口总额的73.25%，可见，纸制品是共建"一带一路"国家主要出口的木质林产品。

表3－3 2009～2018年共建"一带一路"国家木质林产品进口贸易情况

单位：亿美元

年份	原木	锯材	人造板	木家具	纸制品	木浆
2009	60.12	65.02	53.16	53.71	497.43	102.27
2010	84.00	89.79	67.06	60.51	605.12	140.44
2011	112.61	114.54	83.35	70.86	697.03	177.26
2012	104.07	115.61	83.89	78.11	630.07	163.89
2013	125.60	129.03	90.89	87.45	666.38	174.05
2014	150.13	147.73	95.81	84.06	640.72	181.92
2015	107.24	134.60	78.23	71.58	554.38	186.03
2016	102.66	136.68	80.56	68.68	555.45	180.52
2017	120.49	160.57	88.77	75.30	611.83	218.16
2018	132.67	172.30	92.49	79.28	611.08	273.41

资料来源：UN Comtrade数据库。

表 3－4 共建“一带一路”国家木质林产品出口贸易情况

单位：亿美元

年份	原木	锯材	人造板	木家具	纸制品	木浆
2009	35.69	71.06	104.89	259.53	416.02	22.64
2010	48.82	83.99	131.80	315.48	483.21	36.21
2011	54.50	96.02	157.43	336.83	598.92	40.55
2012	58.74	96.22	166.97	357.65	513.22	37.05
2013	52.26	104.87	175.91	384.66	542.48	42.42
2014	51.56	110.82	192.15	425.35	552.47	43.55
2015	37.36	93.98	173.32	417.94	529.07	43.11
2016	35.74	97.47	170.59	418.79	522.76	40.78
2017	36.72	114.79	174.20	436.66	558.55	50.40
2018	41.33	127.90	193.46	411.74	611.82	62.76

资料来源：UN Comtrade 数据库。

从共建“一带一路”国家各种林产品出口总额来看，如图 3－7 所示，2018 年，纸制品出口总额最大，占林产品出口总额的 42%，其次是木家具、人造板，占比达到 29% 和 13%。锯材、原木、木浆所占比重较小。从共建国家林产品进口总额来看，纸制品进口总额仍排名第一，占林产品进口总额的 45%，其次是木浆、锯材、原木，分别占进口总额的 20%、12%、10%，人造板和木家具所占比重较小。共建“一带一路”国家发展中国家众多，劳动力资源丰富，俄罗斯、印度等国家森林资源也比较丰富，对于劳动密集型纸制品、木家具、人造板等产业的发展具有一定的比较优势，因此该类林产品的出口较多。而进口方面则以木浆、原木等原材料为主，以支持共建国家林产工业的发展。

图 3－8 则表示了 2009～2018 年共建国家 6 种林产品进出口总额的变化趋势。可以直观地看出，原木的出口额整体保持平稳，而进口额波动较大，2009～2011 年呈现稳步上升态势，在 2012 年、2015 年经历了下降，其余年份基本保持上升趋势。原木作为重要的初级木质林产品，其供给与一国的资源禀赋紧密相关，而俄罗斯、印度等地区森林资源禀赋丰富，从

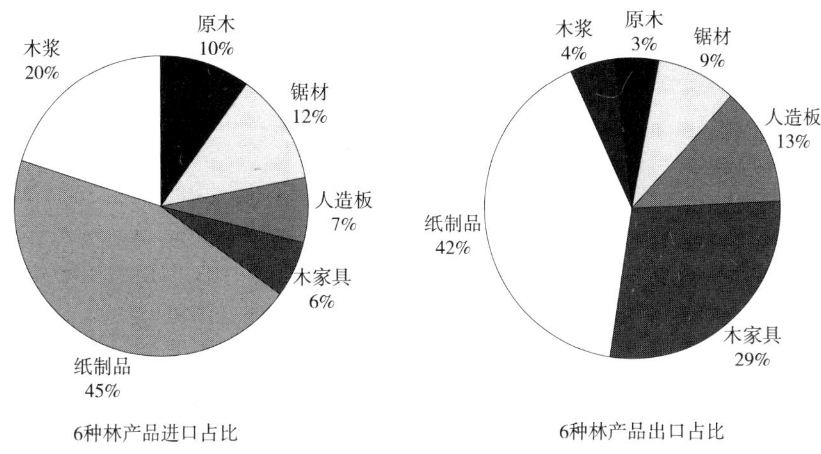

图 3-7　2018 年 6 种林产品进出口贸易占比情况

资料来源：UN Comtrade。

而使共建“一带一路”国家一直保持着原木的出口多于进口。然而，近年来保护森林资源力度的加大，全球限制原木的出口等，影响了全球原木的供给，致使共建“一带一路”国家原木进口有较大幅度的下滑。锯材作为原木重要的替代品，在原木供给受限的情况下，其总体贸易呈上升趋势，且进口量大于出口量。

对于木家具，共建“一带一路”国家木家具进口量显著低于出口量，且进口量虽有小幅上升，但总体趋势较为平稳，而木家具的出口额除 2018 年有所下降外，整体呈现稳步上升的态势。原因主要在于随着世界经济的稳步复苏，国际家具市场整体形势向好（劳万里等，2019）。共建“一带一路”国家多为发展中国家，大部分国家劳动力价格低廉，森林资源保护力度不大，在生产木家具方面具有明显的成本优势，促使共建“一带一路”国家的木家具以低廉的价格和超高的性价比迅速进入国际市场，使得出口量不断攀升。而人造板与木家具同为劳动和资源密集型的最终林产品，两者进出口贸易的比例有一定的相似性。2009～2018 年，人造板的进口额同样大于出口额，但出口额与进口额的差距小于木家具出口额与进口额差值，且人造板的进出口变动趋势较为一致，均是先上升后下降再上升

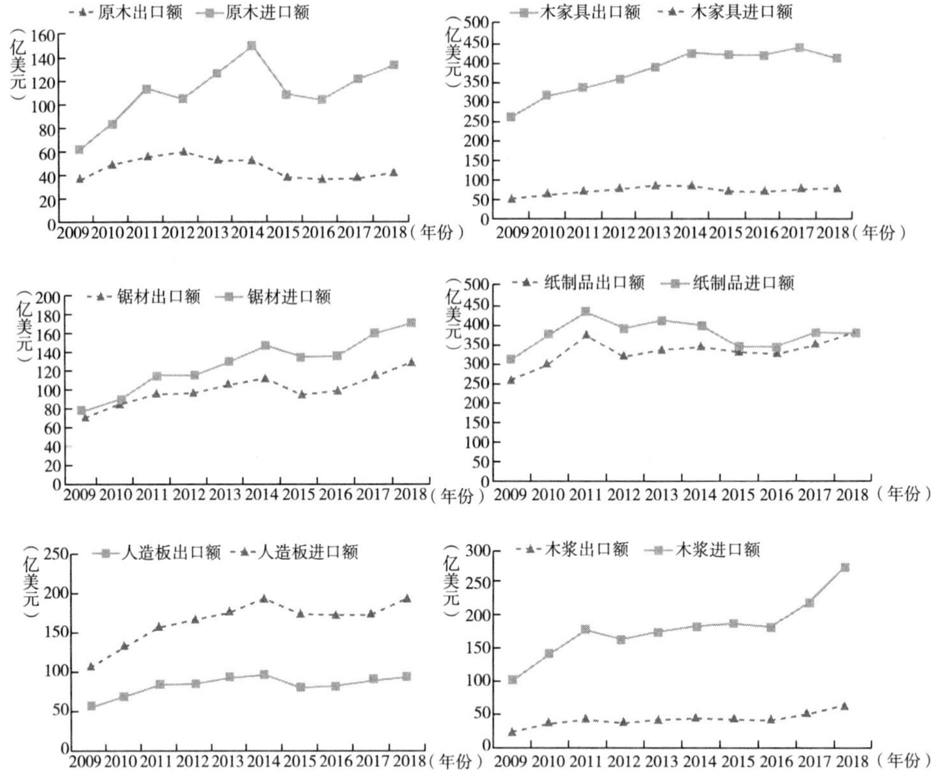

图 3－8　2009～2018 年 6 种木质林产品进出口情况

资料来源：UN Comtrade。

的趋势。而木浆的进出口贸易情况与木家具正好相反，2009～2018 年，木浆出口额明显小于进口额，出口额呈现小幅稳定上升的趋势，进口额除 2012 年有所下降外，其余年份均保持上升态势。使用木浆造纸是当前世界纸浆造纸工业发展的共同趋势和潮流（蔡昕妤等，2013）。共建“一带一路”各国经济的发展也大幅度促进纸制品及其原材料需求的提高，但囿于技术、原材料等的限制，木浆的进口量逐年攀升，对外依存度不断上升，这一定程度上刺激了造纸行业的发展，使得纸制品出口额逐年增加。再加上共建“一带一路”发展中国家的劳动力优势有利于造纸业的发展，使得纸制品的进出口在 6 种林产品中居于首位，进口量略高于出口量，但两者的差距在逐渐缩短，且纸制品的出口额有望赶超进口额。

（二）共建“丝绸之路经济带”林产品贸易的商品结构及变化特征

为了更细致、有针对性地分析共建“一带一路”国家木质林产品贸易的商品结构和特点，本小节主要针对“丝绸之路经济带”木质林产品贸易的商品结构及变化特征进行分析。2009～2018 年，共建“丝绸之路经济带”39 个国家 6 种木质林产品的进、出口总额分别是 8190.37 亿美元和 9363.016 亿美元，出口额比进口额高出 14.32%。如图 3－9a 所示，6 种木质林产品中，纸制品的进出口总额均居于首位，分别为 3897.17 亿美元和 3853 亿美元，进口额比出口额高出 1.15%，两者基本持平。以 2018 年为例，由图 3－9b 所示，6 种木质林产品中，纸制品的进、出口规模分别占 48% 和 41%，可见纸制品在共建“丝绸之路经济带”国家木质林产品贸易中占据重要地位。此外，原木、锯材和木浆这些原材料类产品的贸易结构较为一致，其进口额均不同程度地大于出口额。而木家具和人造板这些劳动密集型的产品的贸易结构与此相反，2018 年，木家具的出口额占 6 种产品总额的比例为 32%，远大于进口额的占比（6%），人造板的出口额占 6 种产品总额的比例为 12%，是进口额占比（6%）的 2 倍。

图 3－10 展示了共建“丝绸之路经济带”6 种林产品 2009～2018 年的进出口变化情况。由图可知，对于原木、锯材这类原材料产品，其进口量大于出口量，且原木与锯材的进口额基本持平，但锯材的进口额显著大于原木的出口额。在原木方面，2009～2018 年，原木的进出口额比值从 2009 年的 1.54 跃升至 2018 年的 3.11，并于 2014 年达到峰值。原木作为重要的初级木质林产品，在工业生产和原木加工方面具有十分重要的作用。共建“丝绸之路经济带”国家中发展中国家众多，随着经济的快速发展和铁路等基础设施的完善，对于原木的需求逐年递增。然而，随着各国采伐限额以及森林资源保护等宏观政策对木材采伐的约束，一段时间内部分国家国内木材产量将逐年减少，这与国内木制品刚性需求的不断上升相悖，使得原木进口成为解决这一现实问题的重要举措（熊立春、程宝栋，2018）。

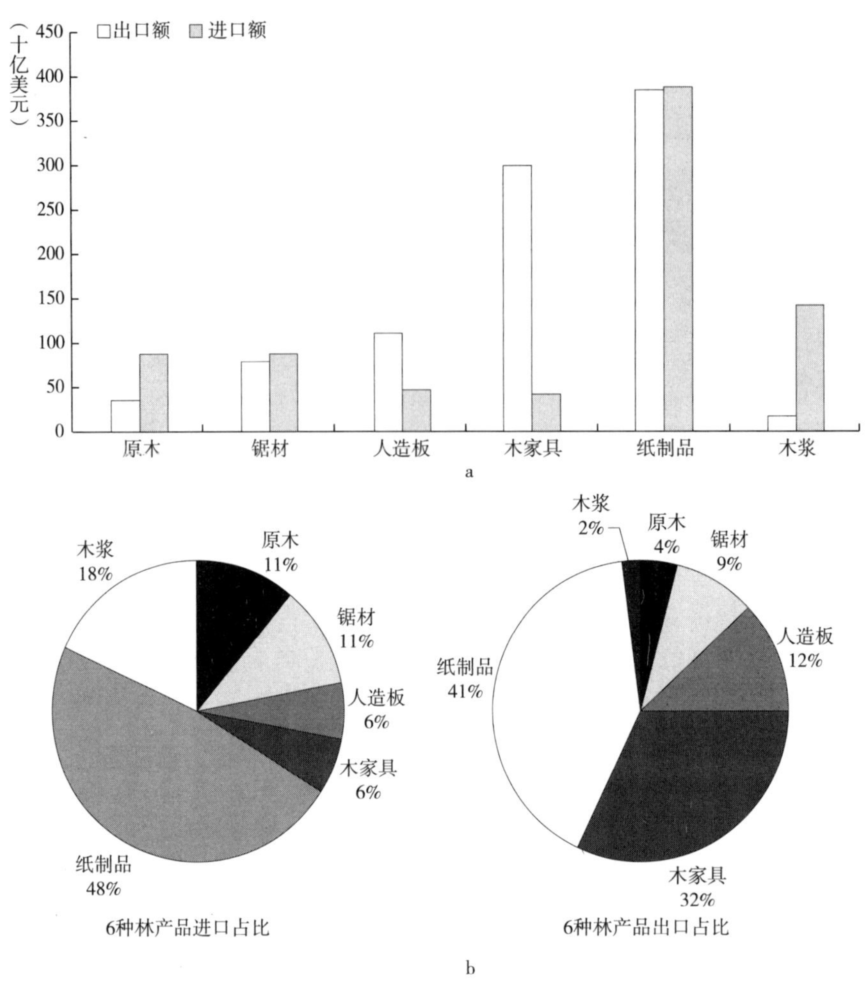

图 3－9 共建“丝绸之路经济带”林产品贸易额及 2018 年林产品占比情况

资料来源：UN Comtrade。

锯材的贸易情况与此类似，2009～2018 年，锯材的进口额整体呈现逐年递增的态势，由 2009 年的 43.12 亿美元攀升至 2018 年的 137 亿美元，增加的份额超过 2 倍。但锯材的出口额整体则呈现先上升后下降再上升的趋势，进出口比例维持在 0.73～1.48，且在逐年上升。锯材是共建“丝绸之路经济带”国家除原木之外主要的进口木材，对于原木具有一定的替代性。近年来，由于俄罗斯、中国等国家纷纷提高原木出口关税或限制、禁止原木出口（李秋娟等，2018），共建“丝绸之路经济带”国家锯材进口量逐年递增。

而人造板、木家具这些深度加工的产品的贸易结构与原木和锯材正好相反，2008～2019年，人造板和木家具的出口额均大于进口额。在人造板方面，出口额与进口额的比值为1.78～2.71，且两者的变化趋势保持一致，均是先上升后短暂下降又恢复上升状态。人造板由于用途广泛，可以用于最终消费或再加工初级产品，逐渐成为非常具有发展潜力的木质林产品（庞新生等，2016）。而中国正是全球最大的人造板出口国，以中国为代表的众多共建“丝绸之路经济带”国家依靠资源和人力资本优势发展人造板产业，不断推动人造板出口量稳步提升。在木家具方面，出口额与进口额的比值更大，一直处于5.11以上，2015年达到最大值7.47。总体来看，木家具的进口额相对稳定，且多是以进口高质、高价、高附加值家具为主，与此同时，出口额总体呈上升态势，且以出口低档廉价家具为主（肖艳、胡家芳，2019）。木家具的大规模出口同样依赖于共建“丝绸之路经济带”国家的劳动力和森林资源优势。共建国家充分利用其丰富的森林资源和相对廉价的劳动力优势，大力发展家具制造业，推动木家具出口额的持续攀升。

此外，有关木浆及纸制品方面，由图3－10可知，2009～2013年，纸制品的进口额大于出口额，但自2014年开始，纸制品的进出口规模发生了逆转，出口额开始大于进口额。与其他5种木质林产品相比，纸制品的进出口额差距相对较小，两者的比值为0.85～1.26，但两者的变动趋势却不尽相同。整体来看，2009～2018年，纸制品的进口呈现先上升后下降再上升的趋势，而出口额的变动基本保持着上升趋势。木浆作为纸制品生产的重要原材料，其贸易结构与纸制品有一定的相关。2009～2018年，木浆的进口量远远高于出口量，两者的比值长期居于5.7以上，2018年更是突破8.83。木浆较大的进口量一定程度上有效弥补了造纸业原料的不足，使纸和纸制品的产量增加，对出口有积极的影响（万莉等，2013），这也进一步解释了共建“丝绸之路经济带”国家纸制品出口量不断提升的现象。

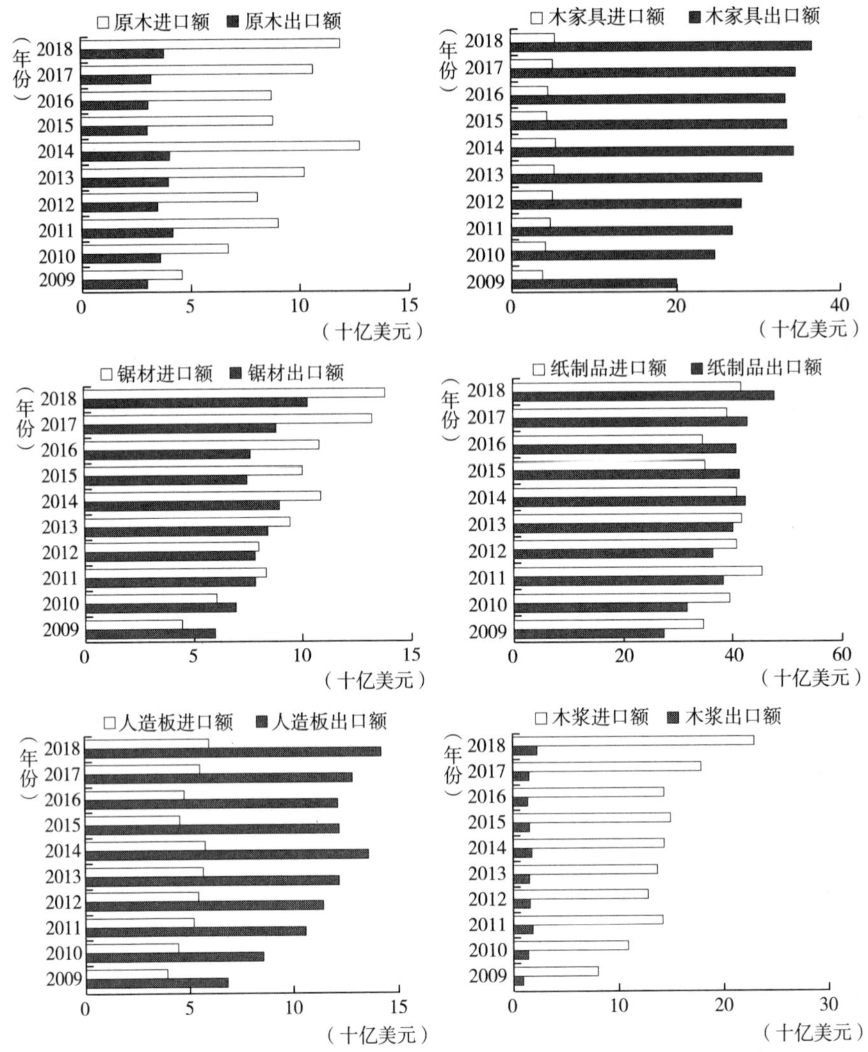

图 3-10 共建“丝绸之路经济带”林产品进出口情况

资料来源：UN Comtrade。

（三）共建“21 世纪海上丝绸之路”林产品贸易的商品结构及变化特征

2009~2018 年，共建“21 世纪海上丝绸之路”26 个国家木质林产品进、出口贸易额分别为 3586.28 亿美元和 3240.17 亿美元，进口比出口额高出 10.68%。如图 3－11a 所示，纸制品的进出口额依然稳居首位，且进口额高于出口额。原木、锯材和木浆的贸易结构相似，其进口额均大于出口额。人造板和木家具的结构比较相似，其出口额均大于进口额。图 3－11b 给出了 2018 年 6 种林产品各自进出口额占总进出口额的比重，由图可知，纸制品的进出口额占 6 种林产品进出口总额的比例分别为 61% 和 46%，远高于其余 5 种林产品，木家具的出口额占比为 23%，比进口额占比（7%）高出 16 个百分点，与此贸易结构相似的还有人造板，其进出口占比分别为 8% 和 15%。原木、锯材、木浆的进口占比均大于出口占比，与前述结论一致。

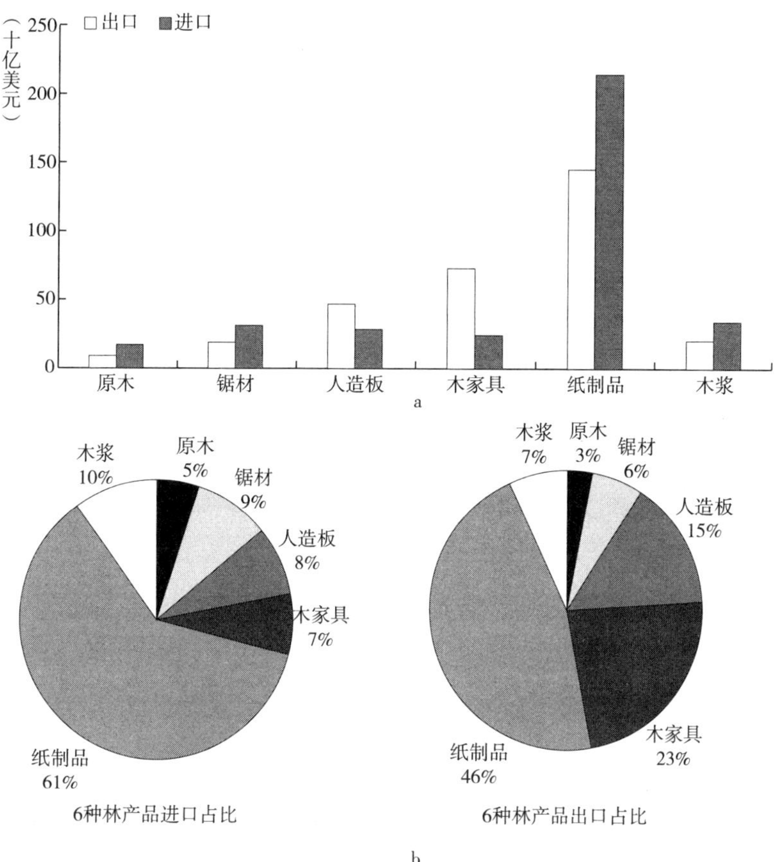

图 3－11 2009～2018 年共建“21 世纪海上丝绸之路”林产品贸易及 2018 年林产品占比情况

资料来源：UN Comtrade。

为了更清晰地探究共建“21 世纪海上丝绸之路”国家不同商品种类各自的进出口额及其不同产品之间进出口额之间的异同，图 3 – 12 给出了 2009 ~ 2018 年 6 种产品各自进出口额的变动情况。由图可知，共建“21 世纪海上丝绸之路”国家不同木质林产品间的贸易结构也不尽相同。对于原木这类原材料产品，2009 ~ 2018 年，除 2012 年外，其进口额均高于出口额。原木的进出口比例维持在 0.97 ~ 4.51，出口额在 2012 年达到峰值后迅速下降，而进口额持续攀升至 2013 年后开始下降。原木作为重要的基础性木质林产品，在工业生产和人们生活中发挥着重要的作用，在一国森林资源禀赋和法律的约束下，进口成为解决国内需求的重要途径（熊立春、程宝栋，2018），这也是共建“21 世纪海上丝绸之路”国家原木进口额高于出口额的原因之一。锯材是原木重要的替代品，故其贸易结构与原木有一定的相关性。2009 ~ 2018 年，锯材的进出口贸易均呈现先上升后短暂下降又恢复上升的状态，进、出口额分别由 2009 年的 21.9 亿美元和 11.95 亿美元上升至 2018 年的 35.31 亿美元和 25.41 亿美元，虽然出口额增加的比例超过进口额，但总体上锯材的进口额高于出口额，两者的比例介于 1.12 ~ 1.95，总体比例较为稳定。

对于需要深度加工的人造板和木家具，由图可得，其出口额显著高于进口额。2009 ~ 2018 年，人造板的出口额与进口额的比值维持在 1.35 ~ 2.41，且两者均在 2014 年前后达到峰值后开始下降。不同的是，人造板的出口额在 2018 年又开始上升。共建“21 世纪海上丝绸之路”国家多为发展中国家，一些国家森林资源较为丰富，在资源和劳动力密集型的人造板行业具有一定的比较优势。同时也有一些国家森林资源匮乏，而人造板作为一种重要的木质林产品，进口成为解决一国的需求不断增加的重要途径。木家具的贸易结构与此相同。2009 ~ 2018 年，木家具的进、出口额比值介于 1.92 ~ 4.10，显著小于共建“丝绸之路经济带”国家木家具的进出口比值，原因之一是中国作为最大的木家具出口国家位于共建“丝绸之路经济带”。此外，从进出口变动趋势看，共建“21 世纪海上丝绸之路”国家木家具的进口额呈先上升后下降又略微上升的趋势，而出口额一直处于上升状态，直至2018年有所下降。

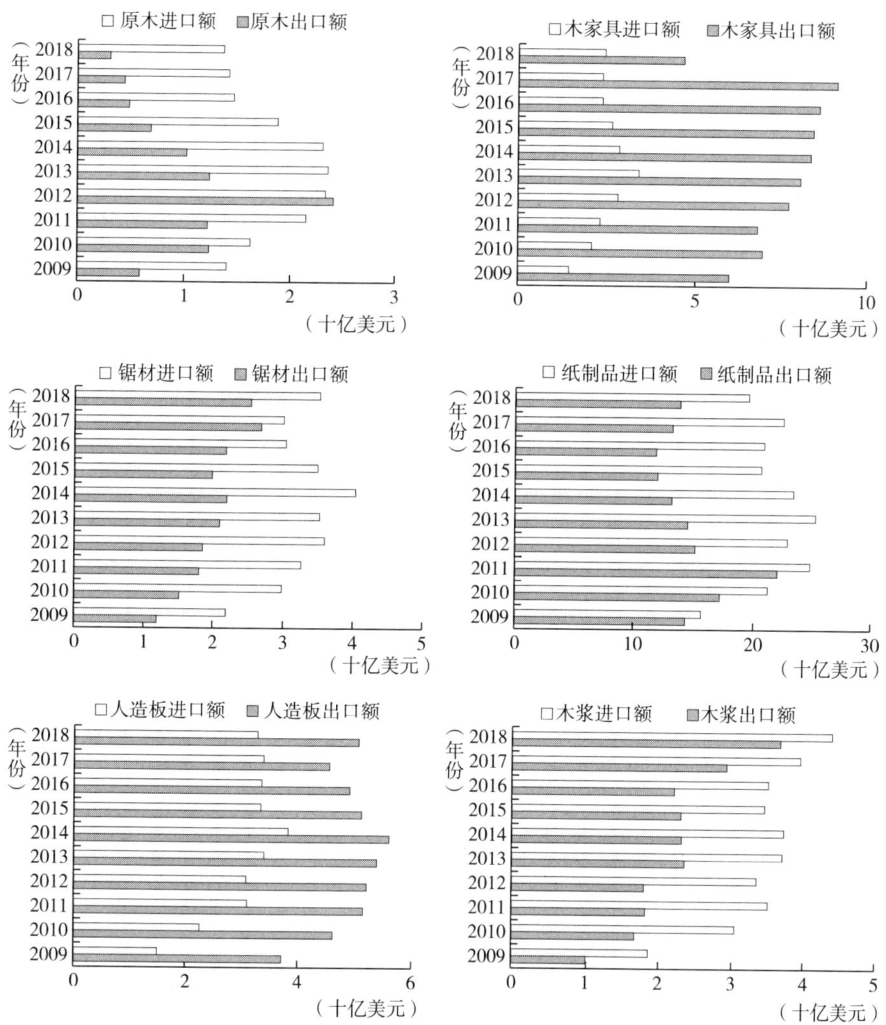

图3-12　共建“21世纪海上丝绸之路”林产品进出口情况

资料来源：UN Comtrade。

此外，木浆作为纸制品的重要原料，两者的贸易结构存在一定的关联。由图可知，2009~2018年，纸制品的进口额均大于出口额，两者的比例维持在1.09~1.78。纸制品的进出口额变动趋势较为一致，这一贸易结构与共建“丝绸之路经济带”国家纸制品的贸易结构不同，原因可能在于不同国家的资源禀赋和发展状况的差异，导致对纸制品的供给和需求有所不同。在木浆方面，进口额大于出口额，两者的比例介于1.2～1.91，远低于共建“丝绸之路经济带”国家的进出口比例。木浆的这种贸易结构也在一定程度上解释了共建“21世纪海上丝绸之路”与“丝绸之路经济带”国家在纸制品贸易结构方面的差异。

（四）共建“丝绸之路经济带”与“21世纪海上丝绸之路”林产品贸易商品结构比较

由于共建国家的森林资源分布不均衡，加上环境和经济发展状况所处阶段不同，各国林产品加工业发展水平存在较大差异（庞新生、王敏，2019），因而，共建“丝绸之路经济带”与“21世纪海上丝绸之路”国家木质林产品的商品结构呈现鲜明的发展特征差异。

图3－13呈现了2018年共建“丝绸之路经济带”和“21世纪海上丝绸之路”林产品进（a）、出（b）口贸易发展情况。可以直观地看出，在进口方面，共建“丝绸之路经济带”国家6种林产品的进口额均大于共建“21世纪海上丝绸之路”国家，其中原木的差距最大，前者原木进口额是后者原木进口额的8.6倍。而人造板的进口，共建“丝绸之路经济带”国家与共建“21世纪海上丝绸之路”国家相差并不大。在出口方面，共建“丝绸之路经济带”国家的原木、锯材、人造板、木家具、纸制品的出口额均大于共建“21世纪海上丝绸之路”国家，但木浆的情况却与此相反，共建“丝绸之路经济带”国家的数目是共建“21世纪海上丝绸之路”的1.5倍，但2018年木浆的出口额仅为共建“21世纪海上丝绸之路”国家出口额的0.71，表明共建“21世纪海上丝绸之路”国家在木浆出口方面更具优势。

综上所述，共建“丝绸之路经济带”和“21世纪海上丝绸之路”国家在林产品贸易方面整体呈现进口以原木、锯材等原材料型林产品为主，出口则以人造板、木家具等需要深加工的林产品为主的林产品贸易发展特征，但由于资源禀赋和发展阶段的不同，不同区域在个别产品的进出口结构方面均

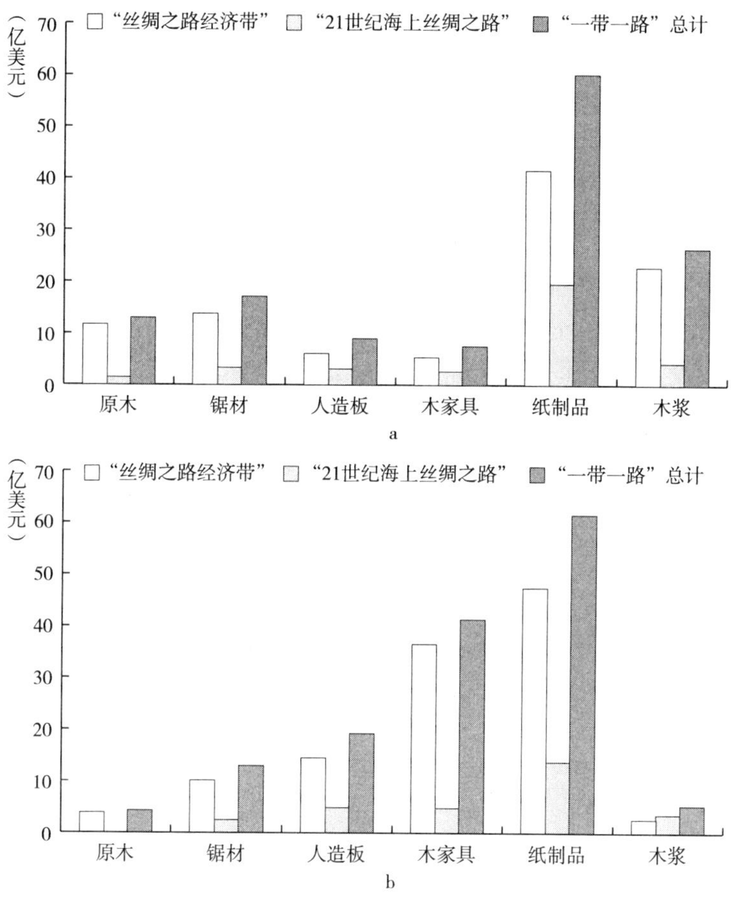

图 3-13 2018 年共建“一带一路”6 种林产品贸易发展概况

资料来源：UN Comtrade。

有不同。因此，共建“丝绸之路经济带”和“21 世纪海上丝绸之路”国家应立足于林产品行业的发展特性，结合自身的资源禀赋、人口、技术、经济等特点，大力发展具有比较优势的产业，同时加强与共建“一带一路”国家的相关合作，充分利用各国的资源提升本国的国际竞争力。

四 本章小节

本章主要从共建“丝绸之路经济带”和“21 世纪海上丝绸之路”两

个方面出发，对2009～2018年共建“一带一路”国家林产品贸易的发展概况进行分析，深入研究林产品贸易规模发展规律、国别特征以及商品结构特点。从整体来看，共建“一带一路”林产品贸易发展潜力巨大，并且共建“丝绸之路经济带”林产品贸易规模要远远高于共建“21世纪海上丝绸之路”林产品贸易规模。其中，共建“丝绸之路经济带”进出口总额增长均较快，出口总额整体上高于进口总额，因而出口的竞争优势比较明显。而共建“21世纪海上丝绸之路”国家，其林产品进口额在2009～2018年实现了对出口总额的赶超，进口总额持续攀升，发展潜力巨大。

OECD国家作为共建“丝绸之路经济带”的重要经济合作组织，其国内经济的发展带动了林产品需求的不断增加，使得林产品进口总额遥遥领先于出口总额，并呈现不断增长趋势。而中国、俄罗斯、罗马尼亚、白俄罗斯等国林产品的出口总额则整体上要高于进口总额，是共建“丝绸之路经济带”出口贸易的重要经济体。至于共建“21世纪海上丝绸之路”国家，东盟凭借劳动成本、森林资源禀赋等优势使得国内木材加工业迅速发展，这极大地带动了林产品出口总额的上升，使出口总额不断领先于进口总额。而印度、沙特阿拉伯、巴基斯坦等共建“21世纪海上丝绸之路”国家林产品进口规模远高于出口规模。究其原因，可能受人口规模、技术发展水平限制，这些国家林产品保持较高的进口依赖度水平。

针对林产品进出口贸易的商品结构变化特征的分析可以得出，造纸行业是共建国家较为发达的木材加工业，其纸制品的进出口总额均占据重要比重。另外，木家具、人造板则是共建国家主要的出口产品，而木浆、锯材、原木则是共建国家进口的主要产品。然而，共建“丝绸之路经济带”与“21世纪海上丝绸之路”国家主要林产品贸易规模则存在较大差异，其中前者原木的进口要远高于后者，而木家具、人造板等产品的出口也明显高于后者。此外，共建“21世纪海上丝绸之路”国家的木浆出口更具有优势，领先于前者。因而，从整体上看，共建“丝绸之路经济带”与“21世纪海上丝绸之路”国家林产品贸易的商品结构具有相似的特征，但是贸易规模可能存在较大差异，林产品产业内贸易发展潜力有待进一步挖掘。

共建“一带一路”地区林产品贸易发展是全球林产品贸易的重要组成部分，随着新兴市场的不断开发，该地区林产品贸易的发展将是全球重要的增长极。因而各国理应根据国内经济发展阶段特征、森林资源禀赋优势、劳动力成本、技术水平等因素制定本国发展林产品贸易的政策，以便能够有效依托“一带一路”平台，带动国内林业产业的发展。譬如，共建“21 世纪海上丝绸之路”国家应该利用独特的港口、区位优势，加强与其他国家的贸易联系，为内陆国家提供或输送更多森林资源、林产品或服务。同时，也要吸收借鉴共建“丝绸之路经济带”国家木材加工业的发展经验，充分利用好当地劳动力等成本优势，推动木材加工业规模化发展。而共建“丝绸之路经济带”国家理应对标发达国家林业产业发展水平，在支持共建“一带一路”地区林产品贸易发展的同时，实现本国木材加工产业的转型升级，促使林产品贸易向高质量、高标准、高水平迈进，从而实现林产品的差异化、品牌化。

主要参考文献

[1] 蔡昕妤等：《中国木浆进口影响因素实证分析》，《林业经济》2013 年第 6 期，第 58 ~ 69 页。

[2] 程宝栋、秦光远、宋维明：《“一带一路”战略背景下中国林产品贸易发展与转型》，《国际贸易》2015 年第 3 期，第 22 ~ 25 页。

[3] 耿仲钟、肖海峰：《中国与“21 世纪海上丝绸之路”沿线国家农产品贸易特征分析》，《农业经济问题》2016 年第 6 期，第 81 ~ 88 页。

[4] 劳万里等：《我国木家具产业贸易发展现状分析》，《木材加工机械》2019 年第 4 期，第 28 ~ 31 页。

[5] 李建军、孙慧、田原：《产品内分工如何影响发展中国家全球价值链攀升——以“丝绸之路经济带”沿线国家为例》，《国际贸易问题》2019 年第 12 期，第 91 ~ 105 页。

[6] 李秋娟、陈绍志、赵荣：《中国锯材进口变化及影响因素的实证分析》，《西北林学院学报》2018 年第 4 期，第 282 ~ 288 页。

[7] 马涛：《全球贸易形势与区域贸易协定发展》，《国际经济合作》2016 年第 5 期，第 34 ~ 38 页。

[8] 庞新生、宋维明、王玮：《中国人造板国际竞争力分析》，《北京林业大学学报》（社会科学版）2016 年第 2 期，第 59 ~ 69 页。

[9] 庞新生、王敏：《“一带一路”沿线国家林产品国际竞争力比较》，《北京林业大学学报》（社会科学版）2019 年第 4 期，第 54 ~ 61 页。

[10] 陶章、乔森：《“一带一路”国际贸易的影响因素研究——基于贸易协定与物流绩效的实证检验》，《社会科学》2020 年第 1 期，第 63 ~ 71 页。

[11] 万莉、印中华、亓越：《中国纸和纸制品出口贸易影响因素的实证研究》，《财经界》（学术版）2013 年第 12 期，第 25 ~ 26 页。

[12] 万璐、程宝栋：《中国林产品贸易的亚太区域格局及发展趋势》，《国际贸易》2017 年第 8 期，第 29 ~ 36 页。

[13] 王彦芳、陈淑梅、高佳汇：《“一带一路”贸易网络对中国贸易效率的影响——兼论与 TPP、TTIP、RCEP 的比较》，《亚太经济》2019 年第 1 期，第 49 ~ 55 页。

[14] 吴天博、张滨：《“一带一路”建设视域下的中国木质林产品贸易——基于比较优势与引力模型的实证研究》，《经济问题探索》2018 年第 6 期，第 123 ~ 134 页。

[15] 肖艳、胡家芳：《中国与“一带一路”国家木质家具贸易现状及趋势》，《世界林业研究》2019 年第 1 期，第 107 ~ 111 页。

[16] 熊立春、程宝栋：《“一带一路”沿线国家对华原木出口贸易效率与潜力》，《世界林业研究》2018 年第 1 期，第 91 ~ 96 页。

[17] 余淼杰：《海上丝绸之路串起东南亚朋友圈》，《中华工商时报》2019 年第3 期。

[18] 张帆、余淼杰、俞建拖：《“一带一路”与人民币国际化的未来》，《人民论坛·学术前沿》2017 年第 9 期，第 28 ~ 45 页。

[19] 张慧、胡明形：《中国与“一带一路”沿线国家木质林产品贸易潜力研究》，《林业经济问题》2018 年第 5 期，第 25 ~ 30 页。

04

第四章

中国与共建“一带一路”国家林产品贸易现状及特征

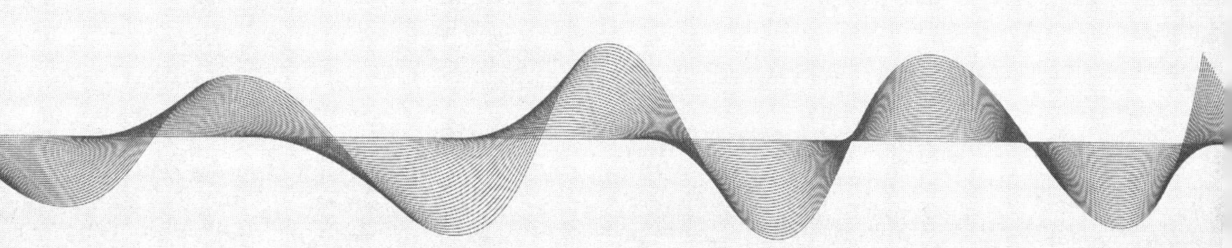

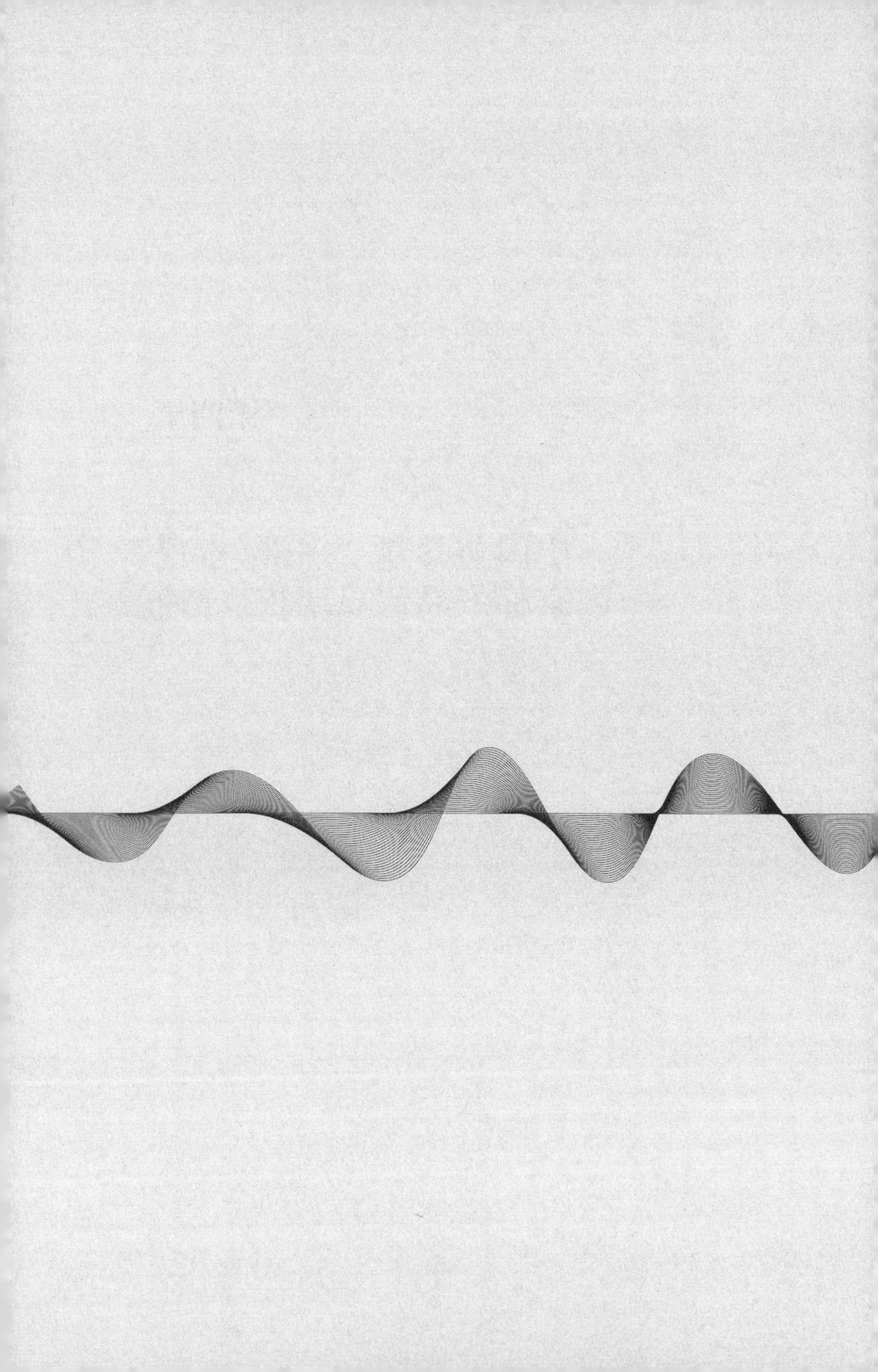

进入21世纪以来，中国林产品贸易迅猛发展，2018年中国林产品进出口总额达到1653亿美元，中国已成为世界林产品生产、加工和贸易第一大国。与此同时，中国林产品贸易发展的阶段性问题也日益凸显，一方面，近年来，世界经济持续低迷，贸易保护主义抬头，中国林产品贸易受全球宏观经济形势的影响，增速放缓。另一方面，“天然林保护工程”和全面停止天然林商业性采伐政策的实施，进一步加剧了中国木材供需矛盾；此外，国内劳动力成本和土地租金的上涨，削弱了中国林产品的国际竞争力（程宝栋等，2015）。在内外“双紧”的压力下，中国林业产业和对外贸易的可持续发展亟须注入新动能。而“一带一路”倡议的提出，为中国林业向高质量发展迈进提供了重要的机遇。共建“一带一路”国家众多，具有广阔的国际市场，各国森林资源禀赋、林业产业发展水平和林产品结构存在较大差异，与中国林产品贸易具有较强的互补性。在此背景下，研究中国与共建“一带一路”国家林产品贸易的规模、结构及特征，有利于把握双边林产品贸易变化规律，充分利用国内外“两个市场、两种资源”挖掘中国林产品贸易的新增长点，优化贸易结构，提升与共建国家林产品贸易水平，实现互利共赢。因此，本章将对2009~2018年中国与共建“一带一路”国家林产品贸易规模、市场结构和产品结构的特征及其动态演进进行深入的分析。

一 中国与共建“一带一路”国家林产品贸易的规模特征

（一）中国与共建“一带一路”国家林产品贸易的总体发展概况

2009~2018年，由于中国总体良好的经济发展状况、外贸环境及与共建“一带一路”国家合作机制不断完善，中国与共建“一带一路”国家林产品进出口贸易总额总体上呈现不断上升的趋势。数据显示，双边林产品贸易额从2009年的110亿美元增加至2018年的275.4亿美元，增长了约1.5倍，共建“一带一路”各国占中国林产品进出口贸易总额的比例基本保持稳定，平均占比约为24.6%，如图4-1a所示。虽然中国对共建“一带一路”国家林产品贸易额同比增速表现出下降的态势，由2010年的37.1%下降至2018年的5.2%，但总体上进出口贸易同比增速为正，平均为11.7%（见图4-1b）。

其中，从中国林产品出口来看，2009~2014年中国对共建“一带一路”国家林产品出口贸易总额明显增加，从58.8亿美元增长至152.4亿美元，此后开始出现小幅下降，2018年出口规模为133.4亿美元；其间，中国对共建“一带一路”国家林产品出口总额对中国林产品出口贸易的贡献份额总体上较为稳定，在25.9%左右波动，如图4-1a所示。该出口额同比增长率由2010年的43.1%跌落至2015年的-6%，尽管此后增长率回升至-1%，但总体上仍呈现大幅下滑的状况（见图4-1b）。

从中国自共建“一带一路”国家进口来看，过去十年间，中国从共建“一带一路”国家林产品进口总额也表现出明显上涨的态势，并在2018年创历史新高，其值为142亿美元，相比2009年，增长了近1.8倍；历年占中国林产品进口总额的比重大致相当，为23.2%（见图4-1a）。该进口额同比增长率在2011年达到最高增速33.8%，而后波动下降至2015年的历史最低-15.6%，此后回升至2018年的11.9%，尽管进口同比增长率波动幅度较大，但总体上进口贸易同比增速为正，平均为13.4%（见图4-1b）。

相较于出口，2009~2017年中国自共建“一带一路”国家林产品进口总额小于出口总额，于2018年首次超过出口，并且平均进口同比增长率高于出口；在对中国林产品进出口贸易的贡献份额方面，总体上进口贡献程度略低于出口，表明中国与共建“一带一路”国家进行林产品贸易时，在2018年由贸易顺差国转为贸易逆差国，且进口逐渐表现出更强劲的增长势头。

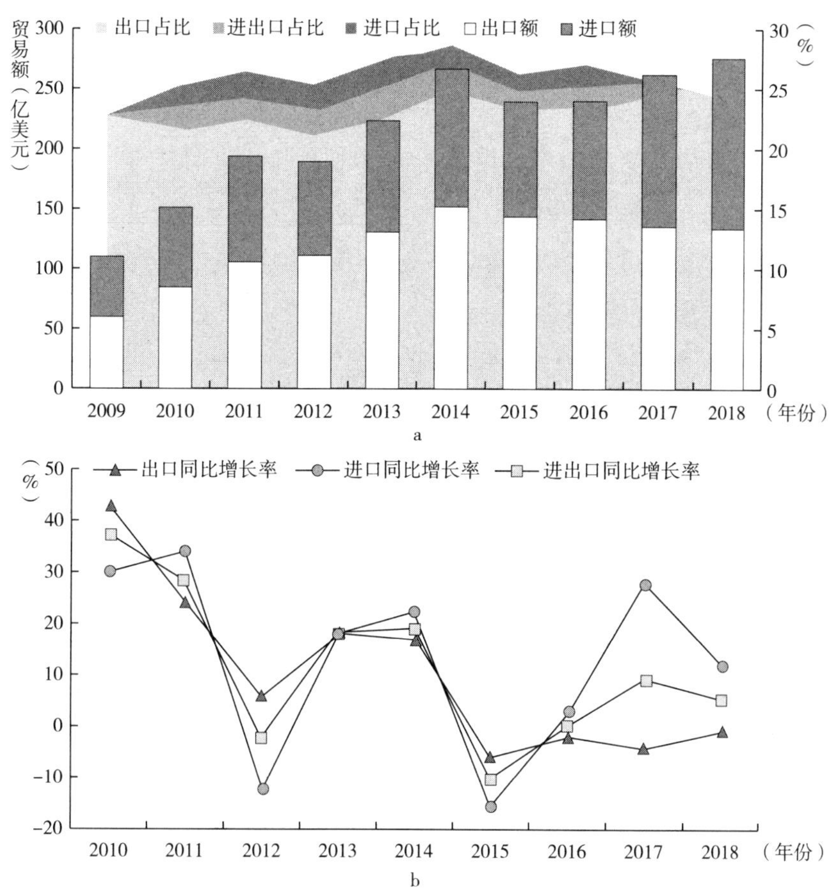

图 4－1　2009～2018 年中国对共建“一带一路”国家林产品贸易额（a）及其同比增长率（b）

注：图中（进）出口占比表示中国对共建“一带一路”国家的林产品（进）出口额占中国林产品（进）出口总额的比重。

（二）中国对共建“丝绸之路经济带”国家林产品贸易的规模特征

2009～2018 年，中国与共建“丝绸之路经济带”国家林产品进出口贸易总额总体上呈现不断上升的趋势，从 2009 年的 43.7 亿美元增加至 2018 年的 95.5 亿美元，增长超过 1 倍，中国与共建“一带一路”国家林产品进出口贸易总额的比例基本保持稳定，中国平均占比约为33.6%（见图4－2a）。就进出口同比增长率而言，虽然表现出下降的态势，由2010年的23.9%下降至2018年的11.4%，且个别年份出现负增长（2012年和2015年进出口同比增长率分别为－10.9%和－13.3%），但总体上进出口贸易同比增速为正，平均为10.1%（见图4－2b）。

从中国林产品出口来看，2009～2014年中国对共建“丝绸之路经济带”国家林产品出口贸易总额明显增加，从12.7亿美元增长至30.3亿美元，2015年出现跌落后呈现小幅上涨的趋势，至2018年出口规模达到23.5亿美元；其间，中国与共建“丝绸之路经济带”国家林产品出口总额对中国与共建“一带一路”国家林产品出口贸易的贡献份额总体上较为稳定，在19.1%左右波动（见图4－2a）。出口同比增长率由2010年的32%波动跌落至2015年的－28.8%，尽管此后同比增长率回升至8%，但总体上仍呈现大幅下滑的状况（见图4－2b）。

从中国林产品进口来看，过去十年间，中国自共建“丝绸之路经济带”国家林产品进口总额也表现出明显上涨的态势，在2018年创历史新高，为72亿美元，相比2009年，增长了约1倍；占中国对共建“一带一路”国家林产品进口总额的比重由2009年的60.4%下降至2014年的44%而后小幅上涨至2018年的50.7%（见图4－2a）。就进口同比增长率而言，其在2011年达到最高增速33.6%，而后在2012年跌落至历史最低点－17.2%，此后波动回升至2018年的12.5%，尽管进口同比增长率波动幅度较大，但总体上进口贸易同比增速为正，平均为10.8%（见图4－2b）。

相较于出口，2009～2018年中国自共建“丝绸之路经济带”国家林产品进口总额一直高于出口总额，且差额呈现逐渐扩大的趋势，平均进口同比增长率高于出口；在对中国与共建“一带一路”国家林产品进出口贸易的贡献份额方面，进口贡献程度显著高于出口，表明中国与共建“丝绸之路经济带”国家进行林产品贸易时，一直处于贸易逆差的地位，且进口逐渐呈现更大的增长空间。

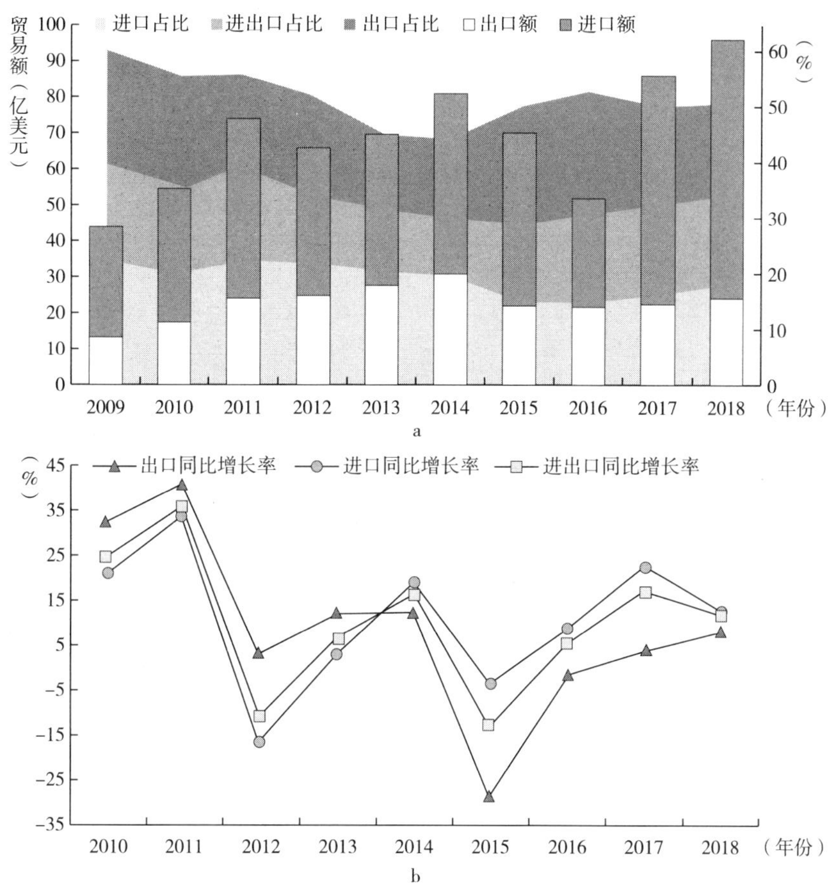

图 4－2　2009～2018 年中国对共建“丝绸之路经济带”国家林产品贸易额（a）及其同比增长率（b）

注：图中（进）出口占比表示中国对共建“丝绸之路经济带”国家的林产品（进）出口额占中国对共建“一带一路”国家林产品（进）出口总额的比重。

（三）中国对共建“21 世纪海上丝绸之路”国家林产品贸易规模特征

如图 4－3 所示，2009～2018 年中国与共建“21 世纪海上丝绸之路”国家林产品进出口贸易总额总体上表现出不断增加的趋势，从 2009 年的 66.3 亿美元增加至 2018 年的 179.9 亿美元，增长了约 1.7 倍，占中国与共建“一带一路”国家林产品进出口贸易总额的比例基本保持稳定，平均占比约为66.4%。就进出口同比增长率而言，虽然表现出下降的态势，由2010年的45.7%下降至2018年的2.2%，但总体上进出口贸易同比增速为正，平均为12.8%。

从中国林产品出口来看，2009~2014年中国对共建“21世纪海上丝绸之路”国家林产品出口贸易总额显著增加，从2009年的46亿美元上升至2014年的122.2亿美元，之后呈现小幅减少的趋势，2018年出口规模为109.9亿美元；其间，中国与共建“21世纪海上丝绸之路”国家林产品出口总额对中国与共建“一带一路”国家林产品出口贸易的贡献份额总体上较为稳定，在80.9%左右波动（见图4-3a）。出口同比增长率总体呈现大幅下滑趋势，由2010年的46.1%跌落至2018年的-2.8%（见图4-3b）。

从中国林产品进口来看，过去十年间，中国自共建“21世纪海上丝绸之路”国家林产品进口总额总体上表现出明显上涨的态势，在2018年创历史新高，其值为70亿美元，相比2009年，增长了约2.4倍；历年占中国对共建“一带一路”国家林产品进口的比重呈波动上升趋势，由2009年的39.6%小幅上涨至2018年的49.3%（见图4-3a）。就进口同比增长率而言，其表现出较为剧烈的波动，在2010年达到最高增速44.9%，2018年又下降至11.2%，其间进口同比增长率在2015年达到最低谷-24.7%，总体上进口贸易同比增长率以正值为主，平均为17%（见图4-3b）。

相较于出口，2009~2018年中国自共建“21世纪海上丝绸之路”国家林产品进口总额一直低于出口，但平均进口同比增长率却高于出口；在对中国与共建“一带一路”国家林产品进出口贸易的贡献份额方面，进口贡献程度远低于出口。这反映出中国与共建“21世纪海上丝绸之路”国家进行林产品贸易时，一直处于贸易顺差的地位，但进口逐渐显示出更大的增长潜力。

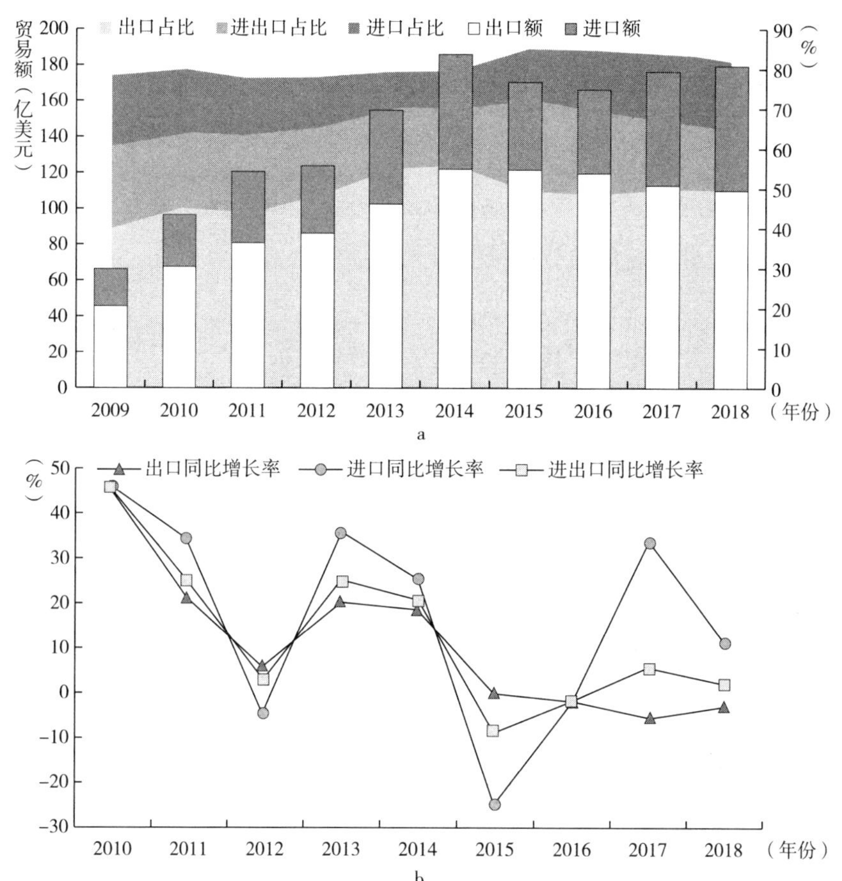

图 4-3　2009~2018 年中国对共建“21 世纪海上丝绸之路”国家林产品贸易额（a）及其同比增长率（b）

注：图中（进）出口占比表示中国对共建“21 世纪海上丝绸之路”国家的林产品（进）出口额占中国对共建“一带一路”国家林产品（进）出口总额的比重。

（四）中国与共建“丝绸之路经济带”和“21 世纪海上丝绸之路”林产品贸易规模的比较

综合以上分析，可以发现，在贸易总额方面，2009~2018 年，中国与共建“丝绸之路经济带”和“21 世纪海上丝绸之路”国家林产品进出口贸易总体上均呈现不断增长的趋势；虽然同比增长率均处于波动下降的状态，但总体上表现出正向增长，平均增速均超过 10%；就对中国与共建“一带一路”国家林产品进出口贸易总额的贡献比例来说，共建“21 世纪海上丝绸之路”国家约贡献 2/3，远大于共建“丝绸之路经济带”国家。这可能是由于共建“21 世纪海上丝绸之路”国家主要分布在森林资源丰富的热带雨林地区（例如，印度尼西亚、泰国和印度等），这为其国内林产工业和林业对外贸易的发展提供了得天独厚的自然资源条件，相反，共建“丝绸之路经济带”国家，除俄罗斯外，多以森林资源贫乏的内陆国家为主，在很大程度上制约了其林业产业和贸易的发展（芦杰等，2019）。

在中国林产品出口方面，2014 年以前，中国与共建“丝绸之路经济带”和“21 世纪海上丝绸之路”国家林产品出口贸易均表现出显著增长的状态，之后由于受中国国内经济增速放缓的影响，总体上出现小幅回落；出口同比增长率波动较为剧烈，整体上呈现大幅下滑的趋势。就对中国与共建“一带一路”国家林产品出口贸易总额的贡献份额来说，共建“21 世纪海上丝绸之路”国家约贡献 4/5，远大于共建“丝绸之路经济带”国家。

在中国林产品进口方面，2009～2018 年，中国与共建“丝绸之路经济带”和“21 世纪海上丝绸之路”国家林产品进口贸易均实现了翻番增长；进口同比增长率及其波动幅度前者均显著小于后者。就对中国与共建“一带一路”国家林产品进口贸易总额的贡献份额来说，整体上共建“丝绸之路经济带”和“21 世纪海上丝绸之路”国家二者大致相当，分别贡献 1/2 左右。

相较于出口，中国与共建“丝绸之路经济带”国家进行林产品贸易时，进口对中国与共建“一带一路”国家林产品贸易的拉动作用远大于出口，一直处于贸易逆差的地位，而与共建“21 世纪海上丝绸之路”国家进行林产品贸易时，进口的拉动作用却显著低于出口，处于贸易顺差的地位。就贸易同比增长率而言，二者的平均进口增长率均高于出口，进口显示出更大的增长潜力。

总体上，无论是共建“丝绸之路经济带”国家还是共建“21 世纪海上丝绸之路”国家对于中国林产品贸易发展具有重要的积极作用，且共建

“21 世纪海上丝绸之路”国家显示出更强劲的拉动作用。

二 中国与共建“一带一路”国家林产品贸易的市场结构及变化特征

具有不同地理区位的国家，在气候类型、运输方式和成本等方面存在明显的差异，这种差异不仅会反映在各国森林资源禀赋的差异上，而且会进一步影响中国与共建“一带一路”国家林产品贸易格局。因此，本小节将对共建“一带一路”国家按地理区位进行分组，从地区和国别层面探究中国与共建“一带一路”国家林产品贸易发展现状及特征，以期深刻揭示中国与共建“一带一路”国家林产品贸易的市场结构。

（一）中国与共建“一带一路”国家林产品贸易的区域分布特征

从几大板块来看，如图 4－4 所示，2009～2018 年东南亚地区是中国在共建“一带一路”国家第一大林产品贸易合作区域，平均占中国与共建“一带一路”国家林产品进出口总额的 45.2%；中国与其林产品贸易总额整体上呈现稳步上涨的态势，2018 年达到 129.7 亿美元，约为 2009 年（45 亿美元）的 3 倍。其次为东北亚地区，其对中国与共建“一带一路”国家林产品贸易的平均贡献份额为 22.9%，虽然贡献份额近三年来有所增长，但总体上呈现下降的趋势。就贸易量而言，东北亚地区同样也显示出较为强劲的增长态势，相较于 2009 年，2018 年中国与东北亚地区林产品贸易额实现了翻番。仅次于东北亚地区，西亚北非地区在中国与共建“一带一路”国家林产品贸易中的平均占比达 19.5%，且表现出先增后减的趋势，2016 年出现小幅下降，2018 年相比历史最高占比 22.2%（2015）下降了近 8 个百分点；与此同时，中国与西亚北非地区林产品贸易额也实现了成倍增加。南亚、中东欧和中亚地区对中国与共建“一带一路”国家林产品双边贸易额的平均贡献份额均低于 10%，尤其是中亚地区，其贸易份额不足 1%；除中亚地区外，南亚和中东欧地区与中国林产品贸易也表现出规模性增长，由 2009 年的不足 10 亿美元增长至 2018 年的接近 20 亿美元。从区域贸易额同比增速来看，中国与东南亚地区、西亚北非地区和南亚地区的林产品贸易进出口同比增长率整体上呈现下降的趋势，其中，东南亚地区和南亚地区的林产品贸易同比增长率均由 2010 年的大于 50% 跌落至 2018 年的不足 5%，南亚地区甚至出现了负增长，中国与西亚北非地区林产品贸易则由 2010 年的 27.5% 下降至 2018 年的 -3.8%；尽管中国与中东欧地区林产品贸易同比增速波动最为剧烈，但相较其他地区来说，仍表现出最高的平均同比增速（18.5%），尤其是在近年来同比增速超过 20%；而与中亚地区的林产品贸易历年平均同比增速最低（4.3%）。

在中国林产品出口方面，2009～2018 年，中国与东南亚地区、南亚地区和中东欧地区林产品出口额均表现出规模性增长，其中，东南亚地区在中国对共建“一带一路”国家林产品出口总额的比重最大，且总体呈现小幅上涨的趋势，平均占比为 43.4%，2018 年出口额达到 62.3 亿美元，约为 2009 年的 2.5 倍；南亚地区和中东欧地区占中国与共建“一带一路”国家林产品出口额的比例则较为稳定，平均占比分别为 10.4% 和 4.7%。西亚北非地区紧接着东南亚地区成为中国在共建“一带一路”地区第二大林产品出口市场，平均占比约为 34.8%，但是近年来出口占比小幅减少，相比 2009 年，2018 年出口占比下降了约 5 个百分点（30.8%）；就出口贸易额而言，中国对西亚北非地区林产品出口额在 2009～2014 年呈现稳步上升的状态，由 21.2 亿美元增长至 57 亿美元，此后开始出现逐年下降的趋势，2018 年出口额为 41 亿美元。与西亚北非地区相似，2009～2014 年中国对东北亚地区林产品出口贸易也表现出快速增长态势，但此后两年突然大幅下降，2017 年开始缓慢回升，其对中国与共建“一带一路”国家林产品出口的平均贡献比例约为 5%。中亚地区则是中国对“一带一路”地区林产品出口中的最小市场，出口占比保持在 1.9% 左右。从区域贸易额同比增速来看，过去十年间，中国与东南亚、南亚和西亚北非地区林产品贸易出口同比增速显著下降，其中，南亚和西亚北非地区近年来甚至出现负增长；东北亚地区，同比增速虽然大幅度下降，由 2010 年的 60.6% 下降至 2015 年的-52.1%，但近年来开始出现回升，2018年同比增速达到20.4%；中东欧地区出口同比增速则表现出阶段性特征，2016年以前整体上呈现下降的态势，此后逐渐回升，2018年同比增速达到16%；中亚地区同比增速在2009~2018年也处于波动变化的状态，平均同比增速为4.4%（见图4-4）。

在中国林产品进口方面，东南亚地区在中国对共建“一带一路”国家林产品进口总额的比例较为稳定，历年平均占比最大，达到47.8%，十年间进口额稳步增长，2018年达到67.3亿美元，约为2009年的3倍，进口同比增速呈现波动下降的态势，由2009年的44.9%下降至2018年的8.7%。其次为东北亚地区，其平均贡献份额为45.2%，2009~2018年，尽管中国与东北亚地区林产品进口贸易额显著增加，由大约30亿美元增长至60亿美元，但贡献份额呈现明显下降态势，相比于2009年的历史最高份额57.28%，2018年下降了约15个百分点，进口同比增速在2012年跌落至最低点后，总体开始回升，2018年达到10.4%。中东欧地区进口平均占比6.4%，是中国与共建“一带一路”地区林产品贸易的第三大进口市场，且份额呈现扩大的趋势；就贸易额而言，中国从中东欧地区的林产品进口额实现倍数增长，2018年为12亿美元，是2009年的近8倍，同比增速波动较为剧烈，近两年升至30%左右。而中国与南亚地区、西亚北非地区和中亚地区林产品进口贸易占中国与共建“一带一路”地区林产品进口总额的比例均不足1%。

相较于出口，中国与东南亚地区林产品进口额总体上略小于出口，但进口同比增速大于出口，其中，2017年开始进口额逐渐超过出口，表明中国与东南亚地区进行林产品双边贸易时，逐渐处于贸易逆差状态，并且进口贸易显示出更大的增长潜力。与东南亚地区不同，中国与东北亚地区林产品进口额远大于出口额，中国一直处于贸易逆差地位。2009~2012年，中国与中东欧地区林产品进口规模小于出口，此后出口开始反超进口，中国由逆差地位转变为顺差地位，且顺差呈现逐渐扩大的趋势。就南亚、中亚和西亚北非地区而言，中国与其林产品进口额远小于出口额，长期处于顺差地位。

总体上，中国与共建“一带一路”国家林产品贸易的市场结构较为稳

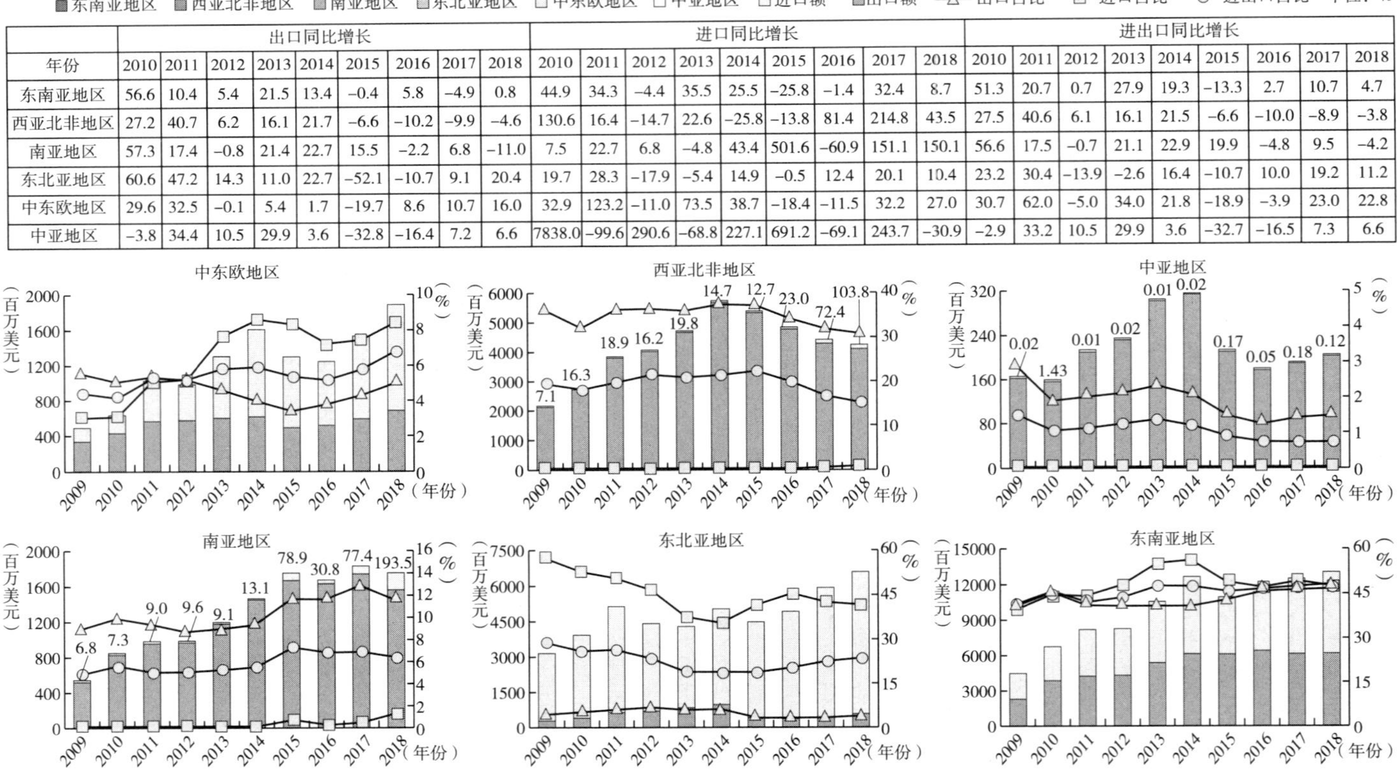

年份	出口同比增长									进口同比增长									进出口同比增长								
	2010	2011	2012	2013	2014	2015	2016	2017	2018	2010	2011	2012	2013	2014	2015	2016	2017	2018	2010	2011	2012	2013	2014	2015	2016	2017	2018
东南亚地区	56.6	10.4	5.4	21.5	13.4	−0.4	5.8	−4.9	0.8	44.9	34.3	−4.4	35.5	25.5	−25.8	−1.4	32.4	8.7	51.3	20.7	0.7	27.9	19.3	−13.3	2.7	10.7	4.7
西亚北非地区	27.2	40.7	6.2	16.1	21.7	−6.6	−10.2	−9.9	−4.6	130.6	16.4	−14.7	22.6	−25.8	−13.8	81.4	214.8	43.5	27.5	40.6	6.1	16.1	21.5	−6.6	−10.0	−8.9	−3.8
南亚地区	57.3	17.4	−0.8	21.4	22.7	15.5	−2.2	6.8	−11.0	7.5	22.7	6.8	−4.8	43.4	501.6	−60.9	151.1	150.1	56.6	17.5	−0.7	21.1	22.9	19.9	−4.8	9.5	−4.2
东北亚地区	60.6	47.2	14.3	11.0	22.7	−52.1	−10.7	9.1	20.4	19.7	28.3	−17.9	−5.4	14.9	−0.5	12.4	20.1	10.4	23.2	30.4	−13.9	−2.6	16.4	−10.7	10.0	19.2	11.2
中东欧地区	29.6	32.5	−0.1	5.4	1.7	−19.7	8.6	10.7	16.0	32.9	123.2	−11.0	73.5	38.7	−18.4	−11.5	32.2	27.0	30.7	62.0	−5.0	34.0	21.8	−18.9	−3.9	23.0	22.8
中亚地区	−3.8	34.4	10.5	29.9	3.6	−32.8	−16.4	7.2	6.6	7838.0	−99.6	290.6	−68.8	227.1	691.2	−69.1	243.7	−30.9	−2.9	33.2	10.5	29.9	3.6	−32.7	−16.5	7.3	6.6

图4–4 2009~2018年中国与共建“一带一路”各区域林产品贸易额及同比增长率

注：（进）出口占比表示中国对共建“一带一路”各区域林产品（进）出口额占中国对共建“一带一路”林产品（进）出口总额的比重；条形图上方数字表示进口。

定且集中度高，出口市场主要集中在东南亚和西亚北非地区，而进口市场以东南亚和东北亚地区为主。东南亚地区是中国最大的林产品贸易市场，对中国与共建“一带一路”地区林产品进、出口的贡献率均接近1/2，且贸易规模呈现不断扩大的趋势。这一方面源自东南亚地区境内丰富的森林资源和低廉的劳动力成本，其林产品在国际市场上具有较高的竞争力。另一方面，与中国毗邻的地缘优势，东盟自由贸易区、上海合作组织作为重要的助推器，促进了中国与东南亚地区的经济贸易往来（万璐、程宝栋，2017）。但近年来受中国国内产业结构调整、经济增速放缓的影响，贸易增速略显疲软，出口贸易增速疲软尤为明显。西亚北非地区由于干旱的气候条件，森林资源贫乏，制造业基础薄弱，国内经济发展带动对林产品的旺盛需求只能依靠进口满足。这使得西亚北非地区成为中国林产品第二大出口目的地，对中国与共建“一带一路”地区林产品出口平均贡献份额为34.8%，但在2014年后，出口增长乏力，呈现下降的态势；进口贡献份额不足1%，相比之下，中国处于绝对顺差地位。位于西伯利亚平原的东北亚地区森林资源丰富，原木大量出口，是中国第二大进口来源地，对中国与共建“一带一路”地区林产品进口平均贡献份额为45.2%。然而，随着资源消耗和环境损害的问题日益严峻，区域内对木材砍伐和出口的限制日益加强（张慧、胡明形，2018），中国自东北亚地区林产品进口贸易比例明显下降。

（二）中国对共建“丝绸之路经济带”林产品贸易的市场结构及变化特征

由图4-5可知，2009~2018年中国对共建“丝绸之路经济带”林产品进、出口贸易额排名前10的国家［以下简称“进（出）口排名前10国家”］历年平均占中国对共建“丝绸之路经济带”林产品进、出口总额的比例分别为98.5%和80.4%，且进口占比小幅下降，而出口占比则表现出小幅上升，表明中国与共建“丝绸之路经济带”林产品贸易市场高度集中，且呈现进口市场集中度微小下降、出口市场集中度小幅增大的演进趋势。具体来看，俄罗斯是历年中国最大的林产品进出口贸易对象国，尽管十年间进口贡献份额明显减少，但 2018 年其占比仍高达 83%；相比于进口，俄罗斯出口贡献份额略微增加，但仍与进口存在较大差距，约为进口的 1/4。究其原因可能是俄罗斯作为世界原木产量大国，是中国主要木材来源国之一，但近年来俄罗斯境内因森林采伐导致的环境问题日渐暴露，其开始限制森林采伐和木材出口，在一定程度上对中国与俄罗斯的进口贸易产生抑制作用。在出口方面，排名前 10 的国家以东北亚、西亚北非和中东欧地区中经济水平较高的国家为主，且分布格局比较稳定。其中，中国出口林产品至以色列和土耳其历年平均份额达到 10% 以上。这可能是由于其经济发展水平相对较高，国内不断开展的基础设施建设，带动了大量木材产品需求，从而促进中国与其木材产品进口贸易的发展（万璐等，2017）。在进口方面，除俄罗斯外，排名前 10 的国家均分布在经济发展水平较高的中东欧地区，但中国与其进口贸易总和不足中国自俄罗斯进口额的 20%。对比进出口，可以发现，俄罗斯、波兰和罗马尼亚同时既是进口排名前 10 的国家又是出口排名前 10 的国家，说明中国与俄罗斯、波兰和罗马尼亚存在林产品产业内贸易，双边林产品贸易具有互补性。可能的原因是俄罗斯在初级林产品（原木、锯材）的供给上具有比较优势，波兰和罗马尼亚在生产技术和产品设计上具备较高的竞争力，而中国在木材加工产品上存在比较优势，不同的比较优势促进了双边林产品产业内贸易的发展（吴天博、张滨，2018）。

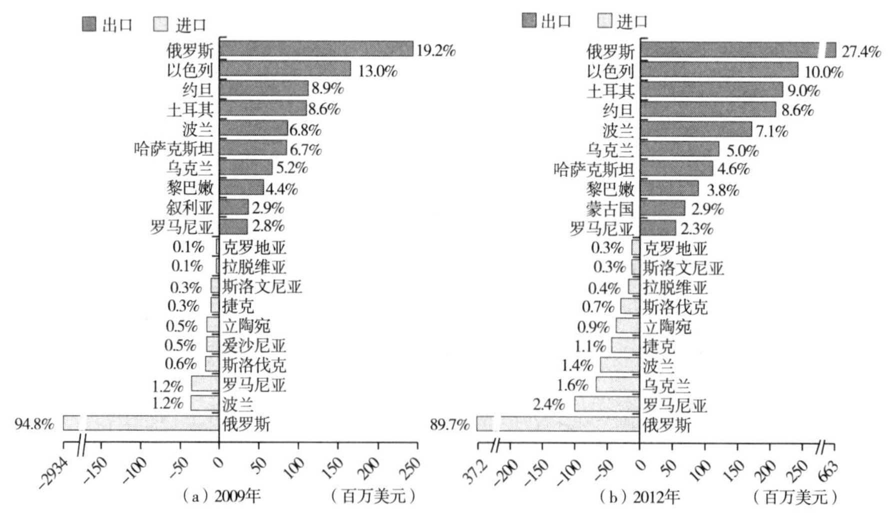

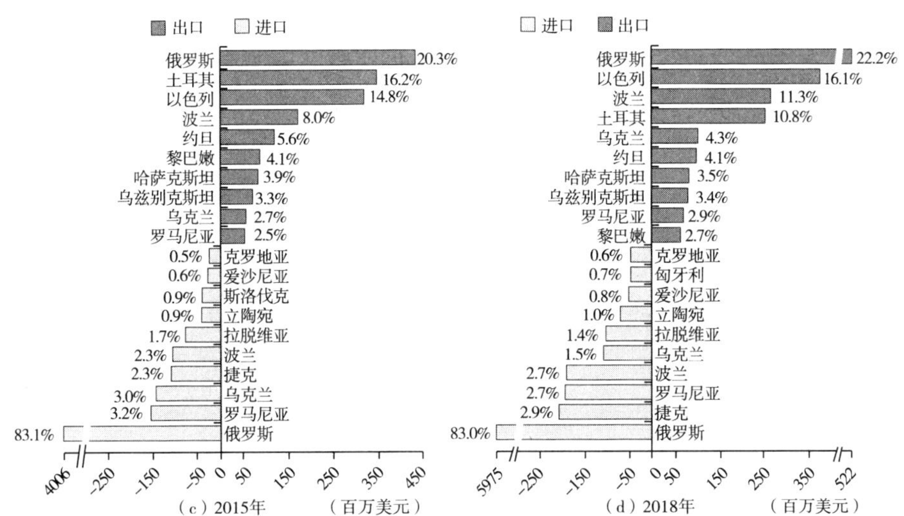

图 4－5 2009～2018 年中国对共建“丝绸之路经济带”林产品进（出）口贸易额排名前 10 的国家

注：条形图上的百分比表示中国与各国林产品进（出）口额占中国对共建“丝绸之路经济带”林产品贸易进（出）口总额的比例；负数表示中国与各国林产品进口额。

（三）中国对共建“21 世纪海上丝绸之路”林产品贸易的市场结构及变化特征

中国对共建“21 世纪海上丝绸之路”林产品进、出口贸易额排名前 10 的国家是中国对共建“21 世纪海上丝绸之路”林产品贸易的主要市场，进、出口历年平均占比分别为 99.6% 和 83%（见图 4－6），十年间，进口占比基本保持稳定，而出口占比则表现出小幅下降态势，表明中国与共建“21 世纪海上丝绸之路”林产品贸易市场高度集中，出口市场集中度小幅下降。2018 年，越南是中国对共建“21 世纪海上丝绸之路”林产品贸易第一大出口国，占比达到 11%，依次为马来西亚（10.8%）、菲律宾（10%）和新加坡（9.8%）等；出口排名前 10 的国家主要分布在东南亚地区和少数西亚北非地区（例如，阿联酋和沙特阿拉伯），这一现象背后可能的原因是阿联酋和沙特阿拉伯属于高收入水平国家，国内住房和基础设施的建设带动旺盛的木质林产品需求，而其境内木材短缺，制造加工能力弱，需大量依靠进口满足国内的木材消费，故中国与阿联酋和沙特阿拉伯有着较大的林产品出口贸易规模（吴天博、田刚，2019）。就进口而言，印度尼西亚是中国对共建“21世纪海上丝绸之路”林产品贸易的最大进口国，2018年进口占比为47.4%；其次为泰国（26.1%）、越南（7.8%）和新加坡（5.6%）等，进口排名前10的国家除阿联酋外均为东南亚国家。将进出口进行对比，可以发现，东南亚国家和印度同时是中国与共建“21世纪海上丝绸之路”林产品贸易的重要出口目的地国和进口来源国，存在双边产业内贸易。就市场结构的动态变化而言，由于近年来贸易保护主义抬头，相比于2015年、2012年和2009年，进出口排名前10的国家空间分布格局基本稳定。

（四）中国对共建“丝绸之路经济带”和“21世纪海上丝绸之路”林产品贸易市场结构的比较分析

综上可以发现，中国与共建“丝绸之路经济带”和“21世纪海上丝绸之路”林产品贸易市场均表现出高度集中的特点，中国自二者的林产品进口市场集中度均显著高于出口，其中进口均集中在木材资源丰富的国家，这反映出中国林业产业原材料和出口市场高度依赖国外的特征事实，中国林业产业和林产品贸易面临的潜在风险较高。由于共建“21世纪海上丝绸之路”森林资源丰富的国家分布较多，故中国与共建“21世纪海上丝绸之路”林产品进口市场的集中度较共建“丝绸之路经济带”而言，市场结构更加多元化，前者进口市场主要集中在东南亚国家，而后者高度集中在俄罗斯。在进出口市场集中度变化趋势方面，二者存在差异：2009~2018年中国对共建“丝绸之路经济带”出口市场集中度小幅增强，而共建“21世纪海上丝绸之路”表现出截然相反的演进趋势，其出口市场集中度小幅下降。此外，中国与共建“丝绸之路经济带”和“21世纪海上丝绸之路”主要林产品贸易伙伴国均存在不同程度的产业内贸易。

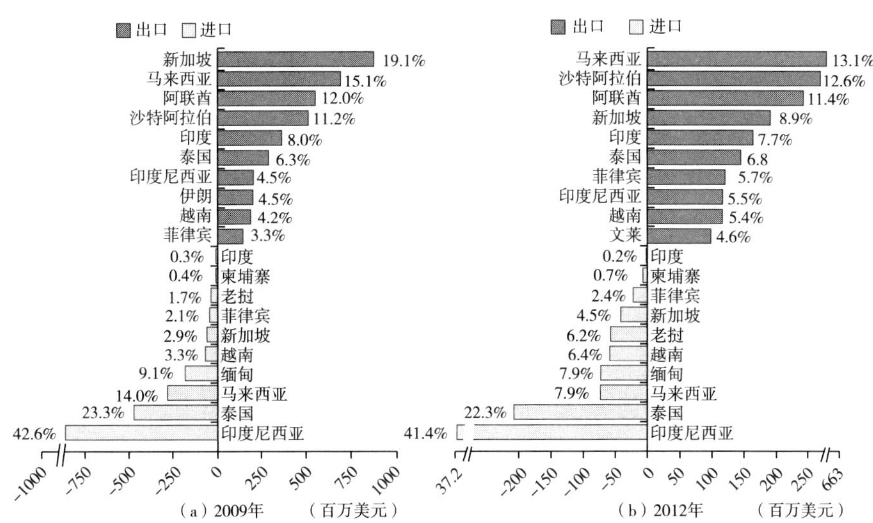

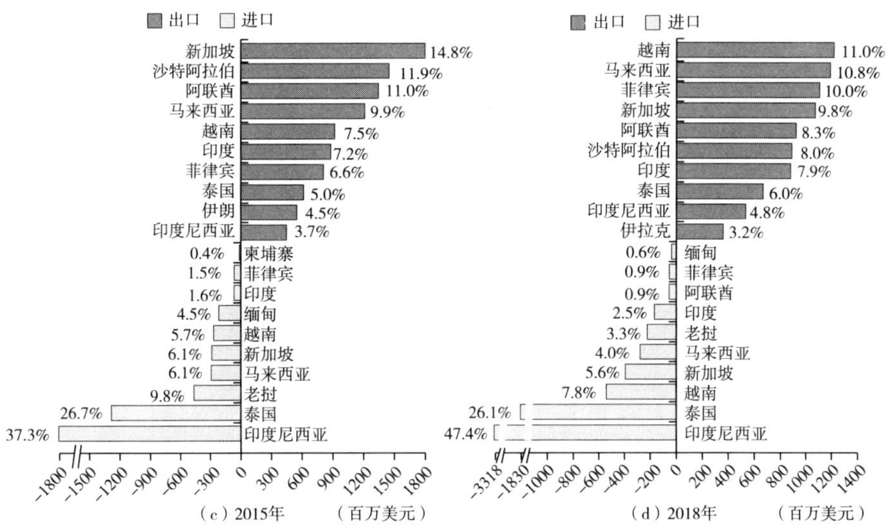

图 4-6　2009~2018 年中国对共建"21 世纪海上丝绸之路"林产品进（出）口贸易额排名前 10 的国家

注：条形图上的百分比表示中国与各国林产品进（出）口额占中国对共建"21 世纪海上丝绸之路"林产品贸易进（出）口总额的比例；负数表示中国与各国林产品进口额。

三　中国对共建“一带一路”国家林产品贸易的商品结构及变化特征

中国与共建“一带一路”国家林产品贸易的市场结构已经明确，但从商品结构来看，各细分产品是否依然满足这一变化趋势，产品间的市场分布是否存在差异，还待进一步研究。因此，本小节将对林产品按照商品类型划分为原木、锯材、木浆、人造板、纸制品和木家具六大类，并从地区、国别层面分析不同类型产品的进出口表现，以期揭示中国与共建“一带一路”国家林产品贸易的商品结构。

（一）中国与共建“一带一路”国家林产品贸易的商品结构及特征

1. 林产品出口商品结构及变化特征

纸品在中国对共建“一带一路”国家林产品出口中占据主导地位，自2009年以来，纸品一直保持强劲增长势头。如表4－1所示，在2014年之前，纸品出口增长迅速，从2009年的21.11亿美元增长到2014年的76.98亿美元，年均增长29.52%。自2014年4月起，中国黑龙江省省内重点国有林区黑龙江森工、大兴安岭林业集团全面停止商业林采伐。在此之后，我国林产品出口增长明显放缓。2018年纸品出口金额为79.57亿美元，2015～2018年年均增速仅为0.83%。虽然2014年之后纸品出口增长缓慢，但由于除了纸品和原木之外的其他林产品出口金额均为负增长，因此纸品在总的林产品出口中的份额仍在稳步上升，由2014年的51%升至2018年的60%。这表明，纸品生产在中国林产品结构内仍保持较强的竞争优势。事实上，纸和纸板属于高附加值的资金和技术密集型林产品，是各国竞相发展林产业的主导性深加工产品，适应下游产业如印刷、出版、包装和烟草等产业的发展需要，满足各国调整和升级林产品贸易结构要求，所以，其贸易额随世界经济发展和世界需求递增而快速地增加。

木家具是中国对共建“一带一路”国家林产品出口的第二大类产品，但 2014 年之后下降势头明显。木家具出口金额在 2014 年之前缓慢增长，从 2009 年的 26.54 亿美元增长到 2014 年的 47.53 亿美元，年均增速 12.36%。2014 年之后，木家具出口金额大幅下降，到 2018 年，出口金额仅为 29.00 亿美元，2015～2018 年年均下降 11.61%，木家具成为 2015～2018 年中国对共建“一带一路”国家林产品出口年均下降速度最快的产品。木家具出口比例随着年均增速的缓慢增长，开始大幅下降，从 2009 年的 45.17%降到 2014 年的 31.18%，再降到 2018 年的 21.74%。木家具出口的大幅下降，主要受商品房供应模式变化（精装修全面推广等）、家具销售模式变化（整体家装等），以及环保要求升级等影响，国内库存大量积压，部分家具商品出口受阻（朱光前，2019）。木家具出口在中国对共建“一带一路”国家出口方面的竞争优势正在逐渐消失。

人造板是中国对共建“一带一路”国家林产品出口的第三大类产品，2014 年经历波动之后，一直保持强劲增长态势。2009 年人造板出口金额为 10.54 亿美元，2014 年为 27.41 亿美元，年均增速 21.06%，增速仅次于纸品和原木。2014 年之后，人造板出口金额出现下降，到 2016 年降为 22.80 亿美元。但到 2018 年再次升至 24.22 亿美元，恢复到 2015 年水平。人造板出口虽受到 2014 年禁止商业林采伐政策的影响，但是从 2016 年开始正在逐步恢复。从多年变动趋势来看，中国对共建“一带一路”国家人造板出口比例稳定，市场占比始终保持在 17%左右。人造板 2014～2016 年出口金额下降，原因是多方面的，如：人造板增值税优惠政策发生调整，退税比率由原来的 80%降为 70%，且列入《环境保护综合名录》中“高污染，高环境风险”产品名录或重污染工艺产品，不能享受出口退税政策；与越南和马来西亚等东南亚国家相比，价格优势逐步丧失；国际贸易保护主义频繁抬头，贸易壁垒增多，阻碍了我国人造板产品的出口等（劳万里等，2019）。

木浆、原木和锯材出口的市场份额不足 1%，出口金额总和不足 1 亿美元。木浆出口多年来基本维持在 0.20 亿～0.30 亿美元，锯材出口从 2009 年的 0.29 亿美元降至 2014 年的 0.17 亿美元，2015～2018 年也一直保持在这个水平上下浮动。值得一提的是，原木出口从 2015 年到 2018 年，保持平稳上涨态势。原木出口从 2009 年的 0.03 亿美元增加到 2014 年的 0.07 亿美元，年均增速 24.33%；再到 2018 年的 0.23 亿美元，2015～2018 年年均增速 32.00%。中国对共建“一带一路”国家木浆、原木和锯材的出口规模和市场占比小，文章将不予以详细介绍。

表 4－1　中国对共建“一带一路”国家林产品出口商品结构

单位：亿美元，%

	年份	锯材	木家具	木浆	人造板	原木	纸品	总和
第一阶段	2009	0.29	26.54	0.25	10.54	0.03	21.11	58.76
	2010	0.29	40.14	0.31	13.75	0.07	29.49	84.05
	2011	0.24	40.98	0.57	20.94	0.06	41.67	104.47
	2012	0.23	38.31	0.29	23.35	0.01	47.99	110.18
	2013	0.20	42.81	0.21	23.66	0.07	63.25	130.20
	2014	0.17	47.53	0.26	27.41	0.07	76.98	152.42
	年均增速	－9.54	12.36	1.12	21.06	24.33	29.52	21.00
第二阶段	2015	0.16	44.23	0.23	24.36	0.04	74.20	143.22
	2016	0.25	39.13	0.23	22.80	0.29	77.85	140.55
	2017	0.18	35.06	0.27	22.70	0.30	76.31	134.82
	2018	0.16	29.00	0.23	24.22	0.23	79.57	133.41
	年均增速	－1.50	－11.61	－3.31	－3.05	32.00	0.83	－3.28

注：为保证数据分析连贯性，第一阶段计算的是 2009～2014 年的年均增速；第二阶段是 2014～2018 年的年均增速。

2. 林产品进口商品结构及变化特征

锯材和木浆是中国对共建“一带一路”国家林产品进口的第一和第二大类产品，自 2009 年以来，一直保持强劲增长态势。如表 4－2 所示，锯材进口金额在 2014 年之前增长迅速，从 2009 年的 11.58 亿美元增长到 2014 年的 36.57 亿美元，年均增速 25.86%。2014 年停止商业林采伐之后，进口依然持续增长，2018 年升至 56.79 亿美元，2015～2018 年年均增速 11.63%。木浆变动趋势与锯材类似，进口金额从 2009 年的 11.48 亿美元增至 2014 年的 22.79 亿美元，年均增速 14.70%；从 2015 年的 24.08 亿美元再到 2018 年的 37.99 亿美元，年均增速为 13.62%。锯材和木浆作为木家具、纸品、人造板的原材料，随着国内物流业等纸品产业发展，以及人造板、木家具产品需求的增加，中国未来对共建“一带一路”国家锯材和木浆的进口依赖度还将持续提高。锯材和木浆的进口市场份额也随着进口规模的扩大而逐年上升，但 2014 年之后，锯材的市场增长量明显小于木浆的市场增长量。锯材和木浆 2009 年的市场占比均为 22%，2014 年之前，锯材的市场规模年均增速快于木浆，因此到 2014 年锯材的市场占比为 32%，比木浆的市场占比高出 12 个百分点；2014 年之后木浆的市场规模年均增速快于锯材，到 2018 年木浆市场占比为 27%，锯材市场占比为 40%，木浆市场占比较 2014 年增长了 15 个百分点，锯材增长了 8 个百分点。纸品是中国对共建“一带一路”国家林产品进口的第三大类产品，自 2009 年以来，增长势头强劲。中国是全球纸及纸板需求增长的主要动力（燕荣荣，2019），随着中国与“一带一路”国家贸易便利化提升，未来中国对共建“一带一路”国家进口依赖度还将持续上升。

纸品进口从 2009 年末的 4.69 亿美元，增至 2014 年末的 9.32 亿美元，年均增速 14.72%；从 2015 年的 7.58 亿美元再到 2018 年末的 21.02 亿美元，年均增速 22.53%，是 2014 年之后中国对共建“一带一路”国家林产品进口增速最快的产品。从市场占比来看，纸品进口的市场占比从 2014 年开始逐年上升。2009～2014 年的市场占比均在 8%～9%，2014 年之后，由于年均增速快于其他产品，市场占比开始迅速上升，从 2014 年的 8.1% 升至 2018 年的 14.8%。由于纸品进口金额小于木浆和锯材进口金额，因此，虽然纸品进口金额年均增速最大，市场占比增长量却小于木浆和锯材的市场占比增长量。原木是中国对共建“一带一路”国家林产品进口的第四大类产品，市场占比从 2009 年起逐年下降。中国禁止商业林采伐之前，原木进口增长显著，从 2009 年的 20.56 亿美元增长到 2014 年的 39.10 亿美元，年均增长 13.72%。在中国禁止商业林采伐之后，国内原木供给不足，但原木进口反而快速下降，到 2018

年缩减至 18.52 亿美元，年均下降 17.04%，是所有中国对共建“一带一路”林产品进口中唯一负增长的产品。原木进口的市场占比自 2009 年开始逐年下降，从 2009 年的 40.14% 降至 2014 年的 34.22%，再到 2018 年的 13.04%。原木贸易发展缓慢和所占比重下滑的主要原因在于世界森林资源减少、各国森林资源保护意识增强、林业资源采伐规范化以及满足林业发展高端化要求。因此，在未来原木贸易中，共建“一带一路”国家对中国的原木出口限制可能越来越多，未来进口到中国的原木规模会缓慢增长，但市场占比将持续走低。

木家具和人造板进口的市场份额加总不足 6%，进口金额总计不足 10 亿美元，两种产品进口规模从 2009 年开始均呈现增长趋势，但市场占比变化不明显。木家具进口金额从 2009 年的 1.23 亿美元，增至 2014 年的 4.51 亿美元，年均增速 29.72%，由于年均增速高于其他林产品，其市场占比由 2.40% 提高至 4.00%。2014 年之后，木家具进口增长缓慢，到 2018 年增至 5.24 亿美元，年均增长 3.79%，由于增长速度较其他林产品低，进口占比降至 3.68%。人造板进口从 2009 年的 1.68 亿美元，增至 2014 年的 1.96 亿美元，年均增速 3.08%，由于增速低于其他林产品，市场占比由 3.28% 降低至 1.71%。2014 年之后，人造板进口增长较快，在 2018 年增至 2.45 亿美元，2015 ~ 2018 年年均增速 5.75%，市场份额不变，保持在 1.7%。由于中国对共建“一带一路”国家人造板和木家具的进口规模和市场占比小，文章将不予以详细介绍。

表 4-2 中国对共建“一带一路”国家林产品进口商品结构

单位：亿美元，%

	年份	锯材	木家具	木浆	人造板	原木	纸品	总和
第一阶段	2009	11.58	1.23	11.48	1.68	20.56	4.69	51.22
	2010	18.41	1.36	15.98	2.00	23.39	5.56	66.70
	2011	25.45	1.86	21.76	1.95	31.75	6.47	89.26
	2012	25.48	2.26	19.03	1.92	23.72	6.49	78.92
	2013	30.05	3.08	20.34	1.90	29.18	8.78	93.33
	2014	36.57	4.51	22.79	1.96	39.10	9.32	114.26
	年均增速	25.86	29.72	14.70	3.08	13.72	14.72	17.40

续表

	年份	锯材	木家具	木浆	人造板	原木	纸品	总和
第二阶段	2015	36.37	4.25	24.08	1.87	22.27	7.58	96.42
	2016	44.10	4.42	21.17	2.23	19.41	8.12	99.45
	2017	55.11	4.82	31.85	2.59	19.25	13.32	126.94
	2018	56.79	5.24	37.99	2.45	18.52	21.02	142.00
	年均增速	11.63	3.79	13.62	5.75	-17.04	22.53	5.58

注：为保证数据分析连贯性，第一阶段计算的是2009～2014年的年均增速；第二阶段是2014～2018年的年均增速。

（二）中国对共建“丝绸之路经济带”国家林产品贸易的商品结构及变化特征

1. 中国对共建“丝绸之路经济带”国家林产品出口商品结构及变化特征

2018年，中国向共建“丝绸之路经济带”国家出口的林产品主要有纸品、木家具和人造板。中国向共建“丝绸之路经济带”国家纸品出口金额为13.96亿美元，占中国向共建“丝绸之路经济带”国家林产品出口市场份额的59.4%；人造板出口金额为4.65亿美元，占比19.7%；木家具出口金额为4.82亿美元，占比20.5%。

中国向共建“丝绸之路经济带”出口纸品的主要国家集中在俄罗斯和土耳其两国，如图4－7所示，且出口的市场规模和出口占比都在不断上升，市场集中化趋势显现。2009年，对两国的出口总额为2.24亿美元，到2018年增至6.12亿美元，增长约1.7倍。市场占比从2009年的36%扩张至2018年的43.8%。

中国向共建“丝绸之路经济带”出口人造板主要集中在以色列和俄罗斯两国，且对这两个国家出口的市场规模和出口占比都在不断上升，市场集中化趋势显现。2009年，对两国的出口总额为1.49亿美元，到2018年增至2.28亿美元。市场占比从2009年的45%增至2018年的49%，增长速度缓慢。值得注意的是，约旦是2009年的主要出口国家，出口金额为

0.66 亿美元，出口占比 20%，而 2018 年出口金额降为 0.26 亿美元，仅占市场份额的 6%。

中国向共建“丝绸之路经济带”出口木家具主要集中在波兰、以色列和俄罗斯三国，三国的市场规模和出口占比上升势头强劲。2009 年，中国对这三国的出口总金额是 1.29 亿美元，到 2018 年增至 2.92 亿美元，增长了 1 倍多。市场占比从 2009 年的 41% 增至 2018 年的 61%，扩张速度迅速。

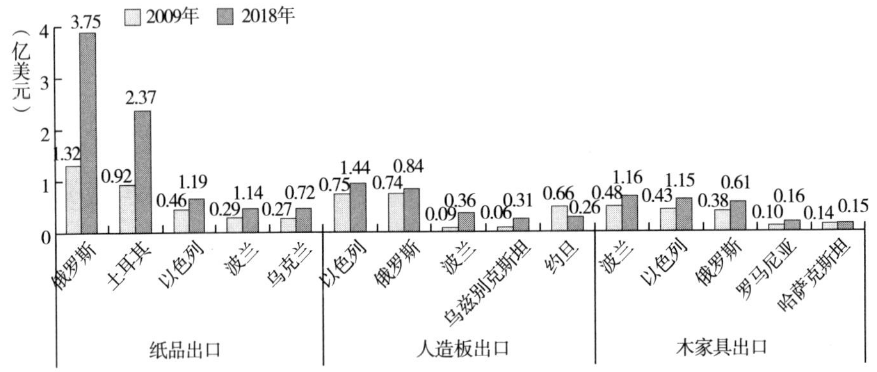

图 4-7　中国对共建“丝绸之路经济带”国家主要出口林产品及其市场分布

2. 中国对共建“丝绸之路经济带”国家林产品进口商品结构及变化特征

2018 年，中国从共建“丝绸之路经济带”国家进口的林产品主要是原木、锯材和木浆。锯材进口金额为 36.77 亿美元，占中国从共建“丝绸之路经济带”国家林产品进口市场份额的 51.08%；原木进口金额为 15.43 亿美元，占比 21.44%；木浆进口金额为 13.01 亿美元，占比 18.07%。

中国从共建“丝绸之路经济带”进口原木和锯材的主要国家都是俄罗斯，如图 4-8 所示，但原木市场规模逐年下降，锯材市场规模逐年上升。2009 年，原木和锯材的市场规模分别为 17.37 亿美元和 6.07 亿美元，2018 年分别为 12.97 亿美元和 32.70 亿美元。俄罗斯为发展本国木材深加工产业，提高木材附加值，多次提高原木出口关税并鼓励锯材出口（曹嘉琪等，2019）。因此中国从俄罗斯的原木进口规模从 2009 年开始下降，锯材进口额从 2009 年起持续上涨。2014 年，原木与锯材进口额相等，此后中国与俄罗斯的锯材进口额大于原木进口额。从市场占比来看，中国从俄罗斯进口原木和锯材的市场占比均呈下降趋势，锯材市场占比从 2009 年的 95.53% 降至 2018 年的 88.95%；原木的市场占比从 2009 年的 98.84% 降至 2018 年的 84.05%。其中，从罗马尼亚和乌克兰进口锯材的总金额上升，从 2009 年的 0.19 亿美元增至 2018 年的 2.17 亿美元，市场占比从 3.03% 增至 5.91%。

中国从共建“丝绸之路经济带”进口木浆的主要国家分别是俄罗斯和捷克。但 2009 ~ 2018 年从俄罗斯进口的市场占比呈下降趋势，从捷克进口的市场占比呈上升趋势，进口市场多元化发展趋势开始显现。2009 年，从俄罗斯进口的金额为 4.82 亿美元，到 2018 年升至 11.35 亿美元，但市场占比却从 2009 年的 96.39% 降到 2018 年的 87.25%。而 2009 年从捷克进口的金额为 0.06 亿美元，到 2018 年升至 1.63 亿美元，市场占比也从 1.19% 升至 12.53%。捷克木浆的大量进口，源于捷克木浆质量高，以及中欧班列的开通，加大了与捷克的贸易便利化，导致价格降低，促进了贸易量的提升。

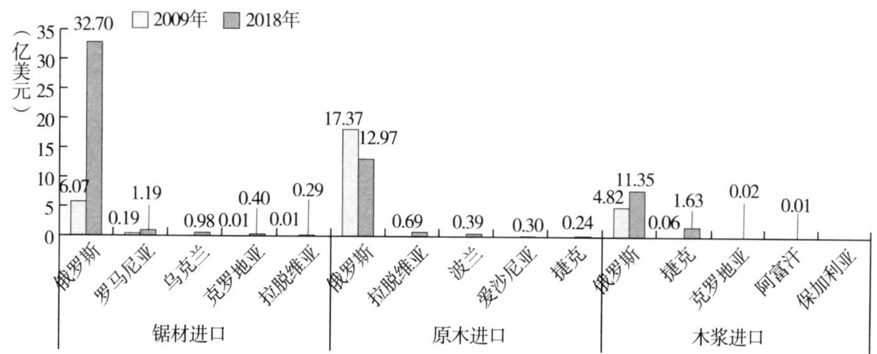

图 4-8　中国对共建“丝绸之路经济带”国家主要进口林产品及其市场分布

注：2009 年中国从乌克兰进口锯材 0.97 百万美元，从波兰进口原木 0.02 百万美元，从拉脱维亚、爱沙尼亚和捷克进口原木为零，从克罗地亚、阿富汗和保加利亚进口木浆也为零；2018 年中国从保加利亚进口木浆 350 美元。

（三）中国对共建“21 世纪海上丝绸之路”国家林产品贸易的商品结构及变化特征

1. 中国对共建“21 世纪海上丝绸之路”国家林产品出口商品结构及变化特征

2018 年，中国向共建“21 世纪海上丝绸之路”国家出口的林产品主要有纸品、木家具和人造板。向共建“21 世纪海上丝绸之路”国家纸品出口的金额为 65.61 亿美元，占中国向共建“21 世纪海上丝绸之路”国家林产品出口市场份额的 59.70%；木家具出口的金额为 24.19 亿美元，市场占比 22.01%；人造板出口金额 19.57 亿美元，市场占比 17.81%。

中国向共建“21 世纪海上丝绸之路”出口纸品的主要国家集中于越南、马来西亚、印度、新加坡、菲律宾，如图 4－9 所示，出口金额增长迅速，市场占比稳定，市场集中化趋势初显。2009 年，中国对这 5 国出口的总金额是 7.51 亿美元，市场占比 50.42%；2018 年上升至 34.21 亿美元，市场占比 52.14%。

中国向共建“21 世纪海上丝绸之路”出口木家具的主要国家集中于新加坡、沙特阿拉伯、马来西亚、阿联酋和印度，市场多元化发展趋势显现。2009 年，中国对这 5 国的木家具出口金额为 18.93 亿美元，木家具出口额在 2014 年之前逐年升高，但从 2014 年之后开始下降，到 2018 年降至 15.17 亿美元，市场占比也从 2009 年的 81.04% 降至 2018 年的 62.76%。

中国向共建“21 世纪海上丝绸之路”人造板出口的主要国家集中于菲律宾、阿联酋、越南、沙特阿拉伯和泰国，出口处于调整阶段，市场发展趋势不明朗。2009～2018 年，中国向菲律宾和越南的出口规模持续增长，而向其他国家和地区的出口规模呈现 2014 年前增长、2014 年后下降的趋势。菲律宾和越南 2009 年出口金额为 0.73 亿美元，市场占比 10.03%，之后一直保持增长态势，到 2018 年出口金额增至 6.43 亿美元，市场占比上升为 32.85%。阿联酋、沙特阿拉伯和泰国 2009 年的出口规模为 3.15

亿美元，市场占比 43.33%，2018 年的市场规模虽升至 5.21 亿美元，但市场占比降为 26.65%。

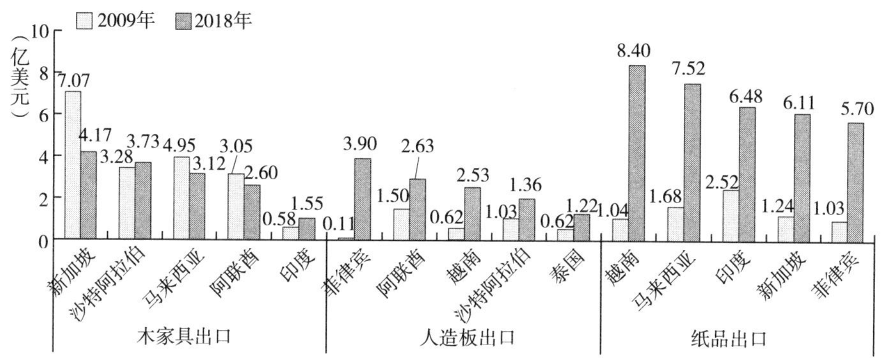

图 4-9　中国对共建“21 世纪海上丝绸之路”国家主要出口林产品及其市场分布

2. 中国对共建“21 世纪海上丝绸之路”国家林产品进口商品结构及变化特征

2018 年，中国从共建“21 世纪海上丝绸之路”国家进口的林产品主要是木浆、锯材、纸品和原木。中国从共建“21 世纪海上丝绸之路”国家木浆进口金额为 24.98 亿美元，市场占比 35.67%；锯材进口金额为 20.02 亿美元，市场占比 28.59%；纸品进口 17.19 亿美元，市场占比 24.55%。

中国从共建“21 世纪海上丝绸之路”进口木浆和锯材的主要国家是印度尼西亚和泰国，如图 4-10 所示。2018 年，中国从印度尼西亚和泰国进口的木浆和锯材的金额占中国从共建“21 世纪海上丝绸之路”进口的木浆和锯材总金额的 83.87% 和 97.22%，较 2009 年的 68.14% 和 97.42%，市场集中化趋势显著。

中国从共建“21 世纪海上丝绸之路”原木进口主要国家分别为老挝和印度，如图 4-11 所示，市场集中化趋势明显。2009 年，中国从老挝和印度的原木进口金额为 0.22 亿美元，仅占市场份额的 7.37%，2018 年进口金额增至 1.97 亿美元，占比增至 63.89%。中国传统原木进口大国缅甸自 2014 年 4 月起开始禁止出口原木，中缅原木进口规模面临断崖式下跌后，再没有恢复。2009 年，中国从缅甸原木进口金额 1.24 亿美元，市场占比 41.52%，2018 年进口金额降至 0.19 亿美元，市场占比跌至 6.15%。

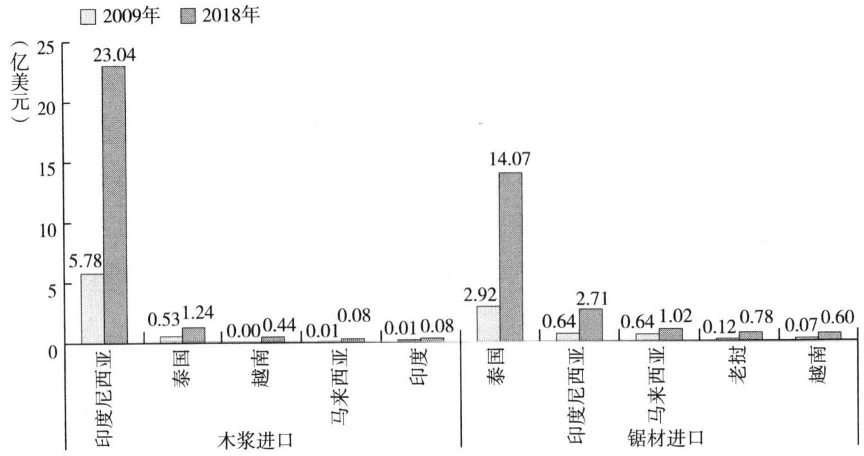

图 4-10 中国对共建“21 世纪海上丝绸之路”国家主要进口林产品及其市场分布

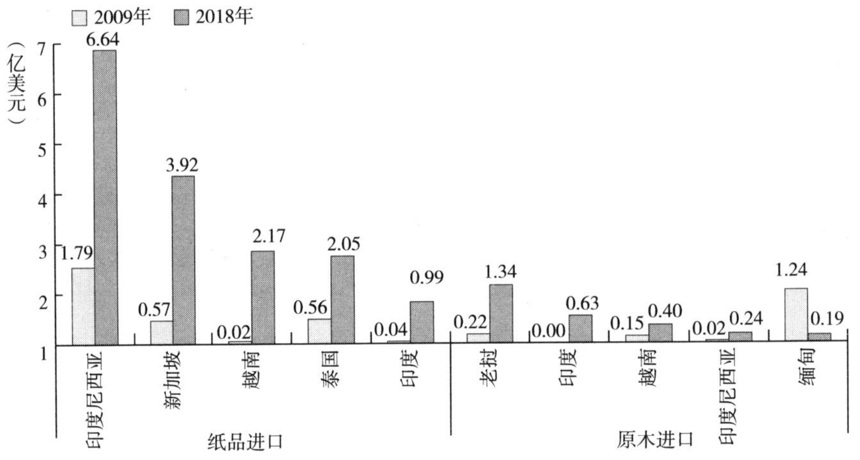

图 4-11 中国对共建“21 世纪海上丝绸之路”国家主要进口林产品及其市场分布

中国从共建“21 世纪海上丝绸之路”纸品进口主要国家分别是印度尼西亚、新加坡、越南、泰国和印度，市场规模逐年递增，市场占比也越来越集中，且新加坡和泰国增长势头强劲。2009 年这 5 个国家进口金额合计为 2.98 亿美元，市场占比 88.62%，2018 年增至 15.77 亿美元，市场占比升至 91.80%。2010 年中国—东盟自由贸易区的正式全面启动，以及 2013

年10月国家主席习近平在出访东南亚国家期间，提出共建“21世纪海上丝绸之路”倡议，推进了东南亚地区的贸易便利化，推动了新加坡和越南市场规模迅速扩大，纸品进口年均增速超过传统纸品出口大国印度尼西亚和泰国，市场占比增长越来越快。

（四）中国对共建“丝绸之路经济带”和共建“21世纪海上丝绸之路”国家林产品贸易商品结构的比较分析

中国对共建“一带一路”国家的林产品出口，以纸品、木家具和人造板为主，如图4－12所示。纸品在中国对共建“一带一路”国家林产品出口中占据主导地位，主要出口国是共建“21世纪海上丝绸之路”的越南、马来西亚、印度、新加坡等国，贸易规模增长迅速，出口结构稳定，市场集中化趋势显现。木家具是中国对共建“一带一路”国家出口的第二大类产品，主要出口国是共建“21世纪海上丝绸之路”的新加坡、沙特阿拉伯、马来西亚、阿联酋和印度，市场规模逐年下降，市场多元化发展趋势显现。人造板是中国对共建“一带一路”国家的第三大类出口产品，主要出口国分别为菲律宾、阿联酋、越南和以色列，主要是共建“21世纪海上丝绸之路”的国家，以及共建“丝绸之路经济带”的以色列，市场规模增长趋势明显，市场集中化趋势显现。

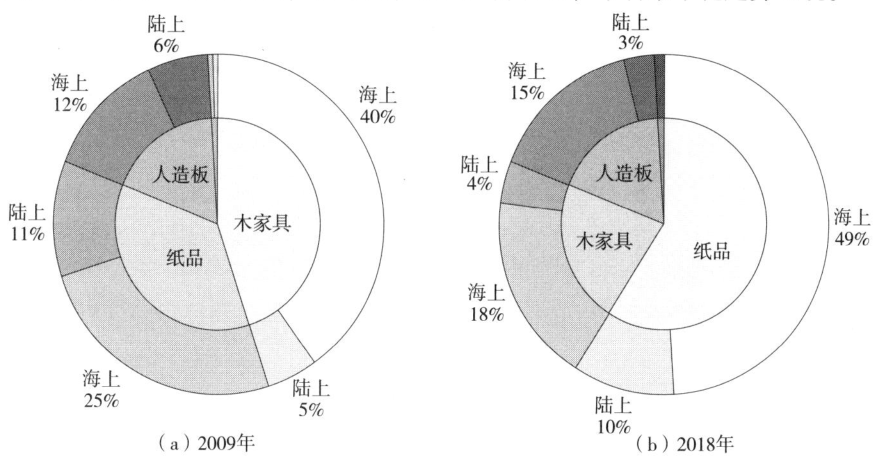

图4－12　中国对共建“一带一路”国家主要出口林产品分布

注：图中“陆上”表示共建“丝绸之路经济带”，“海上”表示共建“21世纪海上丝绸之路”。原木、木浆和锯材共占1%，鉴于图表显示限制，将不予以呈现。

中国对共建“一带一路”国家的林产品进口，以锯材、木浆、原木和纸品为主，如图4-13所示。锯材在中国对共建“一带一路”国家林产品进口中占据主导地位，进口主要国家是俄罗斯、泰国，市场规模占中国对共建“一带一路”国家锯材进口的82.38%，且2014年之后呈上升趋势，市场集中化趋势明显。木浆是中国对共建“一带一路”国家林产品进口的第二大类产品，进口最主要的国家是印度尼西亚、俄罗斯和捷克，其中印度尼西亚的木浆进口占中国对共建“一带一路”国家木浆进口的60.66%，且占比逐年上升，市场集中化趋势显现。纸品是中国对共建“一带一路”国家林产品进口的第三大类产品，自2009年以来，增长势头强劲。这表明中国对共建“一带一路”国家纸品需求旺盛，未来对共建“一带一路”国家进口依赖度还将持续提升。中国对共建“一带一路”国家纸品进口以共建“21世纪海上丝绸之路”为主，进口主要的国家是印度尼西亚和新加坡，中国从这两国进口的纸品占中国对共建“一带一路”国家纸品进口的57.04%，且占比逐年上升，市场集中化趋势显现。原木是中国对共建“一带一路”国家林产品进口的第四大类产品，进口主要的国家是俄罗斯和老挝，俄罗斯市场规模逐年递减，且俄罗斯和老挝两国市场占比加总，从2009年的88.52%降至2018年的77.26%，市场多元化趋势明显。

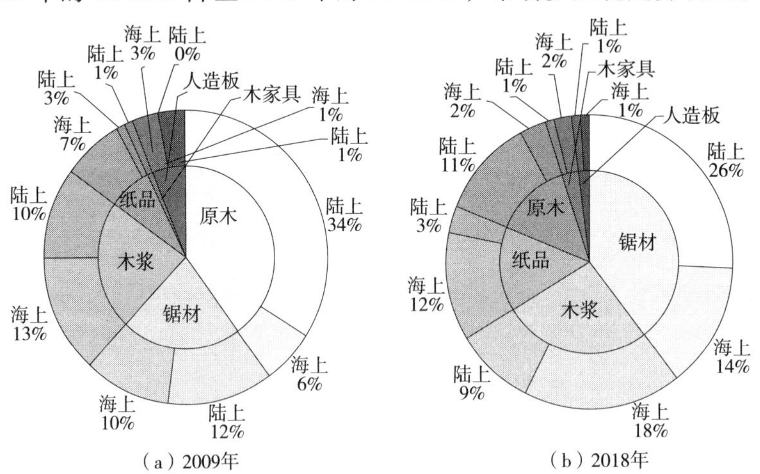

图4-13　中国对共建“一带一路”国家主要进口林产品分布

注：图中“陆上”表示共建“丝绸之路经济带”，“海上”表示共建“21世纪海上丝绸之路”。

四 本章小结

本章通过对 2009～2018 年中国与共建“一带一路”国家林产品贸易规模、市场结构和产品结构的特征及其动态演进进行深入的分析，得出以下主要结论。

第一，中国与共建“一带一路”国家林产品进口和出口贸易在中国林产品对外贸易中均占有大约 1/4 的份额；尽管受大宗商品价格下跌、中国经济转变增长方式进入“新常态”的影响，2012 年和 2015 年中国对共建“一带一路”国家林产品贸易出现小“低谷”，但总体上进、出口贸易额均呈现增加的趋势，且平均进口同比增长率高于出口，表明共建“一带一路”国家对拉动中国林产品贸易具有重要的作用，且进口拉动作用日益凸显。

第二，分不同国家来看，2009～2018 年中国与共建“丝绸之路经济带”和共建“21 世纪海上丝绸之路”国家林产品进、出口贸易总体上均呈现不断增长的趋势；就对中国与共建“一带一路”国家林产品出口贸易总额的贡献比例而言，共建“21 世纪海上丝绸之路”国家约贡献 4/5，远大于共建“丝绸之路经济带”国家，而进口贡献比例，整体上二者大致相当，分别贡献 1/2 左右；这表明无论是共建“丝绸之路经济带”国家还是共建“21 世纪海上丝绸之路”国家对于中国林产品贸易的发展都发挥着积极的作用，且与共建“21 世纪海上丝绸之路”国家的林产品贸易显示出更大的增长潜力。中国在与共建“丝绸之路经济带”国家的贸易中，处于林产品贸易逆差的地位，而对于共建“21 世纪海上丝绸之路”国家来说，中国则处于顺差地位。

第三，在市场结构方面，中国与共建“一带一路”国家林产品贸易的市场结构较为稳定且集中度高，出口市场主要集中在东南亚和西亚北非地区，而进口市场以东南亚和东北亚地区为主。其中，①东南亚地区是中国最大的林产品贸易市场，对中国与共建“一带一路”地区林产品进、出口的贡献率均接近 1/2，贸易规模呈现不断扩大的趋势，但贸易增速略显疲软，出口贸易尤为明显；②西亚北非地区作为中国林产品第二大出口目的地，对中国与共建“一带一路”国家林产品出口平均贡献份额为 34.8%，但在 2014 年之后，出口增长乏力，呈现下降的态势，而进口贡献比例不足 1%，相比之下，中国处于绝对顺差地位；③东北亚地区是中国第二大进口来源地，对中国与共建“一带一路”林产品进口平均贡献份额为 45.2%，但贡献份额呈现明显下降的趋势。分不同国家来看，中国与共建“丝绸之路经济带”和“21 世纪海上丝绸之路”国家林产品贸易均表现出市场高度集中的情况，二者的进口市场集中度均显著高于出口，进口均集中在木材资源丰富的国家（俄罗斯、印度尼西亚和泰国等），这反映出中国林业产业原材料和出口市场高度依赖国外的特征事实，中国林业产业和林产品贸易面临的潜在风险较高。此外，中国与共建“丝绸之路经济带”和“21 世纪海上丝绸之路”国家主要林产品贸易伙伴国（东南亚国家、俄罗斯、印度、波兰和罗马尼亚）均存在不同程度的产业内贸易，具有一定的互补性。

第四，在商品结构方面，中国从共建“一带一路”国家进口原木、锯材和木浆的总规模上升，出口木家具、纸品和人造板的总规模下降，贸易逆差显现，表明中国对共建“一带一路”国家出口仍然保持“两头在外，大进大出”的发展模式。中国对共建“一带一路”国家的纸品进出口、木家具和人造板的出口，主要分布于共建“21 世纪海上丝绸之路”的新加坡、马来西亚等东南亚地区，以及以色列、阿联酋等西亚北非地区；锯材、木浆和原木的进口，主要来自俄罗斯和老挝、越南等东南亚地区。除了家具业出口和原木进口市场呈现分散化趋势外，其他林产品市场集中度均存在不同程度的提升，总体上，中国对共建“一带一路”国家林产品贸易的市场结构过于集中，存在较大市场风险。

因此，未来中国应首先以增强自身木材供给能力为着力点，加强与森林资源丰富的国家和地区（俄罗斯和东南亚国家等）的林产企业在原木开采和加工方面的合作与交流，从而充分利用中国木材加工的技术比较优势和俄罗斯、东南亚国家的木材供给的比较优势，深化双边林产品贸易合作，提高中国原木供给的稳定性。其次，深入挖掘阿联酋、沙特阿拉伯、中东欧地区和中亚地区的市场潜力，积极开拓林产品贸易供给与消费市场，促进市场结构朝着多元化的方向发展。最后，中国应充分利用双边林产品贸易互补性，优化与共建“一带一路”国家林产品贸易的商品结构，从而促进中国林业产业结构和对外贸易转型。

主要参考文献

[1] 曹嘉琪、赵彦茹、陈祎晴：《中俄木材贸易潜力性探究——基于引力模型》，《商场现代化》2019 年第 13 期，第 38～40 页。

[2] 程宝栋、秦光远、宋维明：《“一带一路”战略背景下中国林产品贸易发展与转型》，《国际贸易》2015 年第 3 期，第 22～25 页。

[3] 芦杰等：《中国木质林产品贸易的互补性与贸易潜力研究——以“一带一路”经济走廊建设为背景》，《林业经济》2019 年第 7 期，第 48～56 页。

[4] 劳万里等：《2008～2017 年我国人造板进出口贸易态势分析》，《木材加工机械》2019 年第 3 期，第 20～26 页。

[5] 万璐、程宝栋：《中国林产品贸易的亚太区域格局及发展趋势》，《国际贸易》2017 年第 8 期，第 31～38 页。

[6] 万璐、高利、程宝栋：《基于引力模型的林产品双边贸易潜力研究——以中国—中东欧沿线国家为例》，《林业经济问题》2017 年第 1 期，第 63～67 页。

[7] 吴天博、田刚：《“丝绸之路经济带”视域下中国与沿线国家木质林产品贸易——基于引力模型的实证研究》，《国际贸易问题》2019 年第 11 期，第 77～87 页。

[8] 吴天博、张滨：《“一带一路”建设视域下的中国木质林产品贸易——基于比较优势与引力模型的实证研究》，《经济问题探索》2018 年第 6 期，第 127～138 页。

[9] 燕荣荣：《全球纸浆市场分析与展望》，《中华纸业》2019 年第 15 期，第 51～55 页。

[10] 张慧、胡明形：《中国与“一带一路”沿线国家木质林产品贸易潜力研究》，《林业经济问题》2018 年第 5 期，第 27～32 页。

[11] 朱光前：《2019 年上半年我国木材与木制品进出口概况》，《国际木业》2019 年第 5 期，第 11～17 页。

05 第五章

中国与共建“一带一路”国家林产品贸易的发展条件

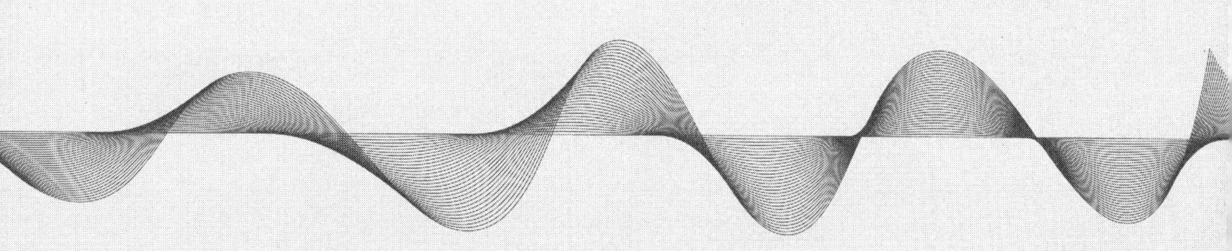

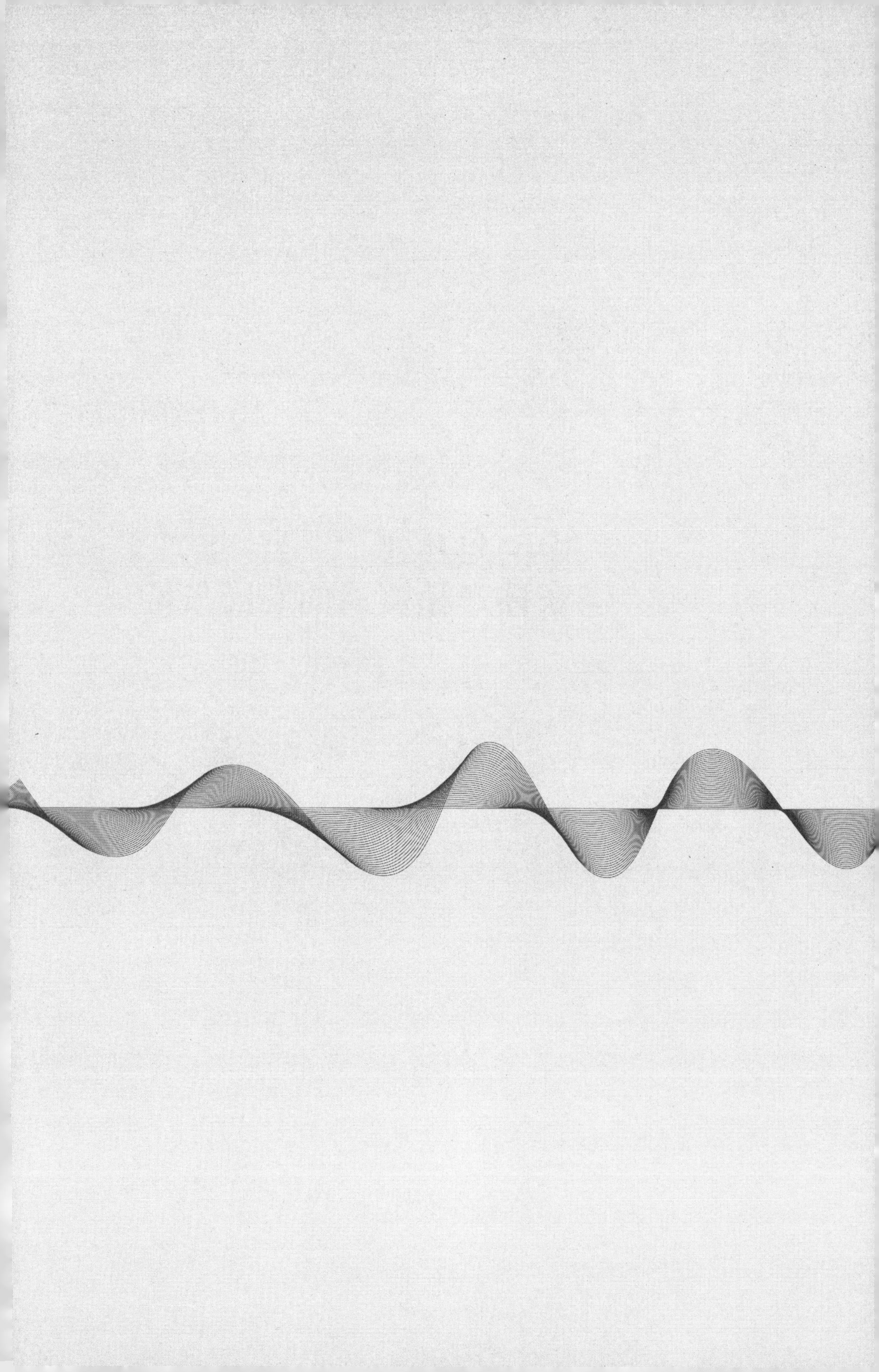

一 中国与共建“一带一路”国家贸易摩擦分析

专家、学者和实际工作者对贸易摩擦的分类主要可以归纳为两种方法。一种是按照贸易摩擦的具体措施来分类，把贸易摩擦分为反倾销（anti－dumping）、反补贴（anti－subsidy）、保障措施（safeguards）和特别保障措施，即“两反两保”（尹翔硕等，2007）。另一种是将贸易摩擦划分为关税贸易摩擦（Tariff Frictions）和非关税贸易摩擦（Non－tariff Frictions）。关税贸易摩擦又被称为传统的贸易摩擦，是指由提高关税而导致的贸易摩擦，当某个国家谋求提高关税时，贸易合作国也会采取相应的措施，贸易摩擦由此产生（Johnson，1954）；非关税贸易摩擦又被称为现代的贸易摩擦，是指由关税以外的其他贸易保护手段即非关税壁垒（Non－tariff Barriers）所导致的贸易摩擦（李翠，2009），以“两反两保”为主要手段，随着贸易自由化的发展，这种贸易摩擦日益普遍。本章按照第二种分类方法，将贸易摩擦划分为关税贸易摩擦和非关税贸易摩擦，从这两个方面对中国与共建“一带一路”国家贸易壁垒状况进行分析。

（一）中国与共建“一带一路”国家林产品贸易关税情况分析

本节将2020年中国对共建“一带一路”国家的进口关税与2010年数据进行对比，以人造板、木制品、纸品等木质林产品（具体分类代码见第一章）为主要研究对象，分析十年来中国与共建“一带一路”国家林产品贸易关税的变化情况，并以此推断“一带一路”倡议对于贸易关税的影响。为了方便对比分析，依据国际粮农组织网站、《中国林业发展报告》、《中国林业统计年鉴》所界定的林产品细分行业，对2010年和2020年人造板、木制品、纸品等木质林产品的关税进行细分行业加总平均，得到平均税率。其中2010年细分行业的关税税率数据主要来源于世界银行网站，

2020 年细分行业的关税税率则来源于国务院关税税则委员会、中华人民共和国海关总署、中国自由贸易区服务网及世界银行网站等。

关税税率指海关在征税时税额与计税基础之间的比例，反映了征税的深度。按照关税税率的适用范围不同，通常将其分为法定税率、暂定税率、配额税率、特别关税以及信息技术产品税率五大类。具体介绍如表 5 - 1所示。而中国与共建"一带一路"国家林产品贸易关税主要受法定税率和暂定税率的影响。

表 5 - 1　关税税率及分类

法定税率	普通税率	普通税率的适用范围为，未与我国签订税收协定的国家或地区所生产的货物以及原产地不明的进口货物
	最惠国税率	最惠国税率主要涉及适用最惠国待遇的 WTO 成员国以及与我国签订了最惠国双边贸易协定的国家及地区；还包括原产于中国境内的进口货物
	协定税率	我国对于原产地位于与我国签订了优惠关税条款的区域性协定的国家及地区的进口货物需要按照协定税率征税
	特惠税率	特惠税率与以上几种税率概念相同，即如果某个国家与中国有签订特殊优惠关税协定，那么中国进口原产于该国的产品的关税按特惠税率计算
暂定税率	无技术规格	按照新的《关税条例》，一些特定的进出口产品可以以暂定税率征收关税。无技术规格的，海关在核验时只要审核商品品名和 HS 编码即可
	有技术规格	有技术规格的商品，海关审核要求较高，除需要审核商品品名和 HS 编码外，还需要专业认定进口货物的技术规格是否符合条件
配额税率		关税配额制度主要限制的是数量，一旦商品数量超过限额，企业即不能按照之前的关税税率进口。按照国际惯例，各国通常对于那些数量处在配额内的进口商品征收比较低一点的关税，超过配额的按照较高的关税征税

续表

特别关税	特别关税主要包括报复性关税、双反税、保障性关税和其他的一些特别关税。任何国家或者地区对其进口的原产于中华人民共和国的货物征收歧视性关税或者给予歧视性待遇的，海关对原产于该国家或者地区的进口货物，可以征收特别关税。征收特别关税的货物、适用国别、税率、期限和征收办法，由国务院关税税则委员会决定，海关总署负责实施
信息技术产品税率	在 WTO 成立以后，在以美国为首的 WTO 成员方之间又达成一项旨在使发展中国家的关税水平进一步降低的《信息技术协议》(即 ITA)。它的主要内容是将占全世界电子信息技术产品份额 80% 以上的该类产品关税，在 2000 年以前降为零。2001 年底我国成功加入 WTO，因此也必须承担对信息技术产品进口关税的减让义务

为获取 2020 年中国对共建“一带一路”国家木质林产品的进口税率，在只考虑法定税率的情况下，64 个共建“一带一路”国家中，只有不丹和巴勒斯坦不是中国的最惠国，即采用普通税率，其余 62 个国家均是中国的最惠国，采用最惠国税率（见表 5 -2）。

协定税率则主要针对与我国签订了优惠关税条款的区域性协定的国家及地区。目前在 WTO 的贸易规则下，由于前些年多哈回合的贸易谈判陷入僵局，贸易与投资自由化的进展较缓慢，双边和多边自贸区逐渐兴起，自贸协定（Free Trade Agreement，后文简称 FTA）成了一个使贸易投资更加自由化的渠道。FTA 具有较少的成员群体、有限的地域范围，更加有利于解决各类复杂的敏感问题、减少分歧，这些是多边贸易关系所不具备的优点。目前中国和共建“一带一路”国家的自贸协定还不多，只有中国 - 东盟（10 +1）、中国 - 新加坡、中国 - 格鲁吉亚和中国 - 巴基斯坦自贸区，其他的共建国家大部分都还在谈判或准备阶段。除了这几个完全由共建“一带一路”国家组成的自贸区外，亚太自由贸易区（Free Trade Area of the Asia - Pacific，FTAAP）也存在部分共建“一带一路”国家。而在这些自由贸易区的建立过程中，一个必要的环节就是自由贸易协定中关税减让的谈判，自贸协定中的关税减让是成员国之间产品贸易能够自由化的重要因素，它可以使关税处在一个较低的水平，甚至实现零关税，从而消除关税壁垒，降低贸易保护的程度。

法定税率中除了以上3种税率外，还有特惠税率。我国给予与我国建交的最不发达国家95%税目产品零关税待遇的实施方案已经通过国务院批准，中国从最惠国进口的林产品会受特定税率的影响，即使这些产品的进口税率非零，但如果出现在最不发达国家95%税目产品零关税清单中，这些产品仍然采取零关税。这些特定税率主要存在于纸制品中。

表5－2 共建“一带一路”国家按照最惠国和自贸协定进行分类

是否最惠国	是否存在自贸协定	自贸协定名称	涉及国家
最惠国	无自由贸易协定	无	阿富汗、巴林、孟加拉国、印度、伊朗、伊拉克、以色列、约旦、科威特、老挝、黎巴嫩、马尔代夫、蒙古国、尼泊尔联邦民主共和国、阿曼、卡塔尔、沙特阿拉伯、斯里兰卡、叙利亚、土耳其、阿联酋、也门共和国、东帝汶、哈萨克斯坦、吉尔吉斯斯坦、塔吉克斯坦、土库曼斯坦、乌兹别克斯坦、埃及、阿尔巴尼亚、保加利亚、匈牙利、波兰、罗马尼亚、爱沙尼亚、拉脱维亚、立陶宛、亚美尼亚、阿塞拜疆、白俄罗斯、摩尔多瓦、乌克兰、斯洛文尼亚、克罗地亚、捷克、斯洛伐克、前南马其顿、波黑、塞尔维亚、黑山、俄罗斯
	存在自由贸易协定	中国－新加坡	新加坡
		中国－巴基斯坦	巴基斯坦
		中国－格鲁吉亚	格鲁吉亚
		中国－东盟	东盟6国（印度尼西亚、马来西亚、菲律宾、新加坡、泰国、文莱）和4个新成员国（越南、老挝、缅甸、柬埔寨），新加坡由于存在单独自贸协定在后面林产品关税中单独列出，仅考虑东盟9国
非最惠国	无自由贸易协定	无	不丹、巴勒斯坦

除了法定税率外，本章节还需要考虑进口暂定税率，即调整后暂时执行的关税税率。关税暂定税率是在海关进出口税则规定的进口优惠税率基础上，对进口的某些重要的工农业生产原材料和机电产品关键部件（但只限于从与中国订有关税互惠协议的国家和地区进口的货物）以及出口的部分资源性产品实施的更为优惠的关税税率。这种税率一般按照年度制订，并且随时可以根据需要恢复按照法定税率征税。本章节参考的政策是《国务院关税税则委员会关于2020年进口暂定税率等调整方案的通知》。当以上几种税率同时在最惠国存在时，在没有规定的情况下，从低适用，最终得到2020年中国与共建国家木质林产品的税率。

1. 人造板（HS代码：4408～4412）

根据国际粮农组织及《中国林业发展报告》《中国林业统计年鉴》，人造板包括单板（4408）、可连接型材（4408）、刨花板（4410）、纤维板（4411）、胶合板（4412）。2010年中国对共建“一带一路”国家的人造板进口税率主要在5%以上，而2020年，进口税率基本上都在3%以内，可以看出关税存在较为明显的下降，平均关税下降了2.5%左右，说明“一带一路”倡议的提出使得中国与共建“一带一路”国家的人造板进口关税情况有所改善。

2. 木制品（HS代码：4413～4421）

木制品包括强化木（4413）、木制框（4414）、包装木箱（4415）、木制桶（4416）、木制工具（4417）、建筑用木制品（4418）、木制餐具及厨房用具（4419）、镶嵌木（4420）、其他木制品（4421）。2010年中国对共建“一带一路”东南亚、中亚及东欧各国的进口木制品平均税率同样在5%以上，而2020年的木制品进口税率基本都分布在3%以下，可以看出木制品平均关税2020年比2010年低，平均下降了1%以上，说明“一带一路”倡议的实施确实使中国对共建“一带一路”国家木制品的关税壁垒有所降低。

3. 纸品（HS 代码：4707、48、49）

纸品包括回收（废碎）纸或纸板（4707），纸浆、纸或纸板制品（48），书籍、报纸、印刷图画及其他印刷品和手稿、打字稿及设计图纸（49）。2010 年中国对大部分共建“一带一路”国家的进口纸品平均税率在 5% 以上，其中对土库曼斯坦、也门等纸品平均税率高达 7.5%。而 2020 年的纸品进口税率基本都在 3%~5%，土库曼斯坦和也门的纸品平均税率都降到了 3.98%。也就是说，2020 年的纸品平均关税比 2010 年降了很多，说明“一带一路”倡议有利于中国对共建“一带一路”国家的纸品进口关税的下降。

综上所述，在“一带一路”倡议背景下，共建“一带一路”国家商品和服务贸易的规模不断扩大，“一带一路”倡议连接起我国与周边国家，构建命运共同体、利益共同体，使各国逐渐降低关税贸易壁垒，降低或消除有关商品或服务的关税，有利于实现区域经济一体化，带动共建国家经济共同发展。

（二）共建“一带一路”国家非关税贸易摩擦分析

自“一带一路”倡议提出以来，中国与共建“一带一路”国家区域经贸合作程度不断加深，已初步形成了“一带一路”区域合作框架和体系（侯梦薇等，2019）。“一带一路”倡议的实施，为我国发展对外贸易搭建了一个更为广阔的平台（王语涵、张廷海，2019）。但随着中国与共建“一带一路”国家经贸互动日益密切，贸易摩擦也越来越多。贸易摩擦的产生会对我国“一带一路”区域经济合作的实践效果产生影响。

在共建“一带一路”形势下，我国在国际贸易中主要遭遇三种不同类型的贸易摩擦，分别是反倾销、反补贴和技术壁垒。第一，反倾销是指对外国商品在本国市场上的倾销所采取的抵制措施，一般是对倾销的外国商品除征收一般进口税外，再增收附加税，使其不能廉价出售（刘晋波，2008）。第二，反补贴是指进口国反击出口补贴国家的行为，即进口国反补贴当局征收反补贴税以抵消损害本国产业的后果或阻碍本国产业的建立。其他国家的政府为了打开市场实施补贴与反补贴政策会一定程度上使得我国的出口产品在市场上失去优势，不利于我国的国际贸易发展。第三，技术壁垒指商品进口国在实施贸易进口管制时，通过颁布法律、法令、条例、规定，建立技术标准、认证制度、卫生检验检疫制度、检验程序以及包装、规格和标签标准等，提高对进口产品的技术要求，增加进口难度，最终达到保障国家安全、保护消费者利益和保持国际收支平衡的目的。可以说，技术性的贸易壁垒一直是我国进行国际贸易的“拦路虎”。

1. 中国遭遇贸易摩擦特征分析

（1）与发展中国家贸易摩擦增多

海关总署发布的数据显示，2019 年，我国第一大贸易伙伴仍然是欧盟，中国与欧盟进出口总额 4.86 万亿元，增长 8%；与东盟进出口总额 4.43 万亿元，增长 14.1%；与美国进出口总额 3.73 万亿元，下降 10.7%。此外，我国与共建“一带一路”国家进出口总额 9.27 万亿元，增长 10.8%，高出整体增速 7.4 个百分点。由此可知，中国凭借“一带一路”倡议使得经济实力得到进一步增强，但贸易摩擦事件也随之增多。WTO 数据显示，近五年来，中国是遭受世界贸易救济调查最多的国家，其中发起国主要是美国、欧盟等发达国家和地区。这也说明，目前我国对外贸易摩擦的问题是过于依赖西方发达国家市场。

随着“一带一路”倡议的实施，和中国有贸易摩擦的国家也在逐步增多，不仅局限于发达国家。中国与共建“一带一路”的发展中国家之间也存在不少以“反倾销”和“反补贴”为代表的非关税摩擦事件，特别是近几年印度成为对华发起“双反”调查的第一大发展中国家（见图 5 - 1）。可以说，我国贸易摩擦国还是以美欧发达国家为主，但同时也在进一步向以印度为首的发展中国家扩展，呈现多元化。

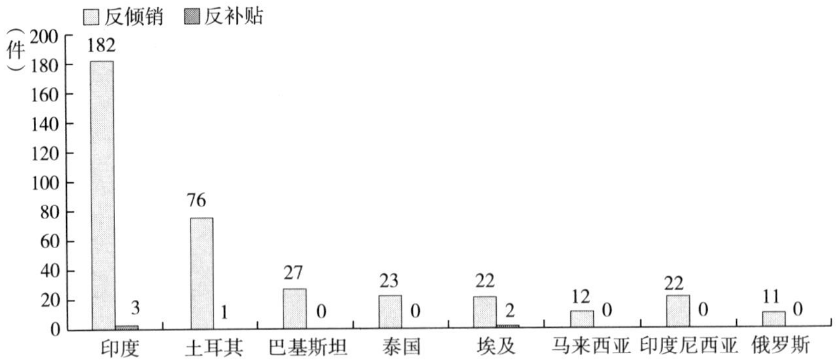

图 5-1 2001~2017 年共建“一带一路”国家向中国发起“双反”的主要国家

资料来源：商务部贸易救济网案件数据库。

(2)“双反”调查多以我国优势产品为主

无论是美国等发达国家还是印度等发展中国家对华“双反”的立案调查中，绝大部分针对的是中国具有优势的产品，如我国出口的纺织品、陶瓷、农产品等劳动密集型产品。美国对华轮胎“双反”立案就是进口国对中国出口的劳动密集型产品的调查（胡晓丽、陈继元，2018）。2015 年 1 月美国已经对华轮胎进行反倾销、反补贴立案调查；直至 2018 年 3 月，美国开始实行对中国进口的轮胎征收反倾销、反补贴税，即分别对华青岛森麒麟轮胎征收 4.41% 的反倾销税，对华佳能轮胎征收 1.5% 的反倾销税和 20.68% 的反补贴税。除了发达国家外，印度等发展中国家也对中国发起过相似的“双反”调查，如 2017 年对华陶瓷餐具和厨具征收 1.04 美元/千克的反倾销税。

(3) 技术型壁垒以我国成长较快的产品为主

根据中华人民共和国商务部贸易救济调查局报道，对我国产品实现技术性贸易壁垒措施的主要是美国等发达国家，出于对本国的技术知识保护，对中国实施了的一系列的“301 调查”、“337 调查”以及一些技术性贸易壁垒等措施。其主要的实施对象是中国现阶段虽然没有出口优势却是正在成长的产品（如技术型产品、工业产品）。近几年就有很多关于国外对我国的成长较快的产品采取技术型贸易壁垒措施的案例，如美国对华输入美国的碳钢和合金钢产品（主要涉及宝钢、首钢、武钢等）发起的“337 调查”和美国对华涉及知识产权等领域发起的“301 条款”贸易调查。

综上所述，自“一带一路”倡议实施以后，中国对外贸易摩擦的形式也日益多变，对外贸易摩擦的形式日益多样化和复杂化，由之前的“双反”调查到如今的知识产权保护和技术型贸易壁垒等措施；贸易摩擦的产品领域也在逐步转变，从之前的单一劳动型产品到现在的工业产品、技术型产品等。这说明我国在对外贸易摩擦防范措施方面还有很长的路要走。

2. 中国林产品贸易摩擦

（1）林产品贸易摩擦的现状

近年来，国外多采用非关税壁垒对我国林产品进行出口限制。这些措施在一定程度上影响了中国林产品对外贸易的正常发展，并将我国政府、企业、行业协会等拉入贸易摩擦的纷争中（谢怡，2011）。

①反倾销问题

反倾销是对外国商品在本国市场上的倾销所采取的抵制措施。对于林产品来说，中国遭受反倾销主要集中在纸和纸制品、木制品、人造板和木家具这四类木质林产品上（见表 5 - 3），1995 ~ 2006 年我国木质林产品遭受反倾销调查共 27 起（顾晓燕，2011）；2007 ~ 2014 年我国木质林产品遭受反倾销调查多达 70 多起，贸易对象以美国、欧盟等发达国家和地区为代表（见表 5 - 4）。美国和欧盟长期以来都是对中国木质林产品实施反倾销的主要国家和地区，而共建“一带一路”国家与中国林产品反倾销资料目前较少，但反倾销行为得以实施的主要原因却大致相同，即中国有关应对反倾销的体系尚不健全，无法为本国产业在国际贸易市场中提供有力保护。所以我们可以从中国与欧美等发达国家和地区林产品贸易之间发生的“反倾销”案件吸取经验，避免在中国与共建“一带一路”国家之间发生。

表 5-3 1995~2010 年中国主要木质林产品遭受反倾销的情况

单位：件

国别或地区	涉案的主要木质林产品种类	案件数	实施最终措施数
美　　国	铜版纸、活性炭、卧室木质家具、涂布纸、薄绵纸和皱纹纸、礼品盒、盒装铅笔、胶合板、实木复合地板等	10	5
加 拿 大	复合木地板、木质百叶窗帘、帘板	2	2
阿 根 廷	木质衣架、铅笔	2	2
韩　　国	印刷和打印用纸	1	1
中国台湾	非涂布纸	1	1
印　　度	热敏纸、中密度纤维板	2	—
土 耳 其	原木胶合板、复合木地板	2	2
埃　　及	铅笔、木螺丝钉、壁纸	3	2
以 色 列	中密度纤维板和胶合板	1	1
澳大利亚	A4 复印纸、胶合板	2	—
新 西 兰	日记本	1	—
合　　计		27	16

资料来源：根据商务部及相关网站整理。

表 5-4 1995~2014 年木质林产品反倾销的主要国家情况

单位：件，%

时期	排名	国家或地区	调查数量	所占比例	执行最终措施数量	所占比例
金融危机前（1995~2007 年）	1	美国	9	20	5	17
	2	欧盟	3	6	3	10
	3	埃及	3	6	2	6
金融危机后（2008~2014 年）	1	美国	15	33	12	39
	2	欧盟	6	13	6	19
	3	巴基斯坦	5	11	2	6
	4	阿根廷	5	11	1	3

资料来源：根据国家林业局林产品经济贸易研究中心（http://www.rcefor.org/）数据整理。

这些反倾销案件中最为代表性的林产品国际纠纷案例就是美国对中国的木质卧室家具“反倾销”案和硬木装饰胶合板“双反”案（初小宗，2018）。

专栏 5-1

美国对华木质家具反倾销案影响巨大，涉案金额10亿美元，波及中国130多家企业，过程较为波折。早在2003年11月5日，美国国际贸易委员会（ITC）公告，决定对华木质卧室家具启动产业损害调查程序；同年12月11日，美国商务部（DOC）公告，决定对华木质卧室家具进行反倾销立案调查。2004年1月21日，ITC做出产业损害初裁；6月24日，DOC以印度为替代国做出初裁，计算出涉案中国企业的倾销幅度为4.90%～198.08%。应诉中国公司深圳德源、东莞联东、瑞丰、台升、震兴、天津美克和上海思达科等7家强制调查企业获得税率4.9%～24.34%。118家中国家具出口公司填写并向DOC提交了调查问卷A卷，证明自己是独立于政府并完全按照市场运作的企业，要求获得单独税率。后来有82家企业获得平均税率10.92%；另36家企业遭到拒绝，只能接受高税率198.08%。当年7月30日，DOC对本案初裁结果进行修正，其中包括对部分中国应诉企业的倾销幅度进行调整。虽然在2005年1月4日，DOC做出终裁对中国涉案产品征收最高198.08%的反倾销税，其中瑞丰家具公司的倾销税为7.87%。但对这一结果，瑞丰不服，向美国国际贸易法院提出上诉。2006年10月美法院做出判决要求DOC重新审理此案。2007年5月，DOC公布重审结果，将瑞丰税率降到2.87%。瑞丰仍不服，上诉法院要求二审。2010年5月14日，美联邦巡回上诉法院做出判决，宣布DOC《反倾销条例》中有关确定非市场经济国家工人平均工资率的条款违反《反倾销法》，应予撤销，中国企业胜诉。

专栏 5-2

美对华硬木装饰胶合板“双反”案是继2010年11月美对华多层木地板“双反”案后的第二起美对华林产品“双反”案，共有74个10位税号的胶合板产品被纳入调查范围，涉案金额6.165亿美元，波及中国企业200多家。2012年10月18日，DOC公告，决定对原产于中国的硬木装饰胶合板进行反倾销和反补贴调查。2012年11月9日，ITC公告，对原产于中国的硬木装饰胶合板做出反倾销和反补贴产业损害初裁。2013年4月30日，DOC公告，对华硬木装饰胶合板做出反倾销初裁，裁定中国企业普遍倾销幅度为63.96%，101家企业的倾销幅度为22.14%；只有两家企业被裁定为微量倾销，倾销幅度分别为0.62%和1.83%。但在2013年底，ITC 6名委员就硬木装饰胶合板双反案件的损害终裁进行投票，结果出席的5名委员均投否定票，ITC以无产业损害结案。

②反补贴问题

当前我国遭遇反补贴调查的形势特点如下。一是来势猛，我国遭遇反补贴和调查以及再调查案例增加迅猛。二是影响大。直接影响我国涉案行业和企业的出口。三是反常规。全球反补贴案件数量总体呈现下降趋势，但中国却成为全球反补贴的最大目标国。在林产品方面，WTO也制定了基本规则。如一成员对林产品的国内支持或出口补贴不符合的规定，即构成对进口林产品的贸易壁垒（谢怡，2011）。

专栏5－3

2019年3月27日，美国商务部对进口自中国的木柜和浴室柜发起反倾销和反补贴立案调查。2019年8月6日，美国商务部作出反补贴初裁。2019年10月3日，作出反倾销肯定性初裁。2020年2月24日，美国对进口自中国的木柜和浴室柜作出反倾销和反补贴肯定性终裁：（1）中国强制应诉企业大连美森木业有限公司（Dalian Meisen Woodworking Co.，Ltd.）的倾销率为262.18%，日照富凯木业有限公司（Rizhao Foremost Woodwork Manufacturing Company Ltd.）的倾销率为101.46%，获得单独税率的生产商/出口商倾销率为48.50%，洪泽安心厨家具有限公司（The Ancientree

Cabinet Co., Ltd.）的倾销率为4.37%，中国其他生产商/出口商的倾销率为262.18%。（2）强制应诉企业洪泽安心厨家具有限公司补贴幅度为13.33%，大连美森木业有限公司补贴幅度为18.27%，日照富凯木业有限公司补贴幅度为31.18%，德威国际贸易有限公司（Deway International Trade Co., Ltd.）和河南省艾迪嘉家具有限公司（Henan AiDiJia Furniture Co., Ltd.）补贴幅度为293.45%，中国其他生产商和出口商补贴幅度为20.93%。

③技术贸易壁垒

技术贸易壁垒最开始出现在发达国家，以美国为代表。比较出名的就是“332调查”，又称“常规性事实调查”，主要的依据就是美国《1930年关税法》第332条。该条款规定，美国国际贸易委员会可应美国总统、众议院、参议院财政委员会或美国贸易谈判代表等的要求，自行对包括美国与他国行业竞争态势在内的任何涉及关税和贸易的事件进行“常规性事实调查”并出具报告。

调查的企业将有可能争取到市场经济企业待遇，这也将意味着企业就有可能被排除在未来的反倾销、反补贴等贸易措施之外。尽管美国“332调查”的最终报告并不包含任何政策性建议，也不得为任何由总统实施的贸易行为提供法律依据，但调查经常成为美国未来启动反倾销、反补贴和保障措施等贸易救济措施的“先兆”。

专栏5-4

2006年11月底，美国胶合板产业的代表和参议员Ron Wyden致信美国政府称，来自中国的进口胶合板损害了美国胶合板产业。2007年2月28日，美国参议院财政委员会主席Max Baucus致信美国国际贸易委员会（简称ITC），要求ITC针对进口木地板和胶合板发起“332调查”，并要求ITC在接到该信（2007年3月6日）之日起15个月内向参议院提交关于

2002～2006年美国木地板和胶合板产业竞争力情况的评估报告。此次调查主要针对地板和胶合板，内容涉及美国实木和实木复合地板（成品和半成品）及胶合板市场的基本情况；美国木地板和胶合板行业以及向美国市场供货的主要国家（包括加拿大、中国、巴西、印度尼西亚、马来西亚和俄罗斯）产业的基本情况，包括产量、产能、就业和消费等趋势；美国贸易模式以及影响贸易模式的因素的调查，包括关税和其他边境措施；影响美国生产商同主要外国供货商之间竞争地位的各种因素的分析，包括原材料、非法采伐、技术水平、劳工状况、环境政策、政府政策以及木地板和胶合板的替代品的分析；行业、房屋建筑商、进口商以及其他的利益相关方在木地板和胶合板的供应和需求方面的基本情况，包括进口产品的作用以及每种产品的替代品。

本案在商务部和国家林业局领导下，中国林产工业协会牵头组织应诉、听证和全程策划。在大量事实面前，美国国际贸易委员会最终做出中国胶合板和木地板行业没有倾销和补贴的裁决，此案以我方胜利而告终。

④绿色贸易壁垒

绿色贸易壁垒（Green Trade Barriers）又称环境壁垒或生态壁垒，是指一些国家或区域组织以保护生态环境、自然资源和人类健康为由，通过制定环境标准和法规，对可能形成生态破坏和环境污染的一些国际贸易活动加以管制，而采取的限制进口的一种非关税贸易措施，是林产品经常面临的一种贸易壁垒，如《联合国气候变化框架公约》、《京都议定书》以及《雷斯法案》。

《雷斯法案》是美国第一部联邦自然保护法案。1900年5月签署生效后，在百年间经过历次修订，内容不断演化，适用领域日益广泛，已构成美国联邦野生动植物资源保护执法体系的基础。《雷斯法案》中的植物不仅包括根、种子及其他部分，也包括天然林和人工林的所有树木。产品包括木材、锯材、集成材、胶合板、刨花板、纤维板、木质家具、木门窗、木楼梯、木质玩具、木相框、木质工艺品、木质工具等。

自《雷斯法案》开始实施，最早根据《雷斯法案》处罚的两个案子均针对中国企业。与此同时，欧洲各国也陆续通过了类似《雷斯法案》的法案，其中比较有代表性的就是欧盟于 2013 年 3 月开始实施的《木材法案》。该法案主要是通过采取一系列措施追踪木材及木制品的来源，获得企业在采伐活动中是否遵守当地法律法规的信息，从而降低非法木材及木制品进入欧洲市场的风险。以欧美为代表的发达国家纷纷建立绿色贸易壁垒，这一趋势已经无法改变，我国以及共建“一带一路”国家的企业只有积极应对。

（2）林产品国际纠纷案例分析

当前世界各国对林产品所实施的贸易壁垒手段主要是“反倾销”。为什么中国的林产品容易遭受美国等发达国家的“反倾销”手段呢？主要有以下两点原因。

首先，以美国和欧盟为代表的发达国家和地区实体经济面临着不断下滑的严重考验，国内需求处于疲软状态。与此同时，美国和欧盟地区又恰是中国木质林产品的主要出口区域，中国政府为应对金融危机的负面影响曾多次修改林产品的出口退税政策，但是在这些政策遭受美国和欧盟等国和地区抵制的同时，中国木质林产品也不断遭到这些国家的反倾销调查。

其次，中国木质林产品的出口主要集中于劳动密集型的木质林产品且出口区域相对集中，这一特性使得中国木质林产品贸易在国际贸易保护主义加剧的情况下容易受到反倾销等贸易摩擦的冲击。尽管各贸易国出于不同的目的针对中国木质林产品实施反倾销行为，但是其反倾销行为得以实施的主要原因却大致相同，即中国有关应对反倾销的体系尚不健全，无法为本国产业在国际贸易市场中提供有力保护。

林产品贸易摩擦一旦发生，无论是否得到妥善解决，都会对林产品出口企业和相关行业及林业产业产生实质性影响。首先，涉及美国对华进行“反倾销”的中国企业经济损失严重。其次，整个行业发展广泛受阻。两起美对华林产品出口争端案使得我国家具和胶合板产业及相关行业的国际竞争力削弱、发展普遍遭遇障碍。

从以上两例美国对华林产品的“反倾销”案例中我们能吸取什么经验教训呢?

一方面，要了解 WTO 与世界通行规则和涉案国家相关规定（李建泉等，2014)，这对于争端应诉非常重要。只有随时追踪外贸游戏规则特别是 WTO 公认规则，才能在遭遇林产品贸易纠纷时，应用规则、收集证据，通过协商或法律途径保障合法权益。

另一方面，我们在应对“反倾销”案件时，要清楚地了解指控要点。在 WTO 框架下，进口国实施反倾销或反补贴必须有据可查；其中，反倾销的实施必须证明倾销事实存在、损害存在和损害与倾销有因果关系等三要件都成立。应诉方要推翻起诉方提供的证据和争端案受理当局的判决，就必须明确掌握案件起诉方的指控要害点，结合进口国贸易救济措施实施规则，有针对性地提供有利证据否定起诉方的相关指控。

(3) 中美外贸争端案件给“一带一路”倡议下中国林产品发展启示

综观我国跟美国等林产品外贸争端，深入剖析典型案件应诉得失，结合行业海外维权经验，总结出以下 3 个方面主要启示或应对策略，帮助中国林产品贸易在“一带一路”倡议下更好地发展。

①合理规划林产品出口新格局

我国现有的林产品出口结构不够合理，美对中国林产品出口市场和产品“双集中”现状是贸易争端频发的主要原因，因此，我国应亟须在研发出口新产品、优化贸易新格局的同时，提高出口产品质量，优化贸易商品结构，实现多元市场的布局，帮助我国林产品国际市场的开阔。

②要持续强化协会组织应对功能和平台建设

西方发达国家技术性贸易壁垒体系中，行业协会作用巨大。我国林业行业协会可借鉴国外先进的运作模式，强化协会组织应对功能，如收集和传递行业信息、规范和协调企业行为、推动行业整体健康发展。此外，也要加强信息网络平台建设，形成政府、协会、企业共同参与的林产品贸易纠纷预警和争端快速反应机制，及时分享最新政策、法律法规、技术标准及贸易壁垒，指导企业纠纷应对和案件应诉。

③提高企业的核心竞争力

中国林业企业和林产工业大多缺乏技术创新和产权意识，因此国际品牌意识淡薄、专利申请研究不深，使得外贸纠纷频发。因此，企业应该重视技术创新、研发具有自主知识产权的核心技术、积极申请专利保护，通过这些举措来提高商品质量和技术含量，提升林产品核心竞争力，推动整个产业不断升级，降低贸易摩擦风险和概率。

3. “一带一路”倡议对中国与共建“一带一路”国家间林产品贸易摩擦的影响

当前，林产品贸易壁垒的形式多样，贾祥翔等（2011）、唐帅等（2013）、田康等（2014）对中国林产品国际贸易壁垒的类型做了比较全面的概括，包括反倾销、反补贴、技术壁垒、绿色壁垒等。“一带一路”倡议的推广和实施对双边或者多边国家在面对林产品贸易壁垒的过程有什么影响？

“一带一路”倡议的推广往来使相关的贸易壁垒条件放宽。越来越多的国家加入“一带一路”倡议有助于中国对新兴市场的开拓（魏诗剑等，2019）。这不仅有助于中国形成新型林产品贸易合作网络，还能提高林产品对外贸易的抗风险能力，形成多元化市场格局。

随着“一带一路”建设的推进，共建“绿色丝绸之路”迅速扩展为共建国家的普遍共识，绿色“一带一路”建设平台不仅以其巨大的贸易潜力大幅抵消了绿色贸易壁垒对国际贸易发展的短期负面影响，更以其自身良好的示范效应有效地辅助并扩大了绿色贸易壁垒的长期积极影响，从而使绿色贸易壁垒手段得以在绿色“一带一路”建设平台支撑下更好地发挥作用。而绿色贸易壁垒的逐步优化又将直接提升共建国家的绿色发展水平，从而进一步在二者间形成良性循环，最终实现生态保护与贸易发展两大目标的协同推进，以构建人类绿色命运共同体为目标的“中国方案”，与共建国家共享绿色发展硕果。

但仍需正视的是，虽然“一带一路”倡议的实行为中国与共建“一带一路”国家之间的贸易往来提供了许多便利，但技术型贸易壁垒仍是中国林产品贸易发展的难题。“一带一路”虽然为中国林产品贸易发展带来新的契机，但同时也应该看到，在新的形势下，中国林产品贸易要实现竞争力的提升，仍需要不断突破发展中存在的各种困境。其中，技术型贸易壁垒是中国林产品贸易发展必然面临的重要难题。

结合共建“一带一路”国家的贸易特点和美国对华林产品反倾销的案例研究，中国应该怎么避免与共建“一带一路”国家之间的林产品贸易摩擦呢?

一方面，要提高国内森林认证标准。中国林产品贸易之所以会遭遇绿色贸易壁垒，主要原因是中国的森林认证标准未能够与发达国家接轨。因此，中国应该积极抓住“一带一路”的发展契机，提高中国森林认证标准，缩小国内外差距。除此之外，中国政府还应当积极参与国际森林认证标准的制定，发挥中国林产品贸易大国的中坚作用。

另一方面，要调整中国林产品贸易的产业结构。中国长期是以纸和纸制品等初级加工的产品为主的林产品贸易结构。但随着各国对环境保护的重视程度逐年增加，中国这种低附加值、高消耗的生产贸易模式亟待改善。中国政府可充分发挥“发起国”的自身优势，利用共建“一带一路”国家的资源及技术，引导企业调整林产品产业结构。比如降低初级林产品的出口份额、鼓励企业将林产品产业结构逐渐向低污染的方向调整等。

（三）小结

中国与共建“一带一路”国家贸易障碍主要体现在关税问题和贸易壁垒方面。通过本章节的分析可知，“一带一路”倡议的提出，将大大降低中国与共建“一带一路”国家贸易的关税，在林产品方面，除了个别人造板产品外基本实现了“零关税”。“一带一路”倡议提出后，中国更加注重与共建“一带一路”国家的经贸合作。为了进一步发掘与共建伙伴的经贸合作空间，中国在升级中国－新加坡、中国－巴基斯坦自贸协定的同时，也加大与孟加拉国、巴勒斯坦等欠发达国家的合作。特别是近年来中国也加大与孟加拉国、巴勒斯坦等欠发达国家的合作，2016 年之后与巴基斯坦、孟加拉国、缅甸等国家在林产品贸易方面基本实现了“零关税”。

当前共建“一带一路”国家贸易摩擦中，反倾销措施的案件数量较多，反补贴措施较少，针对林产品贸易的反倾销案件近年来也不断增多。“一带一路”倡议的提出在一定程度上可以缓解贸易摩擦的情况，但是未来始终会面对技术壁垒等挑战，所以我国政府积极采取政策措施，一方面，提高出口产品技术含量，增强产品的国际竞争力；另一方面，政府支持我国对外贸易企业进行海外直接投资，缓解贸易摩擦。

二　中国与共建“一带一路”国家贸易便利化分析

随着自由贸易的发展，传统关税和非关税贸易壁垒对贸易的影响大幅下降，口岸效率、海关环境等贸易程序的合理性问题成为对外贸易关注的重点，贸易双方通常会选择提高两国贸易便利化水平的方法来促进双方的贸易增长，“一带一路”建设也不例外。从理论上来讲，贸易便利化水平的提高有利于降低交易成本、简化贸易程序、提高通关效率。2017 年 2 月 22 日，WTO《贸易便利化协定》正式生效，这是 WTO 成立以来的首个多边贸易协定。据世贸组织估算，《贸易便利化协定》的实施将使全球贸易成本减少约 14.3%，到 2030 年将使全球出口额外增加 2.7%，推动全球经济额外增长 0.5%。发展中经济体和最不发达经济体的出口商品数量将分别增加 20% 和 35%，海外市场规模将分别扩大 30% 和 60%，这将有助于减少这些经济体在面对外部经济动荡时的脆弱性。就中国而言，林产品贸易面临着劳动力成本快速上涨、贸易成本增加的挑战，烦琐的贸易程序等隐形的贸易壁垒成为中国与共建“一带一路”国家林产品贸易的障碍。因此，中国要想借力与共建“一带一路”国家的合作来挖掘新的贸易潜力，进而改善林产品进出口贸易，突破口首先是这些国家的贸易便利化问题。

（一）贸易便利化指标体系构建

目前国内外学者对于贸易便利化指标体系尚未有统一的界定，但随着电子商务和金融服务的发展，贸易便利化的范围有逐渐扩大的趋势。根据WTO《贸易便利化协定》的内容，贸易便利化评价指标应该包括贸易法规透明度、进出口规费和手续、货物的放行与清关、进出口手续、过境自由和海关合作等。本节依据《贸易便利化协定》中的相关规定，并结合Wilson等（2004），孔庆峰、董虹蔚（2015），李好等（2017）贸易便利化指标体系的构建思想，选取物流条件、海关环境、规制环境、金融与电子商务4个一级指标，并细化为17个二级指标来对共建“一带一路”国家的贸易便利化水平进行测度。

由于共建“一带一路”所涉及的国家众多，考虑到篇幅问题，根据所要研究的具体问题，本节选择具有代表性的共建“一带一路”国家，即加入“一带一路”倡议中的与中国林产品贸易流量较大的国家。又考虑到2017年中国与共建“一带一路”国家贸易额前10位的国家分别为韩国、越南、马来西亚、印度、俄罗斯、泰国、新加坡、印度尼西亚、菲律宾和沙特阿拉伯，而增速最快的是哈萨克斯坦。我们最终选取了共建“一带一路”国家中与中国木材加工产品进出口贸易相对较多的13个国家，包括俄罗斯（东欧），波兰、罗马尼亚（中东欧），越南、菲律宾、马来西亚、印度尼西亚、新加坡（东南亚），印度、巴基斯坦（南亚），沙特阿拉伯、阿联酋（西亚），哈萨克斯坦（中亚）。这13个国家2017年与中国的木材加工产品进出口额之和占共建“一带一路”所有国家与中国的木材加工产品进出口贸易额的比例超过70%，能够代表中国与共建“一带一路”国家贸易的大体情况。数据时间为2007～2016年，十年的跨度时间较长，能够归纳出一定的规律和逻辑，相关数据来自世界经济论坛发布的《全球竞争力报告》（GCR）和透明国际组织发布的《全球清廉指数报告》（CPI），具有较强的说服力。具体的贸易便利化指标体系构建如表5－5所示。

①物流条件：该指标反映交通设施建设程度和运输效率，包括公路基础设施质量、铁路基础设施质量、港口基础设施质量和空运基础设施质量4个指标，得分范围为1~7分，得分越高代表基础设施越完善，运输效率越高，越有利于林产品贸易的开展。

②海关环境：该指标衡量通关成本、海关程序和过境管理透明度，包括贸易壁垒盛行度和海关程序负担2个指标，得分范围为1~7分，得分越高代表该国通关成本越低，海关程序越便捷，越有利于促进贸易和外商直接投资。

③规制环境：该指标反映政策透明度和司法效率等影响贸易的制度环境，包括清廉指数、公众对政府行为的信任程度、司法独立性等6项指标，除清廉指数得分范围为0~100分外，其余指标均为1~7分，得分越高代表该国的政策环境越透明，治理效率越高，越有利于为国际贸易提供良好的政策激励机制。

④金融与电子商务：该指标衡量金融服务的便利性和电子商务的发展程度，包括金融服务的便利性、金融服务的负担能力、新技术的可获得性、企业对技术的吸收、互联网用户比例等5项指标，除互联网用户比例得分范围为0~100分，其余指标得分范围为1~7分，得分越高代表该国的金融市场越成熟，新技术和电子商务应用越广泛。

表5-5 贸易便利化测评指标体系

一级指标	二级指标	得分范围	指标来源
物流条件	公路基础设施质量（Quality of roads）	1~7分	GCR
	铁路基础设施质量（Quality of railroad infrastructure）	1~7分	GCR
	港口基础设施质量（Quality of port infrastructure）	1~7分	GCR
	空运基础设施质量（Quality of air transport infrastructure）	1~7分	GCR
海关环境	贸易壁垒盛行度（Prevalence of non - Tariff barriers）	1~7分	GCR
	海关程序负担（Burden of customs procedures）	1~7分	GCR

续表

一级指标	二级指标	得分范围	指标来源
规制环境	清廉指数（Corruption Perceptions Index）	0～100 分	CPI
	公众对政府行为的信任程度（Public trust in politicians）	1～7 分	GCR
	司法独立性（Judicial independence）	1～7 分	GCR
	政府管制的负担（Burden of government regulation）	1～7 分	GCR
	法律法规解决争端的效率（Efficiency of legal framework in settling disputes）	1～7 分	GCR
	政府制定政策的透明度（Transparency of government policymaking）	1～7 分	GCR
金融与电子商务	金融服务的便利性（Availability of financial services）	1～7 分	GCR
	金融服务的负担能力（Affordability of financial services）	1～7 分	GCR
	新技术的可获得性（Availability of latest technologies）	1～7 分	GCR
	企业对技术的吸收（Firm - level technology absorption）	1～7 分	GCR
	互联网用户比例（Individuals using Internet）	0～100 分	GCR

资料来源：作者根据文献整理。

（二）贸易便利化水平测算

本节首先用贸易便利化二级指标除以其可能取得的最大值的线性变换方法，即 $X_j = y_j/y_j^{max}$，其中 X_j 为将所有二级指标转化为取值范围在 0～1 的标准化指标，y_j 为 j 指标的原始数值，y_j^{max} 为 j 指标可以取得的最大值，然后利用主成分分析法对各指标的权重进行赋值，应用 Stata 软件提取三个主成分 Comp1、Comp2、Comp3，涵盖 17 个贸易便利化二级指标 85% 以上的信息，分别用每个主成分各指标对应的系数乘该主成分的贡献率再除以三个主成分的累积贡献率，最后相加求和并进行归一化处理（李豫新、郭颖慧，2014），从而确定各年份贸易便利化指标综合评价体系，根据主成分分析法得到的综合评价模型，得到了表 5 - 6 所示的 2007～2016 年共建“一带一路”13 个国家的贸易便利化水平得分。

表 5－6　2007～2016 年中国与共建“一带一路”国家贸易便利化测评结果

地　区	国家	2007年	2008年	2009年	2010年	2011年	2012年	2013年	2014年	2015年	2016年
东　亚	中国	0.51	0.56	0.57	0.60	0.60	0.60	0.60	0.61	0.60	0.61
中　亚	哈萨克斯坦	0.43	0.46	0.45	0.49	0.49	0.55	0.55	0.54	0.56	0.55
东南亚	越南	0.44	0.47	0.51	0.51	0.49	0.49	0.49	0.50	0.51	0.51
	菲律宾	0.43	0.45	0.43	0.45	0.46	0.51	0.52	0.53	0.52	0.48
	马来西亚	0.71	0.71	0.67	0.69	0.71	0.73	0.71	0.74	0.74	0.72
	印度尼西亚	0.44	0.49	0.52	0.54	0.52	0.54	0.56	0.57	0.56	0.57
	新加坡	0.86	0.88	0.88	0.88	0.88	0.88	0.86	0.85	0.86	0.85
南　亚	印度	0.55	0.55	0.55	0.57	0.54	0.56	0.56	0.54	0.56	0.60
	巴基斯坦	0.46	0.47	0.47	0.49	0.49	0.50	0.50	0.49	0.49	0.48
中东欧	波兰	0.46	0.47	0.49	0.52	0.53	0.54	0.53	0.54	0.57	0.56
	罗马尼亚	0.44	0.48	0.47	0.46	0.44	0.44	0.46	0.50	0.52	0.48
西　亚	沙特阿拉伯	0.56	0.62	0.63	0.69	0.71	0.71	0.68	0.67	0.67	0.66
	阿联酋	0.71	0.74	0.78	0.76	0.76	0.78	0.79	0.81	0.81	0.81
东　欧	俄罗斯	0.42	0.44	0.43	0.46	0.45	0.46	0.49	0.52	0.52	0.52

资料来源：作者根据《全球竞争力报告》和《全球清廉指数报告》计算。

沿用以往学者研究方法，将贸易便利化水平测度值分为四个等级：小于 0.6 为贸易不便利，0.6～0.7 表示一般便利，0.7～0.8 为比较便利，大于 0.8 则为贸易程度非常便利。如表 5－7 所示，13 个国家中新加坡贸易便利化水平最高，稳居共建国家第一，连续十年贸易便利化水平得分处于 0.8 以上；阿联酋紧随其后，2007～2013 年贸易便利化得分为 0.7～0.8，2014 年之后贸易便利化得分在 0.8 以上；马来西亚位居第三，贸易便利化得分处于 0.6～0.8，贸易较为便利；也有贸易便利化水平较低的国家，如哈萨克斯坦、越南、菲律宾、印度、巴基斯坦等国，贸易便利化得分均处于 0.6 或以下，贸易便利化水平较低。作为“一带一路”倡议的发起者，中国的贸易便利化水平处于中上等，“一带一路”倡议不仅利己，也为共建国家带来福祉。从总体上看，共建“一带一路”国家的贸易便利化水平差异明显，大部分国家的贸易便利化还处于较低的水平，有较大的提升空间，整体的贸易环境仍需不断改善。陆上丝绸之路和海上丝绸之路紧密结合，在欧亚非大陆建立全方位的互联互通，利用"一带一路"的红利，促进贸易程序的简化和协调，使共建国家的贸易和投资便利化程度有所提升。

从地区上看，西亚国家整体便利化程度比亚洲其他地区要高；东南亚贸易便利化水平差距明显，发达国家便利化水平在 0.8 以上，如新加坡，其余国家则在 0.5 左右，如越南、菲律宾、印度尼西亚。2007～2016 年共建"一带一路"13 个国家的贸易便利化水平均有小幅波动，整体呈逐渐上升趋势，尤其是 2013 年以后，在"一带一路"倡议的推动下，贸易便利化的上升趋势尤为显著。2007～2016 年，亚洲地区整体上贸易便利化水平稳步上升，自 2009 年起，由一般便利进入比较便利的行列中。

接下来，我们具体来看各国的物流条件、海关环境、规制环境、金融与电子商务，并分析对林产品贸易的影响。

1. 物流条件

贸易畅通是"一带一路"的重要内容，而物流便利化是贸易畅通的基础，近年来随着关税和传统非关税壁垒影响弱化，海关清关程序烦琐、物流基础设施落后、物流难以追踪以及货物运送周期长等成为摆在各国面前的难题，低效的物流将阻碍国际贸易的良好发展。

林产品大多体积庞大、质量沉重。因此，对于林产工业来说，林产品贸易国的物流条件至关重要。贸易便利化的物流水平包括公路基础设施质量、铁路基础设施质量、港口基础设施质量和空运基础设施质量 4 个维度，反映了各国物流便利化水平。各分项指标评分采取 7 分制，分数越高，对应指标的质量越高。

公路基础设施质量的改善较为缓慢，大多数国家的公路基础设施在 10 年间都没有大的变动。但值得一提的是，2013 年之后共建"一带一路"国家的公路基础设施都有或多或少的改善。这与"一带一路"倡议的提出和促进贸易便利化改革的措施密不可分，通过加强物流基建，提升了货运的便利性，使共建“一带一路”地区贸易便利化程度得到明显且稳定的提升。经济较为发达的国家的基础设施较好，如新加坡、阿联酋的公路运输条件评分都超过6分，接近满分7分，其优秀的运输条件为经济的发展提供了良好的基础。中国的公路便利化水平一般，但2007~2016年中国的公路基础设施一直在不断改善，表明中国政府推进共建“一带一路”建设的决心。

表5-7展示了2007~2016年共建“一带一路”国家的铁路基础设施情况。同样的，铁路基础设施质量的改善也较为缓慢，大多数国家的公路基础设施在10年间也没有大的变动。俄罗斯是世界上木材储量最大的国家，是中国最大的木材供应国，如表5-7所示，俄罗斯的铁路基础设施较好，我国与俄罗斯陆路接壤，每年可以通过铁路从俄罗斯进口大量的木材原料。而2007~2016年中国的铁路便利化水平也在不断改善，故而木材原料在境内的运输也越来越便捷。

表5-7 2007~2016年中国与共建“一带一路”国家铁路基础设施质量情况

单位：分

地区	国家	2007年	2008年	2009年	2010年	2011年	2012年	2013年	2014年	2015年	2016年
东亚	中国	3.90	4.10	4.10	4.30	4.60	4.60	4.70	4.80	5.00	5.10
中亚	哈萨克斯坦	3.50	3.60	3.00	4.00	3.90	4.30	4.40	4.20	4.20	4.30
东南亚	越南	2.30	2.40	2.80	2.90	2.50	2.60	3.00	3.00	3.20	3.10
	菲律宾	1.70	1.80	1.70	1.70	1.70	1.90	2.10	2.30	2.20	2.00
	马来西亚	5.10	5.00	4.80	4.70	5.00	4.90	4.80	5.00	5.10	5.10
	印度尼西亚	2.70	2.80	2.80	3.00	3.10	3.20	3.50	3.70	3.60	3.80
	新加坡	5.70	5.60	5.70	5.80	5.70	5.70	5.60	5.60	5.70	5.70
南亚	印度	4.50	4.40	4.50	4.60	4.40	4.40	4.80	4.20	4.10	4.50
	巴基斯坦	3.20	3.00	3.10	3.10	2.80	2.60	2.50	2.50	2.80	3.10

续表

地区	国家	2007年	2008年	2009年	2010年	2011年	2012年	2013年	2014年	2015年	2016年
中东欧	波兰	3.10	1.90	2.80	2.70	2.50	2.40	2.60	2.90	3.10	3.30
	罗马尼亚	2.90	2.70	2.70	2.50	2.40	2.20	2.30	2.90	2.80	2.40
西亚	沙特阿拉伯	3.00	2.80	3.00	3.60	4.00	3.70	3.40	3.10	3.00	3.00
	阿联酋	2.10	2.50	2.50	2.50	2.50	2.50	2.50	2.50	2.50	2.50
东欧	俄罗斯	4.10	4.00	3.90	4.10	4.20	4.20	4.20	4.30	4.30	4.40

资料来源：《全球竞争力报告》。

表5-8展示了2007~2016年共建“一带一路”国家港口基础设施质量情况，对于林产品贸易来说最重要的贸易国港口基础设施质量情况。在14个国家中，新加坡、阿联酋、马来西亚和沙特阿拉伯的港口条件远好于其他国家。其中，新加坡作为著名的转口贸易港，转口贸易非常发达，从而使我国能够利用其出色的港口条件，通过新加坡进口海外的木材原料。马来西亚的木材资源相对较丰富，其优秀的港口条件使得中国与其木制品双边贸易合作不断加强，截至2010年，中国已成为马来西亚木材及木材产品的第五大出口市场。而印度尼西亚作为亚太地区森林面积名列前茅的国家，港口基础设施质量却在4分以下，港口条件较差，在一定程度上阻碍了中国与其林产品贸易的发展。

表5-8 2007~2016年中国与共建“一带一路”国家港口基础设施质量情况

单位：分

地区	国家	2007年	2008年	2009年	2010年	2011年	2012年	2013年	2014年	2015年	2016年
东亚	中国	4.00	4.30	4.30	4.30	4.50	4.40	4.50	4.60	4.50	4.60
中亚	哈萨克斯坦	3.30	3.20	3.50	3.30	3.60	3.40	2.70	2.70	2.90	3.10
东南亚	越南	2.80	2.80	3.30	3.60	3.40	3.40	3.70	3.70	3.90	3.80
	菲律宾	2.80	3.20	3.00	2.80	3.00	3.30	3.40	3.50	3.20	2.90
	马来西亚	5.70	5.70	5.50	5.60	5.70	5.50	5.40	5.60	5.60	5.40
	印度尼西亚	2.70	3.00	3.40	3.60	3.60	3.60	3.90	4.00	3.80	3.90
	新加坡	6.80	6.80	6.80	6.80	6.80	6.80	6.80	6.70	6.70	5.70
南亚	印度	3.50	3.30	3.50	3.90	3.90	4.00	4.20	4.00	4.20	4.50
	巴基斯坦	3.70	3.70	4.00	4.00	4.10	4.40	4.50	4.40	4.10	3.70

续表

地　区	国家	2007年	2008年	2009年	2010年	2011年	2012年	2013年	2014年	2015年	2016年
中东欧	波兰	3.20	2.60	2.90	3.30	3.40	3.50	3.70	4.00	4.00	4.10
	罗马尼亚	3.00	3.10	3.30	3.00	2.80	2.60	3.00	3.40	3.40	3.40
西　亚	沙特阿拉伯	4.50	4.50	4.70	5.20	5.40	5.30	5.10	5.00	4.80	4.60
	阿联酋	6.00	6.10	6.20	6.20	6.20	6.40	6.40	6.50	6.50	6.40
东　欧	俄罗斯	3.70	3.70	3.50	3.70	3.70	3.70	3.90	3.90	3.90	4.00

资料来源：《全球竞争力报告》。

另外，由于空中运输成本较高，利润微薄的林产品贸易公司往往不会选择航空方式来运输木料，因此运输条件中的空运基础设施对林产品贸易的重要程度相对较低，本节中不进行具体分析。

2. 海关环境

“一带一路”倡议通过积极促进商签自贸区的建立和投资保护协定的签订，建立高水平的自由贸易区网络，降低或消除贸易壁垒，加强各国海关、检验检疫、标准认证部门和机构之间的合作，推进监管互认、信息共享和标准兼容，提高相互开放水平，营造更为宽松、透明、公平竞争的商业环境，降低经贸合作成本。

木材原料及林产品的体积较大，海关效率水平的提升，从共建国家的角度分析，可以减少仓储费用，促进林产品贸易发展。因此，各国的海关环境对于共建“一带一路”国家的林产品贸易十分重要。本节从贸易壁垒和海关程序复杂度两个方面评价共建“一带一路”国家的海关环境，数据如表5-9所示。

表5-9　2007~2016年中国与共建“一带一路”国家海关环境

单位：分

地　区	国家	2007年	2008年	2009年	2010年	2011年	2012年	2013年	2014年	2015年	2016年
东　亚	中国	4.25	4.50	4.60	4.55	4.45	4.10	4.25	4.40	4.20	4.35

续表

地区	国家	2007年	2008年	2009年	2010年	2011年	2012年	2013年	2014年	2015年	2016年
中亚	哈萨克斯坦	3.35	3.35	3.20	3.70	3.75	4.15	4.25	4.15	4.35	4.35
东南亚	越南	3.55	3.65	3.85	3.80	3.55	3.50	3.75	3.95	3.85	3.70
	菲律宾	3.85	3.55	3.60	3.65	3.60	3.75	3.80	4.00	4.00	3.85
	马来西亚	4.90	4.70	4.55	4.55	4.90	4.95	4.90	5.15	5.15	5.00
	印度尼西亚	4.10	4.30	4.35	4.30	4.10	4.15	4.15	4.05	3.90	4.10
	新加坡	6.30	6.40	6.40	6.25	6.15	6.05	5.90	5.80	5.90	6.00
南亚	印度	4.20	4.15	4.15	4.10	4.00	4.00	4.10	4.00	4.25	4.60
	巴基斯坦	3.75	3.75	3.80	3.85	3.75	3.75	3.95	4.05	3.70	3.65
中东欧	波兰	4.15	4.25	4.35	4.55	4.50	4.25	4.20	4.35	4.35	4.60
	罗马尼亚	4.10	4.35	4.45	4.40	3.90	3.45	3.55	3.85	4.25	4.40
西亚	沙特阿拉伯	4.20	4.60	4.95	5.10	5.20	5.00	4.60	4.35	4.45	4.60
	阿联酋	5.60	5.70	5.35	5.85	5.60	5.65	5.70	5.75	5.75	5.80
东欧	俄罗斯	3.40	3.35	3.15	3.20	3.15	3.20	3.55	3.80	3.80	3.85

资料来源：《全球竞争力报告》。

我国工业用原木进口量及锯材进口量居于世界首位，同时也是人造板，尤其是胶合板的出口大国，因此中国林业产业的稳步发展离不开本国及贸易各国良好的海关环境。海关环境的改善主要体现在贸易壁垒的减少及海关程序的简化上，对中国林产品贸易而言，贸易各国海关环境的优化包含降低通关成本、减轻海关程序负担、节约时间成本，这些都可以促进林产品出口量的增加。根据表 5 -9，亚太地区森林资源相对较为丰富的印度尼西亚和马来西亚的海关环境中等偏上，有利于中国与其进行林产品贸易。而俄罗斯的海关环境相对较差，阻碍了林产品贸易的发展，因此需考虑通过直接投资等多种方式间接促进林业产业的发展。

3. 规制环境

在经济全球化的背景下，共建“一带一路”并非“另起炉灶”，而是

“致力于维护全球自由贸易体系和开放型世界经济”。“一带一路”倡议提出将各国政治协商常态化，提高政策的透明度和司法效率，减少信息的不对称，降低由合约执行的不确定性带来的无形交易成本。规制环境的改善有利于林产品贸易的公开透明，降低贸易中的政治风险，各国的规制环境评价数据如表 5 - 10 所示。

表 5 - 10　2007 ~ 2016 年中国与共建“一带一路”国家规制环境评价数据

单位：分

地　区	国家	2007年	2008年	2009年	2010年	2011年	2012年	2013年	2014年	2015年	2016年
东　亚	中国	0.47	0.52	0.52	0.56	0.55	0.56	0.56	0.55	0.54	0.55
中　亚	哈萨克斯坦	0.40	0.42	0.41	0.45	0.45	0.50	0.50	0.49	0.52	0.51
东南亚	越南	0.42	0.45	0.51	0.47	0.46	0.45	0.45	0.44	0.46	0.45
	菲律宾	0.38	0.37	0.34	0.35	0.36	0.42	0.44	0.46	0.45	0.43
	马来西亚	0.65	0.63	0.56	0.57	0.61	0.64	0.63	0.67	0.67	0.64
	印度尼西亚	0.39	0.43	0.48	0.48	0.47	0.48	0.49	0.53	0.52	0.52
	新加坡	0.85	0.88	0.85	0.87	0.87	0.84	0.84	0.82	0.84	0.86
南　亚	印度	0.49	0.48	0.50	0.49	0.46	0.47	0.48	0.51	0.54	0.55
	巴基斯坦	0.40	0.39	0.38	0.41	0.42	0.44	0.44	0.42	0.42	0.40
中东欧	波兰	0.42	0.40	0.43	0.48	0.49	0.49	0.49	0.49	0.50	0.48
	罗马尼亚	0.39	0.41	0.40	0.40	0.38	0.39	0.40	0.45	0.47	0.42
西　亚	沙特阿拉伯	0.55	0.59	0.60	0.65	0.68	0.65	0.63	0.63	0.64	0.66
	阿联酋	0.69	0.71	0.72	0.69	0.70	0.74	0.75	0.77	0.77	0.80
东　欧	俄罗斯	0.34	0.34	0.33	0.37	0.37	0.38	0.40	0.42	0.42	0.43

资料来源：作者根据《全球竞争力报告》计算。

规制环境则主要涉及政策的透明度和司法效率等问题，可以通过营造良好的营商环境、减少信息的不对称降低由合约执行的不确定性带来的无形交易成本。若共建国家的规制环境改善，林产品出口企业可以更加快捷地获取进口国的贸易政策法规，由此降低由林产品的市场准入和技术准入等差异造成的间接交易成本。根据表 5 - 10，规制环境最好的国家是新加坡，而罗马尼亚和菲律宾都相对较差。总体来说，森林资源较为丰富的国家，大多规制环境较为恶劣，给林产品贸易的发展带来了很大的阻碍。

4. 金融与电子商务

金融与电子商务环境是市场主体赖以生存和发展的土壤，是一个国家和地区的重要竞争力。良好的金融与电子商务环境有助于吸引外资，降低创业成本，从而促进国家或地区的经济发展。自 2013 年我国提出“一带一路”倡议以来，为促进共建国家贸易畅通，各国政府不断推出更加开放自由的对外政策，提高本国的金融水平和电子商务水平，从而为企业提供更好的营商环境。

金融与电子商务的发展能在极大程度上减少地域限制。从表 5－11 可以清晰地看出，2007～2016 年中国在金融以及电子商务方面有了急速的发展，而除印度外，其他国家的金融与电子商务也都有所改善。对中国而言，电子商务等信息技术的应用能够节约采购成本和人力成本，缩减订单周期，提高林产品出口的数量，互联网金融的发展可为出口提供便捷的金融服务平台，激励企业创新商业模式，提高出口产品的质量。而对俄罗斯等国家来说，其国内金融与电子商务的发展则将增加林产品的多样化需求，促进林产品进口数量和种类的增加。

表 5－11　2007～2016 年中国与共建“一带一路”国家金融与电子商务情况

单位：分

地　区	国家	2007年	2008年	2009年	2010年	2011年	2012年	2013年	2014年	2015年	2016年
东亚	中国	0.45	0.49	0.53	0.59	0.61	0.60	0.60	0.60	0.61	0.60
中亚	哈萨克斯坦	0.44	0.45	0.46	0.54	0.53	0.59	0.62	0.61	0.61	0.61
东南亚	越南	0.46	0.50	0.52	0.56	0.54	0.52	0.52	0.52	0.54	0.58
	菲律宾	0.49	0.53	0.53	0.58	0.62	0.64	0.66	0.65	0.64	0.60
	马来西亚	0.71	0.73	0.74	0.75	0.76	0.76	0.76	0.78	0.78	0.75
	印度尼西亚	0.48	0.50	0.53	0.56	0.56	0.58	0.59	0.61	0.60	0.58
	新加坡	0.75	0.81	0.84	0.83	0.83	0.84	0.83	0.83	0.85	0.83

续表

地　区	国家	2007年	2008年	2009年	2010年	2011年	2012年	2013年	2014年	2015年	2016年
南亚	印度	0.58	0.60	0.60	0.60	0.61	0.60	0.60	0.50	0.51	0.56
	巴基斯坦	0.46	0.47	0.48	0.51	0.52	0.50	0.51	0.51	0.52	0.48
中东欧	波兰	0.51	0.56	0.59	0.64	0.64	0.64	0.64	0.61	0.66	0.65
	罗马尼亚	0.46	0.56	0.51	0.53	0.53	0.54	0.57	0.59	0.60	0.55
西亚	沙特阿拉伯	0.49	0.59	0.62	0.71	0.72	0.73	0.73	0.72	0.72	0.69
	阿联酋	0.66	0.71	0.86	0.82	0.80	0.79	0.83	0.84	0.84	0.82
东欧	俄罗斯	0.42	0.47	0.48	0.54	0.52	0.52	0.56	0.61	0.62	0.59

资料来源：作者根据《全球竞争力报告》计算。

（三）小结

虽然中国政府推进“一带一路”建设的决心使得中国贸易便利化程度一直在不断改善。但共建“一带一路”国家的贸易便利化水平仍然存在较大差异，各国在贸易便利化方面都存在提升空间。因此，在“一带一路”推进进程中，共建“一带一路”国家要实现林产品贸易的互利共赢，必须要以贸易便利化水平的提升为突破口，使其不断释放出林产品质量提升和林产结构优化升级的正向聚合效应。

具体来讲，中国应加大对落后国家或地区公路、铁路、港口等基础设施的投资力度，借助丝路基金、亚洲基础设施投资银行、金砖国家开发银行等投融资平台，加快推进基础设施的互联互通；鼓励各国通过减少贸易单证数量、推进无纸化通关等方式简化通关手续，建立林产品贸易数据库，提高海关贸易数据收集的效率和质量，不断优化海关环境；与共建“一带一路”国家构建良好的规制环境，提高贸易政策的透明度和法律执行力，尝试搭建林产品贸易政策、法规和措施等数字信息共享平台，实现“一带一路”林业信息互通共享；借助互联网平台构建林产品贸易的物流、信息流与技术流畅通的网络体系，促进中国林产品进出口企业采用跨境电子商务等新型贸易模式，提高贸易效率；积极参与国际组织关于贸易便利化的议题，主动学习和借鉴其他国家在提升贸易便利化水平方面的成功经验和方法，共同将其应用于“一带一路”建设。

三　本章小结

“一带一路”倡议旨在分享中国发展机遇，实现共同繁荣。中国作为全球最大的木质林产品贸易国和“一带一路”倡议的发起国，加强中国与共建“一带一路”国家的双边贸易网络不仅帮助中国建设适宜自身发展的全球经济治理机制，也为林产品贸易的发展进一步创造了条件。从贸易摩擦角度看，“一带一路”倡议的提出不仅帮助中国与共建“一带一路”国家林产品贸易基本实现了关税的降低，也在一定程度上缓解非关税贸易摩擦，特别是林产品贸易的反倾销严重的现状。在贸易便利化方面，“一带一路”的推进使得 2013 年之后，共建国家的贸易便利化水平有所改善。当然，中国与共建“一带一路”国家林产品贸易在未来还存在一定的挑战，首先，随着经济的发展，绿色和技术贸易壁垒越来越受到重视，各国为了维护本国市场秩序，纷纷出台严格的政策，而国际森林认证标准与国内标准仍存在较大差异，这将使中国林产品在国际市场上备受争议，加大中国林产品进军国际市场的难度；其次，共建“一带一路”国家的贸易便利化水平差异明显，大部分国家的贸易便利化还处于较低的水平，要充分利用“一带一路”倡议的红利，简化贸易程序，整体的贸易环境仍需不断改善；最后，“一带一路”中森林资源较为丰富的国家，规制环境大多较为恶劣，给林产品贸易的发展带来了很大的阻碍，为降低由合约执行的不确定性带来的无形交易成本，使得林产品贸易更加公开透明，各国的规制环境仍需改善。

近年来，共建“一带一路”国家林业合作取得新进展，中国与重点国家和地区的合作机制不断完善。无论是建立中蒙俄林业合作机制，还是与东盟建立“1 +10”林业合作机制，都体现了中国贸易便利化水平的不断提高，同时预示着中国与共建“一带一路”国家的林产品贸易向着更好的方向发展。据统计，2018 年我国与共建"一带一路"国家的林产品贸易同比增长 4.7%，占我国林产品贸易总额的 32%。未来，"一带一路"建设的持续推进，将为我国林产品贸易高质量发展凝聚新动能，为中国与共建"一带一路"国家林产品贸易创造新的发展条件。

主要参考文献

[1] 白明：《"一带一路"沿线国家贸易摩擦的法律治理》，《苏州大学学报》（法学版）2017 年第 3 期，第 13～21 页。

[2] 初小宗：《美国对华"双反"调查法律问题研究》，广西大学硕士学位论文，2018。

[3] 顾晓燕：《中国木质林产品出口贸易结构的实证研究》，合肥工业大学出版社，2011。

[4] 管志杰、沈杰：《森林认证实施现状与趋势分析》，《世界林业研究》2011 年第 1 期，第 74～77 页。

[5] 侯梦薇、万月、孙铭壕：《"一带一路"倡议下中国区域经济合作研究——基于贸易摩擦视角》，《商业经济研究》2019 年第 5 期，第 122～125 页。

[6] 胡晓丽、陈继元：《"一带一路"对我国对外贸易摩擦影响分析》，《价值工程》2018 年第 33 期，第 289～292。

[7] 贾祥翔等：《我国林产品对外贸易壁垒及应对策略》，《林产工业》2011 年第 1 期，第 12～15 页。

[8] 孔庆峰、董虹蔚：《"一带一路"国家的贸易便利化水平测算与贸易潜力研究》，《国际贸易问题》2015 年第 12 期，第 158～168 页。

[9] 李翠：《试论对外贸易摩擦的现状及对策》，《金卡工程：经济与法》2009 年第 5 期，第 95～96 页。

[10] 李好、南添、黎冬凌：《中国与新兴湄公河国家贸易便利化水平测度研究》，《会计与经济研究》2017 年第 1 期，第 117～127 页。

[11] 李剑泉、田康、叶兵：《我国林产品国际贸易争端案例分析及启示》，《林业经济》2014 年第 1 期，第 46～54 页。

[12] 李豫新、郭颖慧：《中国新疆与周边国家边境贸易便利化水平研究》，《国际商务研究》2014 年第 1 期，第 24～33 页。

[13] 刘晋波：《我国反倾销法法理体系的构建》，《上海商学院学报》2008 年第 4 期，第 58 ~ 61 + 65。

[14] 刘永泉：《“一带一路”区域价值链的基本条件——基于中国木质林产品的分析》，《林业经济》2019 年第 2 期，第 55 ~ 61 页。

[15] 唐帅等：《福建林产品出口面临的主要贸易壁垒及其应对策略》，《价格月刊》2013 年第 4 期，第 56 ~ 59 页。

[16] 田康、李剑泉、叶兵：《中国林产品国际贸易壁垒类型现状与趋势》，《世界农业》2014 年第 9 期，第 48 ~ 52 + 195 页。

[17] 万璐、程宝栋：《中国林产品贸易的亚太区域格局及发展趋势》，《国际贸易》2017 年第 8 期，第 29 ~ 36 页。

[18] 王语涵、张廷海：《“一带一路”背景下我国对外贸易的变化格局及贸易摩擦防范》，《哈尔滨学院学报》2019 年第 7 期，第 43 ~ 46 页。

[19] 魏诗剑、曹玉昆、朱震锋：《“一带一路”背景下中国林产品贸易发展的策略分析》，《林业科技》2019 年第 1 期，第 57 ~ 62 页。

[20] 谢怡：《中国林产品出口贸易摩擦对策及案例研究》，中国林业科学研究院硕士学位论文，2011。

[21] 尹翔硕、李春顶、孙磊：《国际贸易摩擦的类型、原因、效应及化解途径》，《世界经济》2007 年第 7 期，第 74 ~ 85 页。

[22] John S. Wilson, Catherine L. Mann, Tsunehiro Otsuki, "Assessing the Benefits of Trade Facilitation: A Global Perspective," *World Economy*, 2004, 28 (6): 841 - 871.

[23] Johnson Harry, G., "Optimum Welfare and Maximum Revenue Tariffs," *The Review of Economic Studies*, 1954, 19 (1): 28 - 35.

第六章

中国与共建“一带一路”国家林产品贸易增长潜力分析

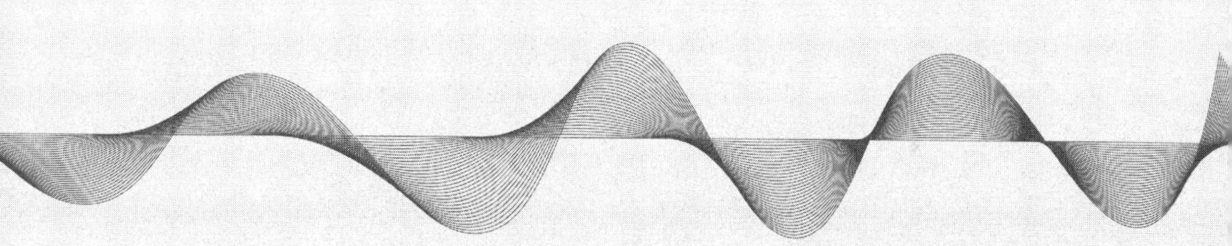

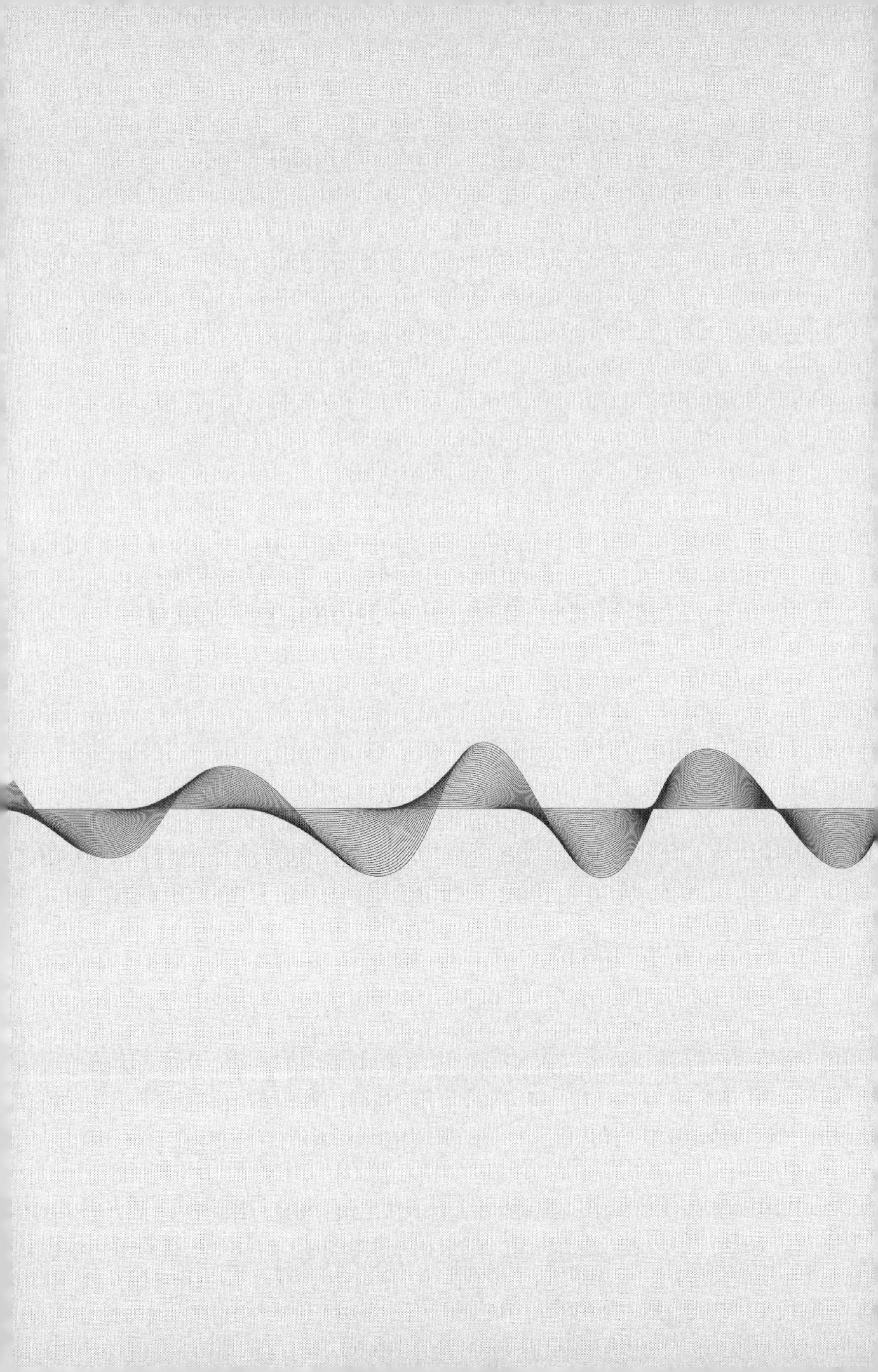

中国与共建“一带一路”国家林产品贸易额总体上呈不断上升的趋势，未来贸易潜力较大。从总量上看，中国与共建“一带一路”国家的林产品贸易额由2009年的110亿美元增加至2018年的275.4亿美元，增长了约1.5倍，占中国林产品进出口贸易总额的平均比重约为24.6%。从贸易结构来看，中国林产品贸易大多以贴牌生产和代工生产为主，属于“两头在外”的加工贸易，缺乏技术创新与品牌引领，高端环节牢牢地被发达国家把控，这种情形使中国林产品贸易面临“价值链低端锁定”风险。目前，各国经济仍处于金融危机之后的深度调整之中，全球经济格局正发生巨大转变，“一带一路”建设的推进，又为全球经济格局的重塑增添了更多可能性，而且许多共建“一带一路”国家林业资源丰富，如俄罗斯、印度尼西亚、波兰等，新的林产品贸易渠道的挖掘、林产品贸易格局的变动都给中国林产品贸易转型升级提供了机遇。如何进一步通过林业对外贸易来促进林业改革和发展，借力“一带一路”平台，促使林产品“走出去”，为林业发展注入新活力，在新时代下具有更为重大的价值和意义。基于此，本章首先测算了中国与共建“一带一路”国家林产品贸易的三元边际，将中国对共建“一带一路”国家的林产品出口增长分解为广度增长、数量增长与价格增长；并进一步运用引力模型分析了不同国家市场的贸易潜力情况，从而为中国与共建“一带一路”国家林产品贸易的发展方向提出有针对性的见解和思考。

一 中国与共建“一带一路”国家林产品贸易增长的三元边际

中国与共建“一带一路”国家的林产品贸易有较强的互补性，因此，应积极抓住这一机遇，进一步加强与共建“一带一路”国家在林业领域的合作，扩大林产品的出口规模。若想达到上述目标，就有必要对中国向共建“一带一路”国家林产品出口的增长模式进行全面深入的了解。近年来，新新贸易理论的兴起为我们认识一国的贸易增长模式提供了新的视角。根据该理论，出口贸易可以分解为产品种类、产品数量以及产品价格，这三方面相对比重及增长速度的不同意味着出口贸易的不同模式。具体来说，一国的出口增长包括扩展边际（广度增长）和集约边际（深度增长），而集约边际又可以进一步分解为数量边际和价格边际。若一国的出口主要沿着数量边际增长，则该增长模式就比较脆弱，并且会造成一国的贸易条件恶化；若一国的出口主要沿着扩展边际或价格边际增长，则能够在一定程度上避免上述情况。基于此，本节拟将2006~2017年中国对共建“一带一路”国家的林产品出口贸易分解为产品种类、产品数量以及产品价格，深入剖析中国与共建“一带一路”国家林产品的贸易增长模式，识别中国对共建“一带一路”国家林产品出口增长的主要驱动因素。

（一）三元边际测度公式与数据说明

林产品出口增长的扩展边际反映了出口产品多样性以及出口企业数量的变化，而价格边际和数量边际则分别体现了出口产品质量和数量的变化。本节采取施炳展（2010）的计算方法，将中国对共建“一带一路”64个国家林产品出口增长分解为扩展边际和集约边际（包括价格边际和数量边际），具体计算过程如下。

首先，定义扩展边际EM和集约边际IM：

$$EM_{jm} = \frac{\sum_{i \in I_{jm}} (Q_{rmi}) \times (P_{rmi})}{\sum_{i \in I_{rm}} (Q_{rmi}) \times (P_{rmi})} \tag{1}$$

$$IM_{jm} = \frac{\sum_{i \in I_{jm}} (Q_{jmi}) \times (P_{jmi})}{\sum_{i \in I_{jm}} (Q_{rmi}) \times (P_{rmi})} \tag{2}$$

其中j代表出口国（中国），m代表进口国（共建“一带一路”64国），r代表参照国（世界），选择参照国的条件是中国出口到进口国的林产品数量与种类小于或等于中国出口到参照国林产品的数量与种类，通常将世界作为参照国，i 表示某类林产品，P 表示林产品的单位价格，Q 表示林产品的出口数量，I_{rm}和 I_{jm}分别代表世界和中国出口到共建“一带一路”64 国的林产品种类集合。扩展边际表示分别在中国和世界对进口国林产品出口种类条件下，世界对进口国林产品出口额的比值，反映了中国和世界出口到共建“一带一路”64 国林产品种类的重合程度；集约边际表示同一林产品出口市场上，在中国和世界重合的林产品出口种类中，中国出口额占世界出口额的比重，反映了在相同林产品种类下中国的出口额。

其次，将集约边际进一步分解为价格边际和数量边际，即 $IM_{jm} = P_{jm} \times Q_{jm}$，价格边际（或数量边际）代表中国林产品出口的价格（或数量）与世界林产品出口的价格（或数量）比值的加权乘积，数量边际和价格边际分别为：

$$Q_{jm} = \prod_{i \in I_{jm}} \left(\frac{Q_{jmi}}{Q_{rmi}} \right)^{w_{jmi}} \tag{3}$$

$$P_{jm} = \prod_{i \in I_{jm}} \left(\frac{P_{jmi}}{P_{rmi}} \right)^{w_{jmi}} \tag{4}$$

$$w_{jmi} = \frac{s_{jmi} - s_{rmi}}{\ln s_{jmi} - \ln s_{jmi}} \Big/ \sum_{i \in I_{jm}} \frac{s_{jmi} - s_{rmi}}{\ln s_{jmi} - \ln s_{jmi}}, s_{jmi} = \frac{Q_{jmi} \times P_{jmi}}{\sum_{i \in I_{jm}} Q_{jmi} \times P_{jmi}},$$

$$s_{rmi} = \frac{Q_{rmi} \times P_{rmi}}{\sum_{i \in I_{jm}} Q_{rmi} \times P_{rmi}} \tag{5}$$

其中，w_{jmi}代表权重，s_{jmi}和 s_{rmi}分别代表中国和世界出口的 i 类林产品在目标市场上所占的份额。数量边际越大说明出口产品数量越多，价格边际越大说明出口产品的技术含量和附加值越高，通常将世界平均价格定为 1，当价格边际大于 1 认为出口这类产品的技术含量高于世界平均水平，处于该行业发展的前端；价格边际小于 1 说明技术含量低于世界平均水平，存在产业升级的可能。至此将 2006 ~ 2017 年中国对共建“一带一路”64 国的林产品出口增长分解为扩展边际、价格边际和数量边际。需要说明的是，本节选取的林产品研究对象包括原木（4403）、锯材（4406、4407、4409）、其他原材（4401、4402、4404、4405）、单板（4408）、刨花板

(4410)、纤维板（4411）、胶合板（4412、4413）、木浆（4701－4706）、纸及纸制品（4707、4801－4911）、木制品（4414－4421）、木家具（940330、940340、940350、940360）。数据来源于法国国际研究中心CEPII－BACI数据库HS6分位编码，该数据库提供了通过标准化测算后的贸易价格及贸易数量相关数据。

（二）林产品出口增长三元边际测算结果（完整数据见附表6－1至6－6）

依据中国一带一路网，并结合黄群慧、韵江、李芳芳（2015）等的研究，本章将共建“一带一路”的65个国家按照地域归类为东亚1国、中亚5国、东北亚2国、东南亚11国、南亚8国、中东欧19国以及西亚、中东19国板块[①]。接下来本书将分析中国对共建“一带一路”各板块国家的林产品出口增长模式。

1. 中国对共建“一带一路”林产品出口三元边际整体情况

整体上看，2006～2017年中国对共建“一带一路”64国林产品出口的数量边际增长最为迅速，明显高于扩展边际和价格边际的增速。这说明虽然中国对共建“一带一路”国家出口贸易增长模式存在较大差异，但“以量取胜”依然是拉动出口增长的主要方式。从各指标表现来看，除中亚等少部分地区呈现负增长外，数量边际拉动出口增长的作用在大部分地区都很显著；同时，除蒙古国、中亚和西亚等地区，价格边际对出口增长的促进作用也逐步显现；而中国对大多数地区出口的种类边际则呈现负增长的态势。这表明中国林产品出口的价格竞争优势不断增加，但在目前所处的林产加工业发展阶段，出口种类增长较为有限，未来产业升级空间仍较大。

---

① 需要说明的是，共建“一带一路”的65个国家与第一章中的界定相同，但为了本章研究方便，国家相应的板块划分有些许差异。

2. 中国对共建“一带一路”各板块林产品出口增长三元边际

(1) 中亚板块

由图6-1至图6-3可知，2006~2017年中国对中亚5国的林产品出口增长主要来源于扩展边际的贡献，而数量边际和价格边际的作用则较小。具体来看，对于扩展边际，除吉尔吉斯斯坦外，其他国家的年均增长率均为正值，说明中国对中亚国家林产品出口的种类多样性正在稳步提升；对于价格边际，中亚5国的变动幅度普遍较小，且总体数值在1附近波动，表明中国对中亚国家的林产品出口价格与世界平均出口价格较为接近；而对于数量边际，各国的增长率普遍较小，且部分年份表现为负增长，反映了中国对中亚国家林产品出口在数量方面增长速度较为缓慢，有些年份呈现下降趋势。总体而言，在中国对中亚5国林产品出口的三元边际中，扩展边际的增长最为迅速且明显，而对大多数国家出口的价格边际和数量边际则有待进一步提升。此外，结合附表6-1分析可以发现，在2008年前后各类指标均出现了较为明显的波动，在一定程度上体现了金融危机对于中国林产品出口贸易的影响。因此，随着近年来中亚各国的开放程度不断提升，中国对中亚地区林产品出口的规模也需要不断扩大。与此同时，各出口企业也应注重产品自身的发展创新，从而实现林产品出口价格和数量的提升。

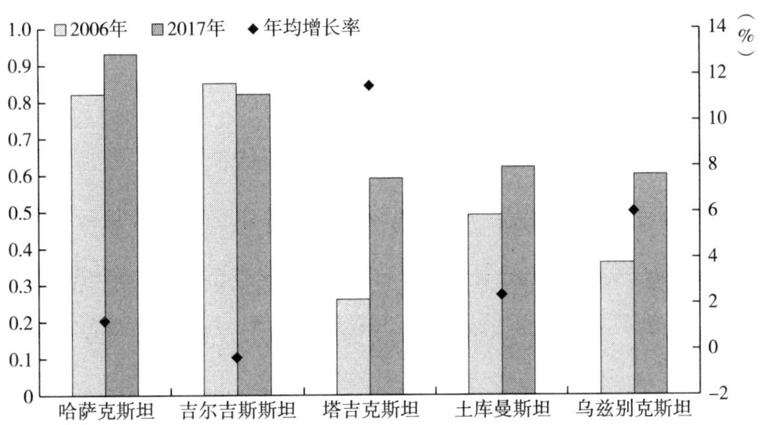

图6-1 2006年和2017年中国对中亚5国林产品出口扩展边际及年均增长率

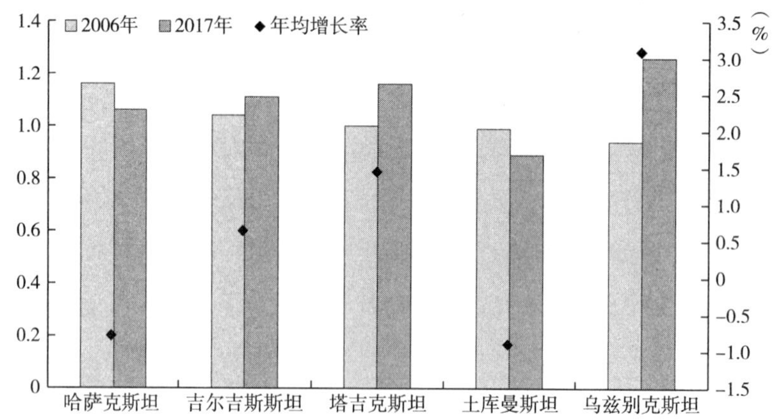

图6-2 2006年和2017年中国对中亚5国林产品出口价格边际及年均增长率

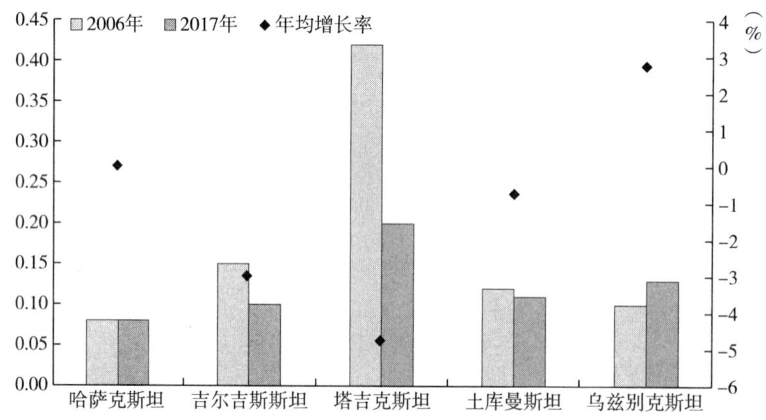

图6-3 2006年和2017年中国对中亚5国林产品出口数量边际及年均增长率

（2）东北亚板块

由图6-4至图6-6可知，中国对于蒙俄两国林产品出口增长的种类和数量变动趋势总体较为相似，而价格增长则呈现较大的差异性。就扩展边际而言，两国的增长率均为负值；在数量边际上，两国增长率均为正值，且中国对俄罗斯年均出口增长速率大于蒙古国；而对于价格边际，蒙古国的增长率为负值，而俄罗斯为正值，产生这种差异的原因可能在于两国经济发展水平悬殊，因而对于进口产品质量要求的标准不同。中国与蒙俄两国在双边贸易方面具有地理位置和历史上的天然优势。然而就目前来看，中国林产品出口在种类多样性明显降低的同时，价格也逐渐接近世界平均水平，这意味着对以上两国的林产品出口增长在很大程度上只能依靠出口数量上升来拉动，总体表现为“数量为主，价格为辅，种类负增长”。对此，中国应考虑扩大出口产品种类，生产差异化、创新型产品；同时有效依托中蒙俄经济走廊，采取对外投资等方式进一步刺激中国对蒙俄地区的出口增长。

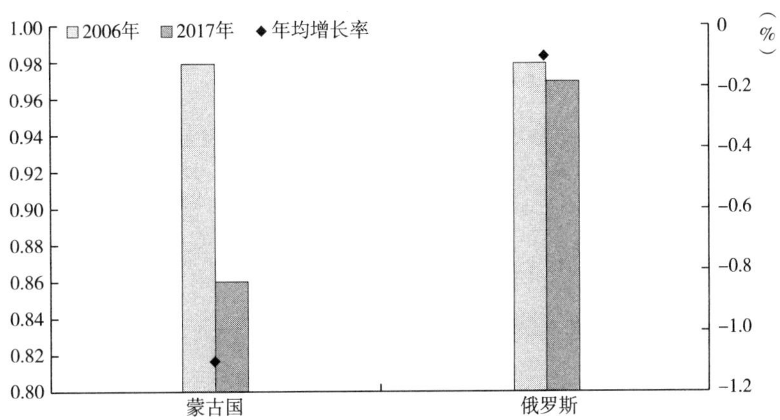

图 6-4 2006 年和 2017 年中国对东北亚 2 国林产品出口扩展边际及年均增长率

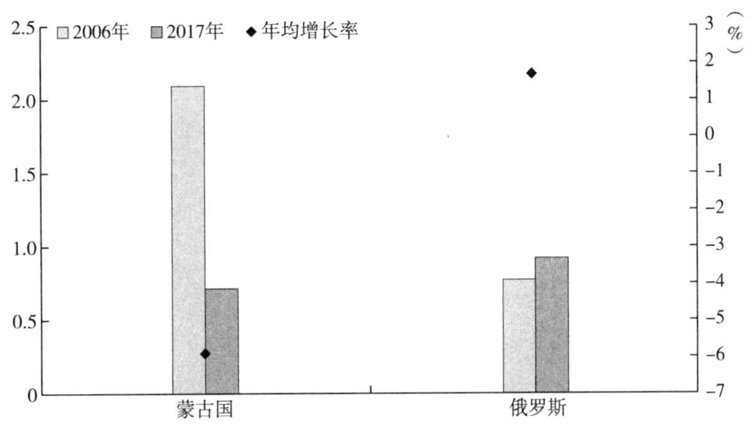

图 6-5 2006 年和 2017 年中国对东北亚 2 国林产品出口价格边际及年均增长率

（3）东南亚板块

由图 6-7 至图 6-9 可知，中国对东南亚 11 国的林产品出口增长总体上以数量增长拉动为主，种类和价格增长为辅。其中，中国对东南亚 11 个

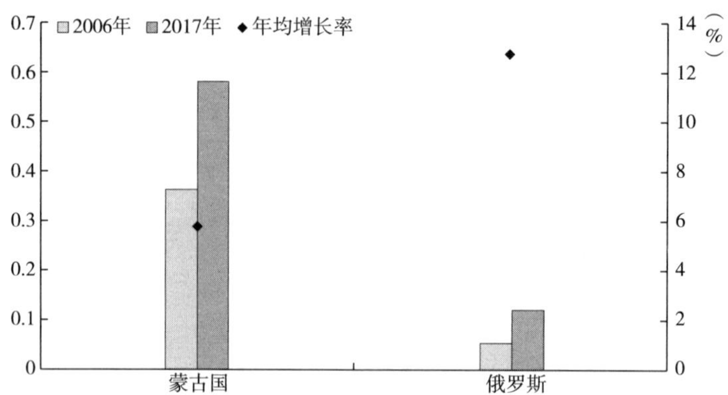

图 6-6　2006 年和 2017 年中国对东北亚 2 国林产品出口数量边际及年均增长率

国家的出口扩展边际均体现为正增长，这表明中国对东南亚国家的林产品出口种类呈平稳增长趋势；在数量边际上仅有东帝汶为负增长，而在价格边际上除柬埔寨受到该国经济发展因素的影响，增长率呈现较为明显的负值外，其余国家的增长率基本均为正值或较小的负值，这一点与“一带一路”倡议的积极影响是分不开的。可见，“一带一路”倡议有效促进了中国对东南亚国家的林产品出口，并在一定程度上改善了中国在与东南亚国家双边贸易中的逆差地位。因此，中国与东南亚国家应在未来保证“一带一路”贸易畅通背景下，继续积极发展双边合作，并在劳动力、资本和技术等要素上利用双方互补性优势，有效扩大双边林产品贸易规模。

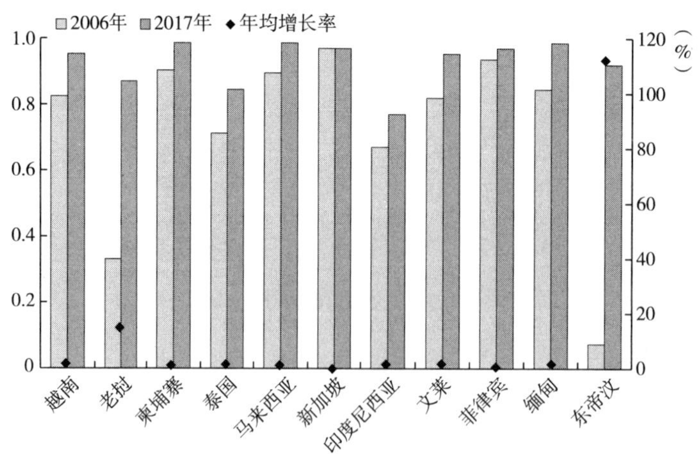

图 6-7　2006 年和 2017 年中国对东南亚 11 国林产品出口扩展边际及年均增长率

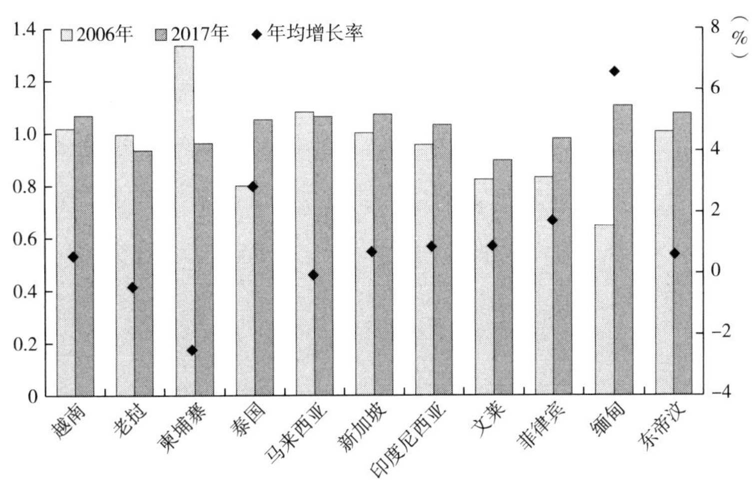

图 6-8　2006 年和 2017 年中国对东南亚 11 国林产品出口价格边际及年均增长率

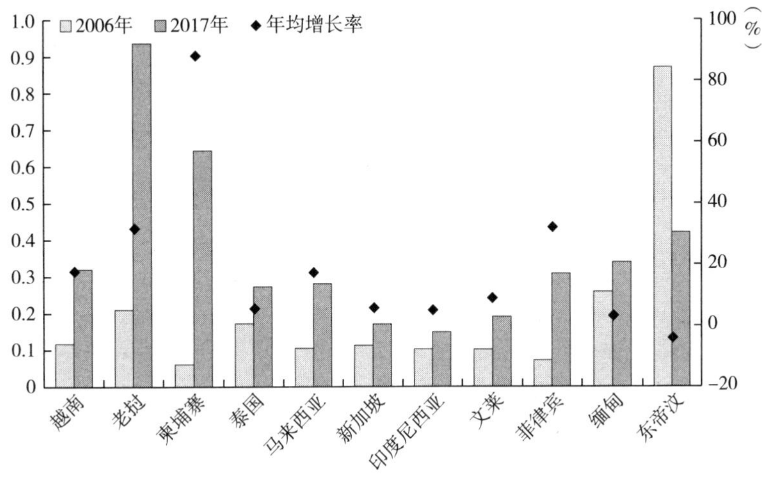

图 6-9　2006 年和 2017 年中国对东南亚 11 国林产品出口数量边际及年均增长率

（4）南亚板块

由图 6-10 至图 6-12 可知，中国对南亚 8 国的林产品出口增长三元边际各指标相差较大。其中，印度、巴基斯坦和不丹扩展边际的增长率为负值，体现了中国对印巴两国及不丹的林产品出口种类不断减少；巴基斯坦、斯里兰卡和马尔代夫价格边际的增长率为负值，这说明由于经济发展水平相对较低，木材深加工能力较弱，这些国家对于林产品进口质量的要求也较低；此外，中国对尼泊尔和不丹的出口数量边际呈现负增长。值得注意的是，巴基斯坦和不丹两国各有两个指标增长率为负，意味着中国对以上两国的出口增长只能依靠单一增长模式来实现。随着中国与南亚林产品贸易联系日益紧密，应更准确地把握南亚市场需求，优化林产品出口结构；同时通过转变经营方式等措施进一步培育产业竞争优势，多样化提升林产品出口竞争力，进而有效发挥价格边际和数量边际的积极作用，推动林产品出口规模和质量迈上新台阶。

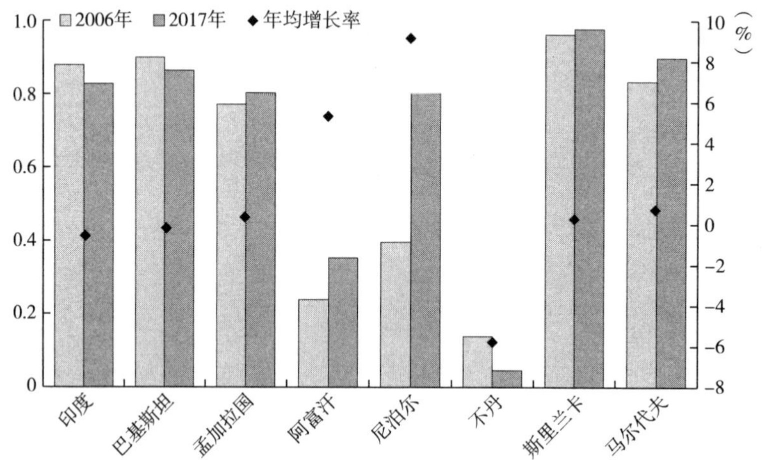

图 6-10　2006 年和 2017 年中国对南亚 8 国林产品出口扩展边际及年均增长率

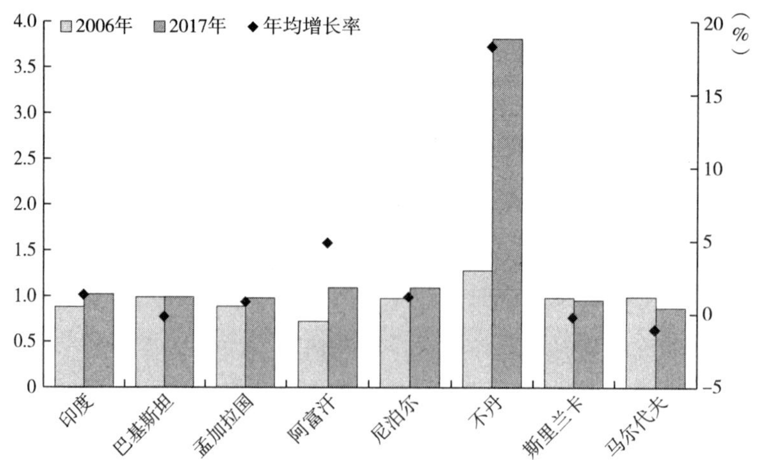

图 6-11　2006 年和 2017 年中国对南亚 8 国林产品出口价格边际及年均增长率

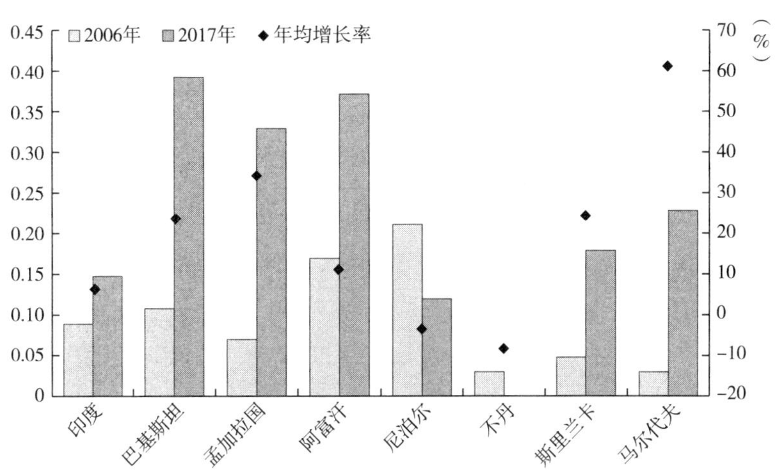

图 6-12　2006 年和 2017 年中国对南亚 8 国林产品出口数量边际及年均增长率

（5）中东欧板块

由图 6-13 至图 6-15 可知，中国对中东欧 19 国林产品的出口增长主要依赖于产品种类和价格的增长，而数量增长较为缓慢。具体表现为多数国家的扩展边际和价格边际增长率均为正值。然而在数量边际方面，除对黑山呈现零增长以外，还有超过一半的中东欧国家表现出负增长情况。可以看出，中国对中东欧国家的林产品出口种类较为丰富，但总体贸易规模仍然较低。此外，进出关手续烦琐，对国外企业采用双重标准以及较高的市场准入条件都在很长时间内持续阻碍了双方林产品贸易合作的意愿和信心。因此，中国与中东欧国家需要在积极搭建合作平台的基础上继续深化务实合作，为双方经贸关系发展提供便利化服务；同时，通过促进海关领域贸易便利化推动双方贸易人员的交往，加快中国与中东欧之间合作协议的落实，推动双方林产品贸易领域的扩大，实现中国与中东欧国家优惠税率的全面覆盖和贸易协定的贯彻落实，从而真正为中国和中东欧双方企业的经贸合作提供良好的环境，促进双边林产品贸易规模全面提升。

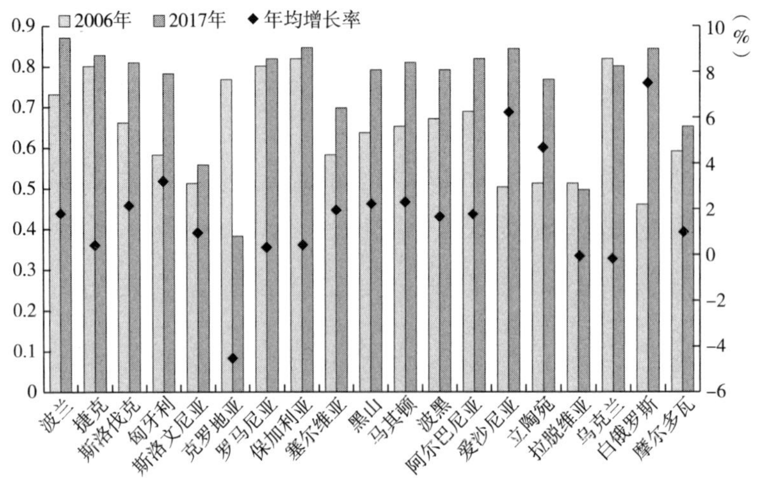

图 6－13　2006 年和 2017 年中国对中东欧 19 国林产品出口扩展边际及年均增长率

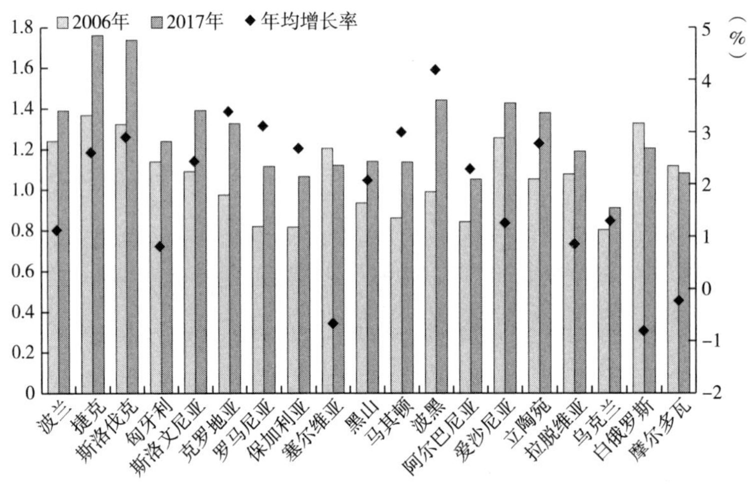

图 6－14　2006 年和 2017 年中国对中东欧 19 国林产品出口价格边际及年均增长率

（6）西亚、中东板块

由图 6－16 至图 6－18 可知，中国对西亚、中东 19 国林产品的出口种类和出口数量均与世界平均水平相差较大，而出口价格则较为接近世界平均水平。就各指标增长率来看，扩展边际的年均增长率负值较多，价格边际和数量边际的负增长率情况相对较少。以上情况表明，中国对以上国家

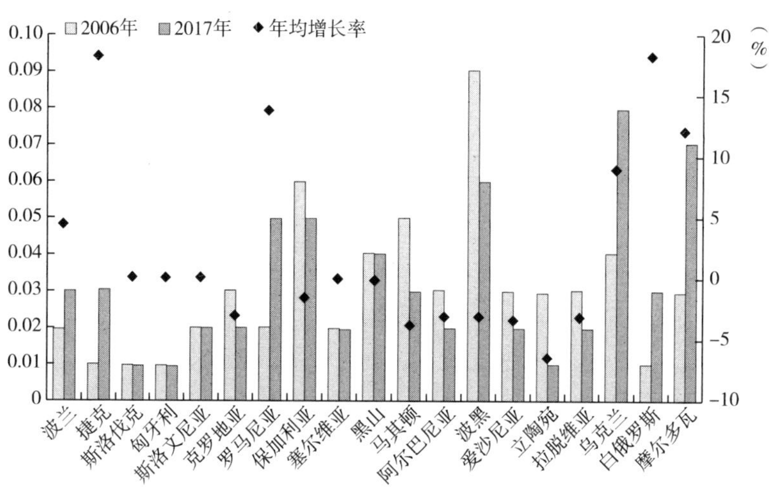

图 6－15　2006 年和 2017 年中国对中东欧 19 国林产品出口数量边际及年均增长率

出口林产品的规模和种类均有待提升。因此对于西亚和中东国家而言，要依托“中国－中亚－西亚经济走廊”，加大对重大物流基础设施的投资和建设力度，积极改善物流网络，构建运输国际通道。中国也应与贸易伙伴国共同推进物流网络建设，扩大和深化双边林产品贸易。

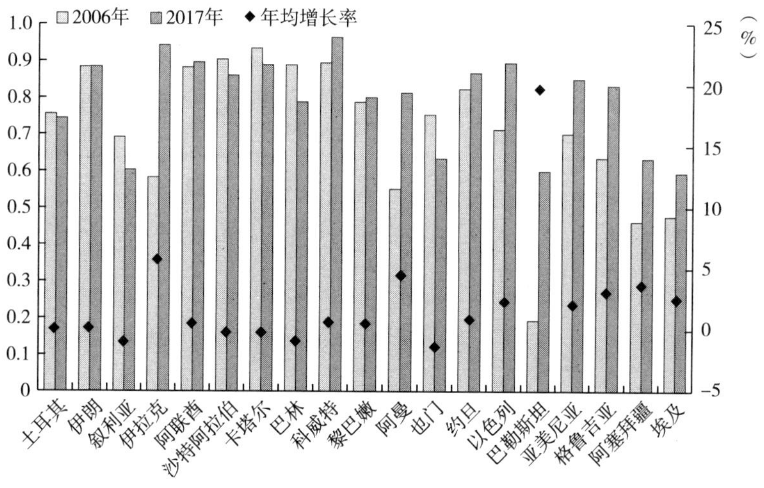

图 6－16　2006 年和 2017 年中国对西亚、中东 19 国林产品出口扩展边际及年均增长率

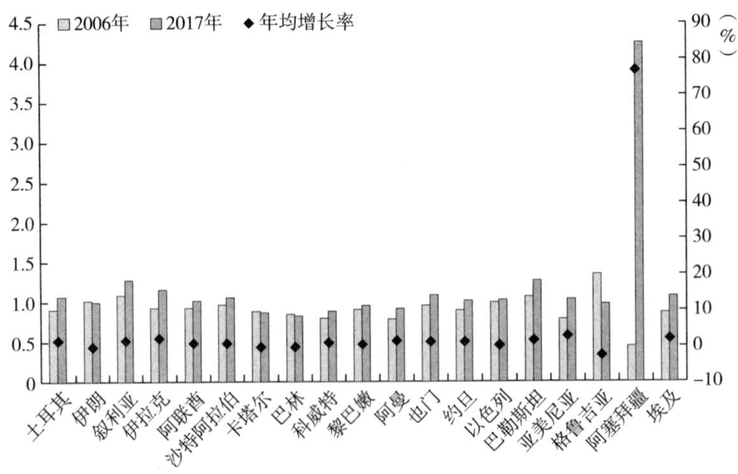

图 6-17　2006 年和 2017 年中国对西亚、中东 19 国林产品出口价格边际及年均增长率

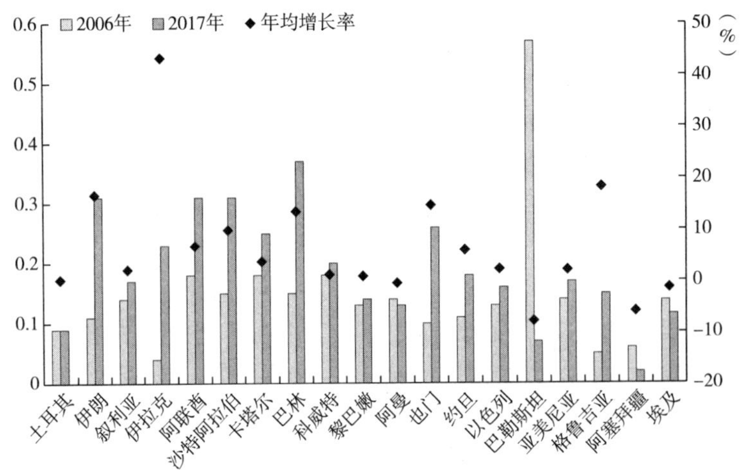

图 6-18　2006 年和 2017 年中国对西亚、中东 19 国林产品出口数量边际及年均增长率

二　中国与共建“一带一路”国家林产品贸易增长潜力

随着世界经济和国际贸易的发展，全球生态资源和环境问题也日益突出。中国“十三五”规划指出：坚持发展绿色经济是实现新常态的必经之路，揭示了社会经济与环境协调发展的重要意义。许多学者认为，将林产品更好地商品化、贸易化，能够从经济学角度极大地减少森林资源的浪

费。中国是森林资源消耗及林产品生产、消费和进出口的大国，而共建“一带一路”国家作为中国的重要贸易伙伴，自 2013 年以来与中国的经贸联系日趋频繁，且现实中与中国的互补优势明显，合作潜力较大。因此，在对当前林产品出口技术复杂度和出口增长结构进行实证研究的基础上，本节拟采用贸易引力模型对中国与共建“一带一路”国家的贸易潜力进行测度，为进一步确定中国与共建“一带一路”国家之间的林产品贸易发展前景，以及扩大双方今后在林产品贸易方面的合作提供参考。

（一）贸易引力方程及其设定

引力模型是经济学家 Tinbergen（1962）在牛顿万有引力基础上发展而来的。在牛顿的万有引力定律中，两物体间的引力大小与质量成正比，与距离成反比。在经济学的贸易引力模型中，两国贸易规模与两国经济总量成正比，而与两国间距离成反比。引力模型的经典公式是：

$$X_{ij} = AY_i Y_j / D_{ij} \tag{1}$$

上式中，X_{ij}代表两国的贸易规模，A 为常量，Y_i 和 Y_j 分别是 i 国和 j 国两国的经济总量，D_{ij}是两国的距离。两边同时取对数，得到引力方程的基本模型：

$$\ln X_{ij} = \lambda_1 + \lambda_2 \ln Y_i + \lambda_3 \ln Y_j + \lambda_4 \ln D_{ij} + \mu_{ij} \tag{2}$$

为了更好地描述双边贸易规模受到的影响，学者们对传统贸易引力模型进行了扩展，根据具体的研究目的加入一些额外的影响变量。在承认地理距离、是否沿海等不可变自然因素是双边贸易潜力的决定性（或制约性）因素（严佳佳等，2019）的基础上，随着研究的不断扩展，贸易双方的经济规模、人口、语言差异甚至双方殖民关系等更多变量被纳入引力方程的设定中（张宁宁等，2019；吕越等，2019）。参考现有文献，并结合本文研究对象及数据的实际情况，本文重点考察了三类可能对中国与共建“一带一路”国家林产品贸易情况产生影响的因素：①距离因素，包括双方地理距离、是否为内陆国、与中国是否为邻国以及双方的文化距离（以官方语言是否为小语种作为代理变量）；②经济因素，包括双方的经济发展程度和人口数；③外部因素，此处主要考虑金融危机对双边贸易的影响。上文分析结果显示，中国与共建“一带一路”国家的贸易发展状况在金融危机前后存在显著差异。2009 年前，产品出口趋势较为平稳；而在 2009 年后，以人造板、木家具为代表的林产品出口总量大幅上升并伴有周期性波动。参考已有研究的设定，本文引入代表金融危机发生的虚拟变量，将 2009 年及其后的年份设为 1。引力方程的具体设定如下。

$$export_{ij} = \beta_0 + (\beta_1 \ln dist_j + \beta_2 land_j + \beta_3 nei_j + \beta_4 lang_j) + (\beta_5 \ln GDP_{ij} + \beta_6 \ln POP_{ij}) + (\beta_7 fc) + \mu \quad (3)$$

其中，$export_{ij}$表示第 i 年中国对某共建“一带一路”国家 j 的林产品出口额；GDP_{ij}和 POP_{ij}分别表示国家 j 在第 i 年时的人均国内生产总值和人口数。方程中其他变量的含义及数据来源见表 6－1。

表 6－1 变量说明、预期符号及数据来源

变量	含义	理论说明	预期	数据来源
$export_{ij}$	中国出口额			UNcomtrade
dist	两国距离	代表双边贸易的运输成本	–	CEP Ⅱ
land	内陆国	没有港口的国家贸易便利性较差	–	CEP Ⅱ
nei	邻国	邻国间贸易往来更频繁	+	CEP Ⅱ
lang	小语种	与小语种国家贸易存在额外沟通成本	–	CEP Ⅱ
GDP	人均 GDP	代表一国的经济实力和购买能力	+	WorldBank
POP	人口总数	代表市场规模大小	+	WorldBank
fc	金融危机	金融危机发生后的新周期对贸易的影响	+	2009 年为界

注：CEP Ⅱ 提供了 4 种距离度量方案，此处以“两国间主要城市的加权距离”进行度量；小语种指除联合国通用语种（汉、英、法、西班牙、俄、阿拉伯语）外的其他语种。

由上文分析可知，中国与共建“一带一路”国家的贸易关系可以概括为“向大部分国家出口制成品，从少数国家进口原材料”；而由于缺乏历史贸易数据会严重影响潜力预测模型的拟合精度，因此本节未分析进口贸易潜力[①]，而是以中国与 64 个共建“一带一路”国家 1997～2017 年的林产品进出口

① 本节曾尝试以引力模型对进口贸易情况进行拟合，但几乎所有变量参数都不显著，模型拟合优度也较低，说明引力模型并不适用于中国林产品的进口贸易预测。

贸易数据为样本，仅对历史数据较为翔实的出口贸易潜力进行测算。其中部分数据存在缺失，如东帝汶整体及塞尔维亚、黑山独立之前的数据缺失；以及部分体量较小的国家，如尼泊尔、不丹，个别年份与中国无贸易往来等，使得数据结构为不平衡面板，实际样本量为1147个。但因大部分缺失值均为小国数据，其对总体贸易趋势的影响较小，因而本文未对不平衡面板进行插值填补。

（二）实证结果分析

根据以上模型对已有数据进行实证检验，结果如表6-2所示。从模型1的回归结果可以看出：在中国对共建“一带一路”国家的出口贸易中，对应进口国是否有出海口、与中国是否接壤以及语言差异对中国出口林产品至共建“一带一路”国家没有显著影响；而双方相隔的距离以及进口国的经济情况、人口情况和受到金融危机的影响则成为决定中国出口量的重要因素。

表6-2　模型回归结果

指标	出口（$\ln export_{ij}$）			
	模型1		模型2	
距离（lndist）	-3.14	(0.50)***	-3.76	(0.45)***
内陆国（land）	-0.25	(0.39)		
邻国（nei）	0.68	(0.50)		
小语种（lang）	-0.15	(0.34)		
经济（lnGDP）	2.80	(0.08)***	2.96	(0.08)***
人口（lnPOP）	1.36	(0.09)***	1.45	(0.09)***
金融危机（fc）	0.57	(0.10)***	0.43	(0.10)***
截距项	-3.44	(4.71)	-0.78	(4.32)
统计检验				
R^2：组内	0.76		0.76	
R^2：组间	0.53		0.54	
R^2：总体	0.57		0.56	
Wald	3044		3234	
Prob	0.00		0.00	
obs	1189		1189	

注：*** 代表1%显著性水平；括号内为标准误。

为获得更准确的潜力预测方程，模型 2 在模型 1 的基础上进行了修正，剔除了对中国出口影响不显著的内陆国、邻国和语言因素。模型 2 的回归结果可知如下几点。①对于距离因素，在其他条件不变的前提下，两国距离每增加 1%，中国林产品的对应出口额平均减少 3.76%。②对于经济因素，模型中的经济和人口变量参数显著为正，说明共建“一带一路”国家的人均 GDP 和人口总数是评价或预测该国市场潜力的良好指标。具体来看，在其他条件不变的前提下，人均 GDP 或总人口每提高 1%，中国林产品的对应出口额平均增加 2.96% 和 1.45%。③对于外部因素，虚拟变量金融危机因素的检验结果表现显著。由于在金融危机发生后，中国的传统出口市场——欧美区域的需求整体陷入萎靡，而共建“一带一路”国家则成为中国林产品出口新的增长点，并在 2009 年后开启了与中国贸易的新周期，从而使得中国对共建“一带一路”国家的林产品出口总量与危机前相比平均增加了 0.43%。

（三）出口潜力估算

研究表明，贸易引力模型不仅可以检验影响贸易发展的因素，还可用于估算双边贸易的发展潜力（檀怀玉，2017）。将解释变量的真实值代入已知的引力模型，计算出当年贸易额的“理想值”，再用当年的实际贸易额除以“理想值”，通过所得比值即可判断双边贸易发展的潜力，用公式表示如下。

$$T = \frac{export_{ij}}{export_{latent}} \tag{4}$$

式中，$export_{ij}$为实际贸易额，$export_{latent}$为基于经验方程计算的理想状态下应具有的贸易规模，T 表示出口市场潜力。本文结合学界广泛采用的划分方法，将其分为潜力巨大（$T<0.8$）、潜力开拓（$1.2>T>0.8$）、潜力再造（$T>1.2$）三种市场类型；并在估算出口潜力时，删除了对出口影响不显著的因素，即以模型 2 的回归结果作为估算“理想值”的经验方程，得到中国对共建“一带一路”国家的出口潜力测算结果如表 6－3 所示。

表 6-3 中国林产品对共建“一带一路”国家出口潜力

市场类型	国家	区域	出口潜力	市场类型	国家	区域	出口潜力
潜力巨大型	巴勒斯坦	西亚	0.2772	潜力开拓型	斯洛文尼亚	中东欧	0.9342
	塞尔维亚	中东欧	0.2966		克罗地亚	中东欧	0.9434
	黑山	中东欧	0.2976		越南	东盟	0.9449
	罗马尼亚	中东欧	0.3394		菲律宾	东盟	0.9510
	不丹	南亚	0.4769		马来西亚	东盟	0.9549
	匈牙利	中东欧	0.7564		巴林	西亚	0.9590
	捷克	中东欧	0.7628		巴基斯坦	南亚	0.9617
	土耳其	西亚	0.8015		拉脱维亚	中东欧	0.9625
	哈萨克斯坦	中亚	0.8023		阿曼	西亚	0.9738
潜力开拓型	蒙古国	东亚	0.8259		尼泊尔	南亚	0.9898
	俄罗斯	独联体	0.8259		马其顿	中东欧	0.9901
	斯洛伐克	中东欧	0.8260		斯里兰卡	南亚	1.0029
	卡塔尔	西亚	0.8347		保加利亚	中东欧	1.0112
	新加坡	东盟	0.8535		黎巴嫩	西亚	1.0153
	泰国	东盟	0.8607		乌克兰	独联体	1.0329
	立陶宛	中东欧	0.8643		伊拉克	西亚	1.0377
	文莱	东盟	0.8669		缅甸	东盟	1.0453
	老挝	东盟	0.8719		阿富汗	南亚	1.0549
	印度	南亚	0.8817		乌兹别克斯坦	中亚	1.0843
	以色列	西亚	0.8847		亚美尼亚	独联体	1.0922
	伊朗	西亚	0.8858		埃及	西亚	1.1004
	土库曼斯坦	中亚	0.8865		吉尔吉斯斯坦	中亚	1.1586
	孟加拉国	南亚	0.8867		约旦	西亚	1.1641
	波兰	中东欧	0.8872		马尔代夫	南亚	1.1792
	爱沙尼亚	中东欧	0.8897		阿尔巴尼亚	中东欧	1.1952
	白俄罗斯	独联体	0.8925		柬埔寨	东盟	1.1970
	印尼	东盟	0.8930	潜力再造型	也门	西亚	1.2019
	阿联酋	西亚	0.8944		格鲁吉亚	独联体	1.2029
	波黑	中东欧	0.8981		摩尔多瓦	独联体	1.2274
	科威特	西亚	0.9038		塔吉克斯坦	中亚	1.2839
	阿塞拜疆	独联体	0.9126		叙利亚	西亚	1.2876
	沙特	西亚	0.9161				

注：“出口潜力”表示中国对该国的出口潜力，所得结果根据 2017 年数据测算；其中，不丹、也门、叙利亚的相关结果基于 2016 年数据测算。

结合相关理论和国际贸易的现实情况对表 6 - 3 进行分析可得到以下要点。

（1）潜力巨大型市场共 9 个，其中以中东欧国家居多（如塞尔维亚、罗马尼亚、捷克等）。这一类贸易伙伴国的共同特征是经济发展水平较高，且具有较为可观的市场潜力等待开发。由于政治、文化等因素，中国与这些国家间普遍存在贸易壁垒，导致实际出口额大大小于“理想值”，因此与之进一步发展贸易关系的主要思路在于尽快排除贸易发展的障碍。

（2）潜力开拓型市场共 49 个，其中多数国家同样具有较高的消费能力（如俄罗斯、卡塔尔、新加坡、以色列），这一类国家为中国扩大林产品出口奠定了购买力基础。目前来看，中国与这些贸易伙伴之间的双边贸易潜力尚未充分发挥，处于“贸易不足”状态，还有一定的双边贸易扩大空间。因而面向此类贸易市场，进一步发展贸易关系的主要思路是在保持现有积极因素的同时，培育和发展其他促进贸易发展的因素。

（3）处于“贸易过度”状态的潜力再造型市场国家仅有 5 个，发掘这些国家市场的意义较小，原因在于：其一，这些贸易伙伴的现有贸易潜力按模型分析已经基本开发完成；其二，中国对这些国家的实际出口额高于“理想值”的原因很可能是这些贸易伙伴因国家重建产生的短期需求（如也门、叙利亚），其本身的经济体量和国内购买力并不高，因此不具备长期稳定发展的前景。

（四）共建“一带一路”区域的贸易潜力分析

在对表 6 - 3 的贸易潜力类型市场进行总体划分的基础上，本节结合图表方式，进一步根据共建“一带一路”国家的不同所属区域对贸易潜力进行分地区研究。

1. 东亚及中亚国家贸易潜力

由于共建“一带一路”国家中位于东亚的国家仅蒙古国一个，故将其与中亚5国结合为一组进行分析。根据贸易潜力模型的设定，测算指标 $T<0.8$ 表示贸易潜力巨大，$0.8<T<1.2$ 表示潜力开拓型，$T>1.2$ 表示潜力再造型。由图6－19可知，多数中亚国家及蒙古国与中国的林产品贸易关系呈现为潜力开拓型，仅有塔吉克斯坦表现为潜力再造型特征。这表明东亚和中亚地区作为与中国在地理距离上相距最近的区域，不仅具有独特的地缘优势，在现实的贸易领域中也有极大的发展空间和潜力。中国与中亚、东亚国家在资源禀赋、产业结构、市场需求等方面有较强的互补性，经贸合作的潜力巨大，但作为中国的区域合作对象，中亚国家在经济规模和对外贸易额上都与中国有一定的差距，因此可考虑从影响贸易总量的非效率因素着手，通过与中亚国家建立便捷的通关制度，提升中国与中亚国家的进出口贸易额。

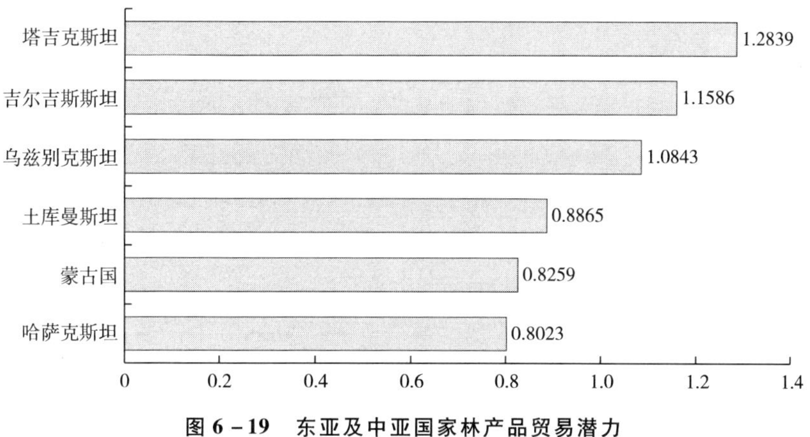

图6－19 东亚及中亚国家林产品贸易潜力

2. 东盟国家贸易潜力

对于东盟十国的贸易潜力数据进行组合分析可以发现，以上国家与中国的林产品贸易关系均属于潜力开拓型，其中贸易潜力最大的三个国家分别是新加坡、泰国和文莱（见图6－20）。自2009年以来，中国连续九年成为东盟的第一大贸易伙伴，东盟连续七年成为中国的第三大贸易伙伴。而由以上实证检验可知，到目前为止中国与东盟的林产品贸易仍存在极大的贸易潜力有待开发。对此，二者应进一步加强双边政策沟通，开展多种形式的经济合作。同时，双方还可加强基础设施建设，创新中国与东盟基础设施领域合作机制。基础设施水平影响一国的贸易成本，从而影响国家间贸易效率。大部分东盟国家基础设施落后，建设投入不足。中国应从新视野出发，在东盟基础设施建设中给予引导和帮助。大力推进中国－东盟的基础设施建设，完善与东盟国家的互联互通，降低贸易成本，推动与东盟各国贸易发展。此外，还应着力提高贸易畅通度，推进贸易便利化。贸易便利化具有降低交易成本、增加贸易流量及提高经济福利等诸多优点。由于东盟十国整体贸易便利化水平不高，中国与东盟国家应积极开展商业环境建设合作，促进贸易便利化发展，促使双方最终实现互利共赢的发展前景。

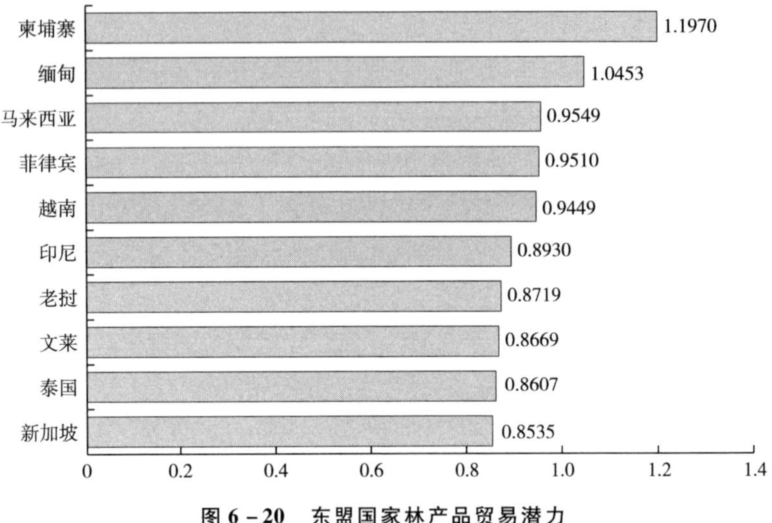

图6－20　东盟国家林产品贸易潜力

3. 独联体国家贸易潜力

由图6－21可知，在独联体七国中，除摩尔多瓦和格鲁吉亚属于潜

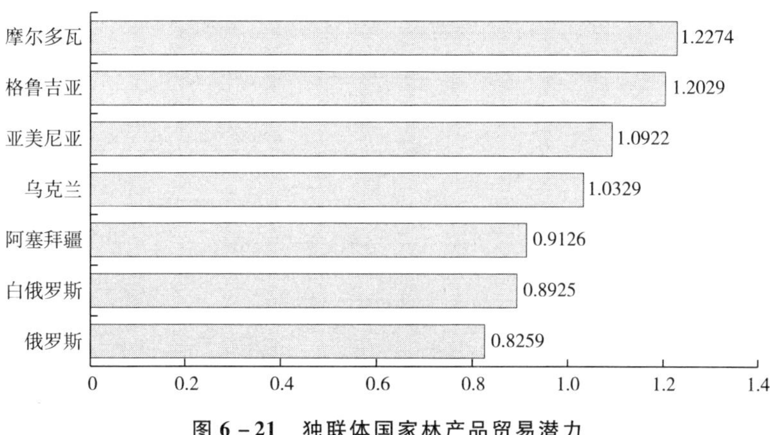

图 6-21　独联体国家林产品贸易潜力

力再造型市场国家外，其余五国均属于与中国林产品贸易中的潜力开拓国，其中潜力最大的国家俄罗斯于2006年与中国、巴西和印度共同组成金砖四国，从此金砖合作机制成为提升全球贸易总额、带动世界经济增长的重要引擎。在当前全球经济增速放缓、贸易保护主义逐渐抬头的背景下，我们应更加重视与金砖国家间的贸易合作，深化金砖国家间的国际产能合作，通过鼓励具备条件和竞争实力的企业“走出去”，了解当地市场需求，来根据市场需求提供相应的产品；并通过探索与金砖伙伴国当地企业设立科技园区、经济合作区、自贸区等多元化载体，带动多方企业在园区内合作共赢、共同发展。此外，2017年全球首份投资便利化专文《金砖国家投资便利化合作纲要》提出，要探索推动金砖国家间投资领域便利化程度的提升。贸易畅通是提升贸易便利化的有效途径，能通过消除壁垒降低贸易成本，进而带动贸易规模的扩大。因而，需要深入思考解决如何推动金砖伙伴间优化海运航线设置，提高铁路运输效率和货运量，简化海关报关、通关手续等问题，使双边贸易在林产品方面取得更多务实成果。

4. 南亚国家贸易潜力

由图6-22可知，南亚8国中除不丹属于潜力巨大型市场外，其余七

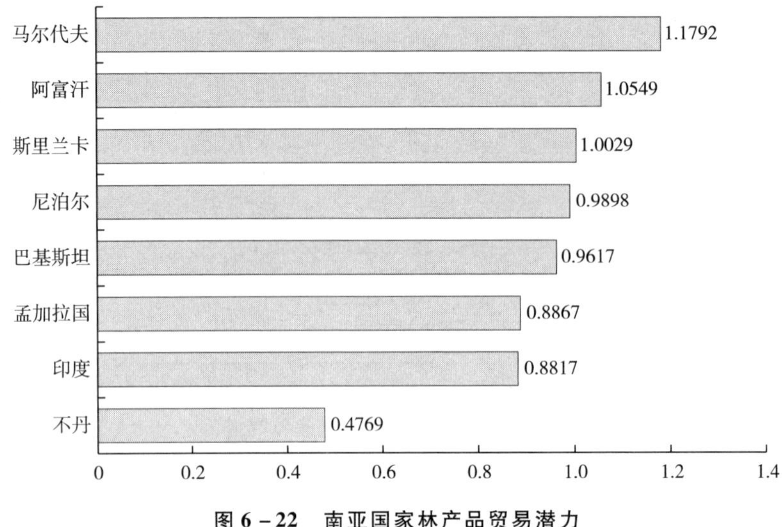

图 6－22　南亚国家林产品贸易潜力

国均为潜力开拓型国家。这表明中国与南亚国家间总体仍存在较大的潜力发掘空间。2017 年，作为南亚国家的印度和巴基斯坦正式成为上海合作组织成员国，使得双方的贸易便利化水平得以进一步提升。因此，在双边林产品贸易过程中，应充分发挥该机制的带动作用，同时深化中国与巴基斯坦自贸区的升级谈判，从而以点带面，积极推动中国与整个南亚地区的林产品贸易发展。

5. 西亚国家贸易潜力

由图 6－23 可知，西亚 16 国中除巴勒斯坦为潜力巨大型市场国家、叙利亚和也门属于潜力再造型国家以外，其余 13 国与中国林产品贸易的关系均为潜力开拓型，林产品贸易同样存在较大发展空间。因此，对西亚国家而言，在利用好“一带一路”倡议的自设优势平台经营林产品贸易的同时，还应依托“中国－中亚－西亚经济走廊”，加大对重大物流基础设施的投资和建设，积极改善物流网络，构建运输国际通道，与贸易伙伴国共同推进物流网络建设，以提高和带动双边贸易规模。

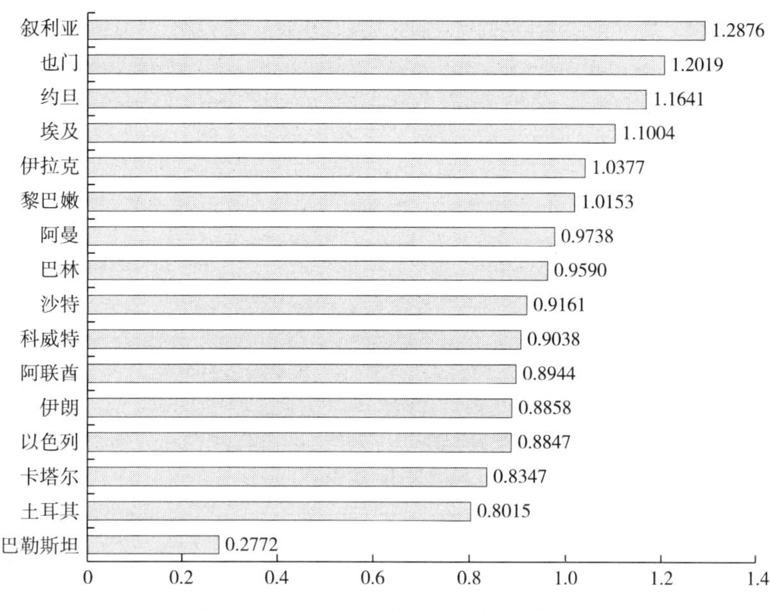

图 6－23　西亚国家林产品贸易潜力

6. 中东欧国家贸易潜力

由图 6－24 可知，中东欧 16 国中，有 5 个国家与中国的林产品贸易关系属于潜力巨大型，其中塞尔维亚、黑山和罗马尼亚 3 国的贸易潜力又显著大于其余两国；而其余 11 国则属于潜力开拓型市场国家。因而总体来看，中东欧国家全体均属于中国林产品出口贸易规模扩大的重要对象。2012 年 4 月，中国－中东欧国家“16＋1”合作机制正式启动。此后，中国对中东欧国家的出口贸易额平稳增长，但目前来看仍有提高的空间。为切实提升中国与中东欧国家的贸易效率，实现贸易潜力，确保机制有力落实，中国应在“一带一路”倡议和“16＋1”合作的双重机制下，考虑针对不同国家的经济、贸易发展特点，与中东欧各国建立差异化的双边贸易实施细则。此外，还应进一步推进中欧班列的开通和延伸，改善中国与中东欧的交通运输条件，确保双边贸易的便利化。目前已经开通的有义乌、哈尔滨、西安、武汉和广州等地到中东欧国家的班列，但到立陶宛、爱沙尼亚和拉脱维亚等波罗的海国家尚未开通直达班列，只有少数不定期的列车通过；且除波兰、捷克、匈牙利和塞尔维亚等国以外，中国与其他大部分中东欧国家尚未开通直达航班。这些都将成为阻碍中国与中东欧国家贸易潜力发挥的因素，因而有必要进一步改善交通设施，降低运输成本，以确保贸易有效化。

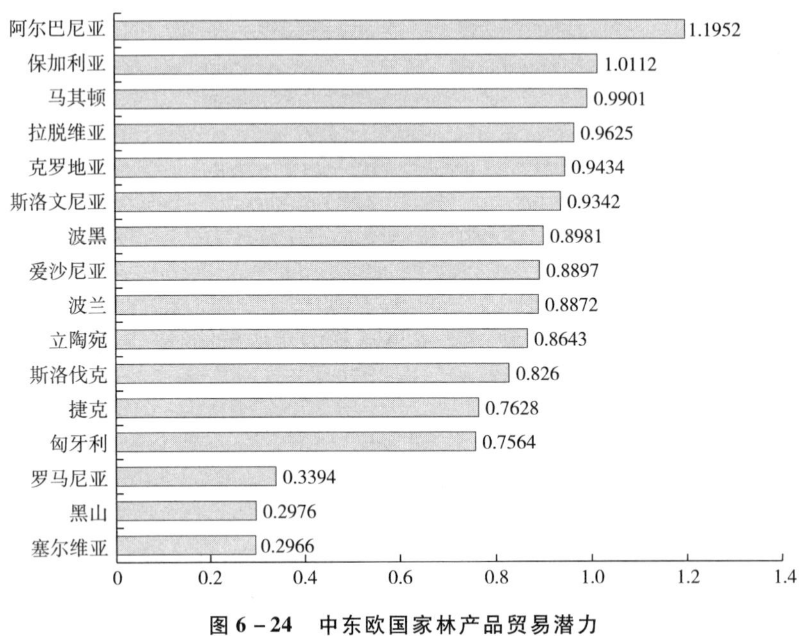

图 6－24　中东欧国家林产品贸易潜力

三　进一步增强中国与共建“一带一路”国家林产品贸易的政策建议

基于以上三元边际及贸易潜力考察结果，本文得出以下主要结论。

第一，三元边际测算结果显示，中国对共建“一带一路”国家林产品出口增长的主要拉动要素仍为出口数量；在其余两项要素中，出口价格对出口增长的促进作用开始逐步显现，而出口种类要素则存在较大的提升空间。

第二，贸易引力模型显示，中国与贸易伙伴国的人均 GDP 和人口总数对双方的林产品贸易规模具有正向影响；此外，金融危机也在一定程度上促进了双方的林产品贸易。而贸易双方的距离则对林产品贸易规模起到了负向作用。

第三，对双边贸易潜力的测算结果显示，在共建"一带一路"国家中，潜力巨大型国家共 9 个，且主要为中东欧国家；潜力再造型国家共 5 个，其现有贸易潜力已基本开发完成；其余 49 国在与中国的林产品贸易领域则表现为潜力开拓型国家，属于双边贸易规模扩大的有力增长点。

针对以上研究结论和现实情况，我们已经根据所属区域不同，对中国与共建"一带一路"国家的林产品贸易三元边际和增长潜力的现有状况进行了分别论述。而在下一阶段，中国应从以下几个方面入手，从总体上积极开拓双边贸易的增长潜力，提升林产品贸易的数量和质量。

第一，多样化发展中国与共建"一带一路"国家林产品贸易的产品结构。目前，中国与许多国家林产品贸易品种的集中度较高，例如，中国的林产品出口主要集中在人造板、木家具一类具有劳动力成本低廉、固定资产投资规模较大等特性的劳动密集型产品领域，这在一定程度上限制了两国贸易的充分发展和贸易总体结构的优化升级。对此，双边政府可以通过更多的相互交流充分了解并拓展贸易伙伴国的需求，并通过降低关税、签订贸易协定等方式，有意识地引导出口企业将贸易类别扩大到林业产业的更多产品上去。

第二，通过发展国际货运等基础设施建设，积极减少距离因素对于两国林产品贸易的负向影响。随着海上丝绸之路的提出，中国对国际货运能力的提升越来越重视，成为海上货运强国不仅有利于与共建"一带一路"国家全面深入开展林产品经贸合作，同时也将有力推动中国国际贸易地位的总体提升。

第三，积极加强国与国之间的政治互信合作，充分运用共建"一带一路"国家的优势对各国林产品贸易的正向影响。"一带一路"倡议从人类命运共同体角度出发，将中国与世界各国紧密联系在一起。中国应积极利用这一平台的政治优势打造经济优势，以加强与共建"一带一路"国家的经贸往来。此外，应合理规划贸易对象，重视与中国贸易潜力较大的中亚、独联体等地区的林业合作，对于相关重点国家，应统筹运用好援助、投资、技术引进等合作方式，搭建务实的合作平台，建立长期、稳定的合作机制，并可通过建立自由贸易区的方式简化林产品贸易流程、弱化贸易壁垒，充分挖掘市场伙伴国家的贸易潜力，为双边林产品贸易带来新的增长机会。

第四，改善林产品贸易环境，建立林业产业合作体系。贸易环境和贸易潜力共同影响着贸易规模。因而，一方面，可以通过降低关税、减少双边贸易壁垒等方式提高便利化水平，改善林产品贸易环境；另一方面，通过建立中国与共建“一带一路”国家在林业产业上的系统合作体系，实现生产要素的合理利用，从而提高林产品资源的利用效率。

第五，加快发展优势产品，同时拓宽木材产品的来源渠道。林产品市场竞争激烈，若想在国际中占据有利地位，必须大力发展目前具有优势的人造板、木家具产业，并致力于提供特色化、差异化产品，提高中国林产品的国际市场竞争力；与此同时，还应考虑到林产品贸易规模扩大引起的产品来源地集中化可能导致的贸易风险。为此，应致力于拓宽原木、锯材、木浆等林产品的来源渠道，降低木质林产品进口来源的单一性，同时提高中国自身林木培育的速度和质量，从源头上提升国内的林产品生产保障能力。

第六，推进林产品贸易的“大”与“强”协同并进。一方面，要将林产品贸易做“大”。经济的高速发展造成的各行业对锯材等资源密集型林产品的膨胀需求与木材资源匮乏相矛盾，技术水平的提高不断缩短木家具等劳动密集型林产品的生产周期，面对目前中国国内市场已接近饱和、中国国内林产品供需不平衡问题日益严峻的情况，为保持林产品市场的稳定，需要不断加大进口来弥补资源缺口，同时加大出口去库存，保证持续扩大林产品进出口贸易规模。另一方面，中国林产品贸易还存在“大而不强”的问题。对此，中国的林产品贸易企业不应把眼光局限于产品贸易，而应转变观念，主动向林产品服务贸易靠拢，促进林业产业的整体转型升级。

四 本章小结

“一带一路”倡议的提出对于推动中国林产品贸易的发展起到了至关重要的作用，但由于共建“一带一路”国家的经济发展水平、地域和文化环境存在较大差异，贸易环境和便利化程度也不尽相同，因此，进一步实现各国基于林产品的合作共赢还需要深化经贸往来和体制机制创新。本章通过测算中国对共建“一带一路”国家林产品出口增长的三元边际和贸易潜力情况，综合提出以下建议。

中国林产品的出口价格边际低于世界平均水平，产业布局还处于全球价值链的中低端。因此，要扭转林产品贸易“价值链低端锁定”的格局，实现“木质林产品出口大国”向“木质林产品出口强国”的转变，中国必须始终坚持林产企业的供给侧结构性改革，根据市场对林产品需求结构的变化，主动调整林业生产结构，提高林业资源配置效率和林产品贸易的附加值，将林产品价格优势转化为竞争优势，加强与共建“一带一路”国家林产品贸易投资合作和技术交流，助力中国林产品出口企业向全球价值链的高端环节攀升。

与此同时，针对中国林产品贸易市场与贸易潜力市场分布不相符的现状，中国在此后的经贸合作中应合理规划贸易对象，与重点地区、国家开展贸易合作，从而充分挖掘林产品的贸易潜力。同时，通过改善林产品的现有贸易环境、发展优势产品等有力举措，在建立完备的林业产业合作体系的同时拓宽弱势产品的来源渠道，从多角度促进中国与其他国家贸易市场的潜力发挥和林业产业的整体转型升级。

总之，在与共建“一带一路”国家的林产品贸易方面，中国依然有很长的路要走。为实现中国林产品贸易数量的稳定增长、质量的稳定提高，中国应在保持现有贸易基础的前提下，从政治、经济、文化等多角度有针对性地改善与共建“一带一路”国家的贸易和服务条件，使林产品贸易成为中国“一带一路”倡议的重要组成部分和有力增长点，为中国经济和对外贸易的长期发展做出应有的贡献。

主要参考文献

[1] 黄群慧主编，韵江、李芳芳副主编《"一带一路"沿线国家工业化进程报告》，社会科学文献出版社，2015。

[2] 吕越等：《"一带一路"倡议的对外投资促进效应——基于2005~2016年中国企业绿地投资的双重差分检验》，《经济研究》2019年第9期，第187~202页。

[3] 施炳展：《中国出口增长的三元边际》，《经济学》（季刊）2010年第7期，第1311~1329页。

[4] 檀怀玉：《中欧贸易发展潜力的实证分析——基于贸易引力模型》，《当代经济管理》2017年第5期，第47~52页。

[5] 王燕琴、陈洁、顾亚丽：《中东欧地区林业发展现状及"16+1"合作前景分析》，《林业资源管理》2017年第1期，第153~159页。

[6] 谢锐、肖皓：《基于技术分类视角的中国-东盟出口结构相似度研究》，《国际经贸探索》2013年第1期，第80~89页。

[7] 严佳佳、刘永福、何怡：《中国对"一带一路"国家直接投资效率研究——基于时变随机前沿引力模型的实证检验》，《数量经济技术经济研究》2019年第10期，第3~20页。

[8] 张宁宁、张宏、杨勃：《"一带一路"沿线国家制度风险与企业海外市场进入模式选择：基于中国装备制造业上市公司的实证分析》，《世界经济研究》2019年第10期，第119~133+136页。

附表 6-1　2006~2017 年中国对中亚 5 国林产品出口三元边际

年份		2006	2007	2008	2009	2010	2011	2012	2013	2014	2015	2016	2017
扩展边际	哈萨克斯坦	0.82	0.95	0.94	0.92	0.96	0.97	0.96	0.97	0.96	0.97	0.93	0.93
	吉尔吉斯斯坦	0.85	0.86	0.86	0.88	0.91	0.97	0.95	0.72	0.74	0.83	0.78	0.82
	塔吉克斯坦	0.26	0.31	0.88	0.36	0.31	0.35	0.43	0.46	0.58	0.93	0.73	0.59
	土库曼斯坦	0.49	0.49	0.50	0.56	0.61	0.61	0.58	0.59	0.58	0.64	0.55	0.62
	乌兹别克斯坦	0.36	0.38	0.40	0.43	0.47	0.39	0.45	0.91	0.49	0.59	0.59	0.60
集约边际	哈萨克斯坦	0.10	0.07	0.08	0.07	0.10	0.06	0.08	0.09	0.09	0.07	0.08	0.08
	吉尔吉斯斯坦	0.16	0.18	0.17	0.16	0.15	0.14	0.14	0.19	0.21	0.19	0.14	0.12
	塔吉克斯坦	0.42	0.28	0.09	0.31	0.37	0.32	0.33	0.33	0.31	0.19	0.24	0.24
	土库曼斯坦	0.06	0.06	0.09	0.06	0.04	0.16	0.14	0.14	0.17	0.09	0.13	0.10
	乌兹别克斯坦	0.09	0.13	0.17	0.13	0.12	0.19	0.14	0.08	0.16	0.20	0.20	0.16
价格边际	哈萨克斯坦	1.16	0.98	0.76	0.71	0.76	0.68	0.91	1.10	0.91	1.13	1.11	1.06
	吉尔吉斯斯坦	1.04	1.01	0.94	0.87	0.79	0.87	0.93	0.85	1.14	0.90	1.17	1.11
	塔吉克斯坦	1.00	0.99	1.16	3.11	1.12	0.97	0.97	1.00	1.08	1.55	1.17	1.16
	土库曼斯坦	0.99	0.79	1.38	1.72	0.84	1.06	0.85	0.78	1.03	0.85	0.85	0.89
	乌兹别克斯坦	0.94	0.93	0.94	0.93	0.82	1.49	0.96	1.26	1.11	1.32	1.17	1.26
数量边际	哈萨克斯坦	0.08	0.07	0.11	0.09	0.13	0.08	0.09	0.08	0.10	0.07	0.07	0.08
	吉尔吉斯斯坦	0.15	0.17	0.17	0.19	0.19	0.16	0.15	0.23	0.19	0.21	0.12	0.10
	塔吉克斯坦	0.42	0.28	0.08	0.10	0.33	0.35	0.34	0.33	0.29	0.12	0.21	0.20
	土库曼斯坦	0.12	0.08	0.06	0.04	0.04	0.15	0.16	0.18	0.16	0.11	0.15	0.11
	乌兹别克斯坦	0.10	0.14	0.18	0.14	0.31	0.13	0.15	0.07	0.14	0.15	0.17	0.13

附表 6-2 2006～2017 年中国对蒙古国、俄罗斯林产品出口三元边际

年份		2006	2007	2008	2009	2010	2011	2012	2013	2014	2015	2016	2017
扩展边际	蒙古国	0.98	0.85	0.88	0.96	0.91	0.96	0.98	0.99	0.99	0.98	0.98	0.86
	俄罗斯	0.98	0.97	0.98	0.99	0.98	0.97	0.98	0.98	0.99	0.99	0.98	0.97
集约边际	蒙古国	0.75	0.54	0.42	0.53	0.56	0.57	0.53	0.48	0.54	0.52	0.48	0.41
	俄罗斯	0.04	0.05	0.07	0.06	0.09	0.10	0.10	0.11	0.12	0.10	0.10	0.11
价格边际	蒙古国	2.08	0.96	0.84	0.95	0.84	0.89	0.86	0.90	0.93	0.92	0.91	0.72
	俄罗斯	0.77	0.74	0.74	0.74	0.77	0.76	0.76	0.78	0.84	0.96	0.92	0.91
数量边际	蒙古国	0.36	0.56	0.50	0.56	0.67	0.64	0.62	0.54	0.58	0.56	0.52	0.58
	俄罗斯	0.05	0.07	0.09	0.09	0.11	0.13	0.14	0.14	0.14	0.10	0.11	0.12

附表 6－3　2006～2017 年中国对南亚 8 国林产品出口三元边际

年份		2006	2007	2008	2009	2010	2011	2012	2013	2014	2015	2016	2017
扩展边际	印　度	0.89	0.92	0.96	0.88	0.89	0.99	0.95	0.78	0.70	0.83	0.84	0.83
	巴基斯坦	0.90	0.85	0.83	0.72	0.90	0.78	0.87	0.87	0.84	0.94	0.94	0.87
	孟加拉国	0.78	0.63	0.77	0.75	0.60	0.74	0.73	0.75	0.74	0.90	0.81	0.80
	阿富汗	0.23	0.15	0.43	0.35	0.87	0.49	0.54	0.45	0.66	0.61	0.74	0.36
	尼泊尔	0.40	0.50	0.40	0.67	0.69	0.73	0.75	0.80	0.84	0.84	0.75	0.80
	不　丹	0.14	0.11	0.10	0.23	0.22	0.18	0.09	0.25	0.04	0.13	0.01	0.05
	斯里兰卡	0.96	0.86	0.88	0.83	0.91	0.95	0.96	0.89	0.96	0.93	0.97	0.98
	马尔代夫	0.84	0.58	0.59	0.69	0.89	0.83	0.90	0.95	0.91	0.79	0.90	0.90
集约边际	印　度	0.08	0.10	0.10	0.11	0.11	0.10	0.12	0.13	0.15	0.13	0.13	0.16
	巴基斯坦	0.11	0.12	0.11	0.19	0.12	0.18	0.19	0.21	0.24	0.27	0.24	0.38
	孟加拉国	0.07	0.11	0.10	0.12	0.14	0.16	0.18	0.26	0.29	0.32	0.29	0.32
	阿富汗	0.12	0.28	0.07	0.09	0.03	0.08	0.07	0.10	0.34	0.08	0.05	0.40
	尼泊尔	0.20	0.21	0.16	0.12	0.11	0.15	0.13	0.12	0.13	0.13	0.04	0.13
	不　丹	0.04	0.14	0.32	0.03	0.10	0.21	0.29	0.93	0.76	0.52	0.07	0.01
	斯里兰卡	0.05	0.07	0.07	0.07	0.08	0.09	0.10	0.16	0.15	0.17	0.17	0.18
	马尔代夫	0.03	0.05	0.04	0.05	0.06	0.10	0.12	0.12	0.13	0.13	0.15	0.20

续表

年份		2006	2007	2008	2009	2010	2011	2012	2013	2014	2015	2016	2017
价格边际	印　度	0.89	1.08	1.00	1.02	1.14	0.97	1.02	0.99	0.97	1.05	1.07	1.03
	巴基斯坦	0.99	0.91	0.91	1.01	0.94	0.95	0.99	0.95	0.97	1.02	1.01	0.97
	孟加拉国	0.89	1.05	0.86	0.90	0.84	0.84	0.97	1.32	1.42	1.05	1.05	0.97
	阿富汗	0.71	0.84	0.71	0.84	0.84	1.06	0.82	0.90	1.06	1.65	0.56	1.09
	尼泊尔	0.97	0.91	1.17	1.34	1.04	1.66	0.88	1.24	1.40	1.29	0.63	1.09
	不　丹	1.27	1.36	0.96	1.15	0.52	1.00	1.03	1.30	0.90	2.78	0.90	3.82
	斯里兰卡	0.98	0.95	0.92	1.03	0.93	0.94	0.99	0.95	1.00	0.91	0.91	0.95
	马尔代夫	0.98	1.44	0.96	0.96	0.95	0.99	0.92	1.03	0.97	0.88	1.08	0.86
数量边际	印　度	0.09	0.09	0.10	0.11	0.10	0.11	0.12	0.13	0.15	0.12	0.12	0.15
	巴基斯坦	0.11	0.13	0.12	0.18	0.13	0.19	0.20	0.22	0.25	0.27	0.24	0.39
	孟加拉国	0.07	0.10	0.11	0.13	0.16	0.19	0.18	0.19	0.21	0.30	0.28	0.33
	阿富汗	0.17	0.33	0.10	0.11	0.03	0.08	0.09	0.11	0.32	0.05	0.10	0.37
	尼泊尔	0.21	0.24	0.14	0.09	0.11	0.09	0.15	0.10	0.09	0.10	0.06	0.12
	不　丹	0.03	0.11	0.33	0.02	0.19	0.21	0.28	0.71	0.84	0.19	0.08	0.00
	斯里兰卡	0.05	0.07	0.08	0.07	0.08	0.09	0.10	0.16	0.15	0.18	0.18	0.18
	马尔代夫	0.03	0.04	0.04	0.06	0.06	0.10	0.13	0.12	0.13	0.15	0.14	0.23

附表 6-4 中国对东南亚 11 国林产品出口三元边际

年份		2006	2007	2008	2009	2010	2011	2012	2013	2014	2015	2016	2017
扩展边际	越南	0.82	0.92	0.90	0.90	0.93	0.97	0.94	0.97	0.94	0.97	0.92	0.95
	老挝	0.34	0.45	0.40	0.46	0.67	0.71	0.77	0.45	0.46	0.58	0.86	0.88
	柬埔寨	0.90	0.52	0.47	0.87	0.92	0.96	0.96	0.99	0.99	0.96	0.98	0.99
	泰国	0.73	0.70	0.91	0.87	0.90	0.90	0.89	0.90	0.92	0.90	0.93	0.85
	马来西亚	0.90	0.97	0.90	0.91	0.97	0.98	0.96	0.95	0.97	0.97	0.97	0.99
	新加坡	0.98	0.88	0.96	0.96	0.98	0.98	0.91	0.99	0.91	0.99	0.89	0.98
	印度尼西亚	0.68	0.53	0.85	0.83	0.78	0.86	0.65	0.75	0.76	0.74	0.74	0.78
	文莱	0.81	0.70	0.74	0.79	0.94	0.96	0.96	0.96	0.96	0.97	0.90	0.96
	菲律宾	0.93	0.93	0.94	0.96	0.96	0.97	0.99	0.97	0.98	0.96	0.98	0.97
	缅甸	0.85	0.86	0.78	0.84	0.93	0.92	0.95	0.94	0.97	0.96	0.99	0.99
	东帝汶	0.07	0.21	0.21	0.20	0.42	0.33	0.53	0.66	0.87	0.94	0.81	0.93
集约边际	越南	0.11	0.12	0.13	0.13	0.15	0.14	0.22	0.16	0.18	0.19	0.30	0.34
	老挝	0.20	0.07	0.06	0.09	0.25	0.60	0.56	0.46	0.27	0.42	0.43	0.87
	柬埔寨	0.08	0.09	0.10	0.06	0.12	0.20	0.20	0.03	0.17	0.24	0.32	0.62
	泰国	0.14	0.14	0.11	0.12	0.14	0.16	0.17	0.19	0.19	0.20	0.21	0.28
	马来西亚	0.11	0.12	0.13	0.17	0.16	0.17	0.21	0.25	0.25	0.27	0.31	0.29
	新加坡	0.11	0.11	0.12	0.16	0.14	0.13	0.16	0.16	0.20	0.20	0.21	0.18
	印度尼西亚	0.09	0.16	0.08	0.09	0.12	0.13	0.17	0.16	0.16	0.21	0.17	0.16
	文莱	0.08	0.07	0.09	0.33	0.81	0.88	0.46	0.39	0.35	0.38	0.48	0.17
	菲律宾	0.06	0.08	0.08	0.09	0.18	0.18	0.23	0.25	0.28	0.30	0.31	0.31
	缅甸	0.17	0.26	0.21	0.20	0.32	0.44	0.37	0.30	0.29	0.35	0.35	0.38
	东帝汶	0.87	0.29	0.20	0.46	0.32	0.60	0.43	0.33	0.38	0.69	0.45	0.45

续表

年份		2006	2007	2008	2009	2010	2011	2012	2013	2014	2015	2016	2017
价格边际	越南	1.02	0.99	0.93	0.97	0.98	1.07	1.23	1.04	1.08	1.02	1.08	1.07
	老挝	0.99	1.26	0.77	0.75	0.93	0.93	1.08	1.02	1.05	0.93	1.04	0.93
	柬埔寨	1.34	1.01	0.87	0.92	0.79	1.05	0.97	0.27	0.90	1.16	1.04	0.96
	泰国	0.80	0.85	0.86	0.90	0.86	0.89	0.89	0.92	0.93	0.92	0.89	1.05
	马来西亚	1.08	1.02	0.95	0.98	0.94	1.06	1.03	1.06	1.05	1.03	1.05	1.06
	新加坡	1.00	0.97	1.11	1.04	1.25	1.10	0.99	1.11	1.08	1.09	1.07	1.07
	印度尼西亚	0.95	0.94	0.92	0.92	0.98	0.93	0.83	0.93	0.93	0.96	0.95	1.03
	文莱	0.82	0.98	0.96	0.88	0.99	0.98	0.90	1.03	0.94	1.07	1.12	0.89
	菲律宾	0.83	0.81	0.78	0.79	0.98	0.91	0.96	0.93	0.89	0.95	1.01	0.98
	缅甸	0.64	0.96	0.76	0.84	1.02	0.97	0.99	0.99	1.03	0.98	1.03	1.10
	东帝汶	1.01	1.12	0.94	1.17	1.09	1.06	1.13	1.42	1.37	0.94	1.26	1.07
数量边际	越南	0.11	0.12	0.14	0.14	0.15	0.13	0.18	0.16	0.16	0.18	0.28	0.32
	老挝	0.21	0.06	0.07	0.13	0.27	0.64	0.51	0.45	0.26	0.45	0.41	0.94
	柬埔寨	0.06	0.09	0.11	0.07	0.15	0.19	0.21	0.13	0.19	0.21	0.31	0.64
	泰国	0.17	0.17	0.13	0.14	0.17	0.18	0.20	0.21	0.21	0.22	0.23	0.27
	马来西亚	0.10	0.12	0.13	0.17	0.17	0.16	0.21	0.24	0.23	0.26	0.30	0.28
	新加坡	0.11	0.11	0.11	0.15	0.11	0.12	0.16	0.14	0.19	0.19	0.20	0.17
	印度尼西亚	0.10	0.17	0.09	0.10	0.13	0.14	0.21	0.18	0.17	0.22	0.18	0.15
	文莱	0.10	0.07	0.09	0.38	0.82	0.90	0.51	0.38	0.37	0.35	0.42	0.19
	菲律宾	0.07	0.10	0.11	0.12	0.18	0.20	0.24	0.27	0.32	0.32	0.31	0.31
	缅甸	0.26	0.27	0.27	0.24	0.31	0.45	0.37	0.30	0.29	0.36	0.34	0.34
	东帝汶	0.87	0.26	0.21	0.39	0.29	0.57	0.38	0.23	0.28	0.73	0.36	0.42

附表 6－5　2006～2017 年中国对中东欧 19 国林产品出口三元边际

年份		2006	2007	2008	2009	2010	2011	2012	2013	2014	2015	2016	2017
扩展边际	波兰	0.73	0.79	0.86	0.88	0.75	0.81	0.74	0.79	0.85	0.87	0.87	0.87
	捷克	0.80	0.83	0.86	0.86	0.80	0.84	0.81	0.83	0.82	0.82	0.81	0.83
	斯洛伐克	0.66	0.67	0.77	0.72	0.76	0.71	0.71	0.66	0.74	0.76	0.75	0.81
	匈牙利	0.58	0.68	0.59	0.62	0.66	0.60	0.61	0.73	0.71	0.68	0.71	0.78
	斯洛文尼亚	0.51	0.51	0.57	0.66	0.46	0.50	0.57	0.57	0.67	0.54	0.52	0.56
	克罗地亚	0.77	0.80	0.85	0.81	0.84	0.79	0.80	0.68	0.66	0.70	0.65	0.38
	罗马尼亚	0.80	0.89	0.91	0.87	0.83	0.85	0.80	0.78	0.81	0.78	0.78	0.82
	保加利亚	0.82	0.86	0.84	0.83	0.75	0.80	0.77	0.77	0.83	0.79	0.78	0.85
	塞尔维亚	0.58	0.70	0.69	0.68	0.70	0.66	0.74	0.73	0.74	0.69	0.77	0.70
	黑山	0.64	0.69	0.75	0.66	0.76	0.74	0.75	0.77	0.77	0.79	0.77	0.79
	马其顿	0.65	0.74	0.72	0.74	0.78	0.78	0.84	0.78	0.79	0.76	0.82	0.81
	波黑	0.67	0.71	0.75	0.75	0.75	0.74	0.75	0.73	0.69	0.75	0.67	0.79
	阿尔巴尼亚	0.69	0.70	0.82	0.78	0.84	0.89	0.89	0.88	0.73	0.89	0.83	0.82
	爱沙尼亚	0.50	0.47	0.64	0.61	0.58	0.59	0.51	0.55	0.56	0.49	0.46	0.84
	立陶宛	0.51	0.69	0.71	0.66	0.62	0.61	0.71	0.72	0.74	0.79	0.65	0.77
	拉脱维亚	0.51	0.55	0.64	0.53	0.61	0.60	0.59	0.64	0.59	0.57	0.62	0.50
	乌克兰	0.82	0.78	0.85	0.82	0.83	0.83	0.84	0.89	0.87	0.82	0.84	0.80
	白俄罗斯	0.46	0.51	0.70	0.73	0.67	0.84	0.70	0.84	0.76	0.81	0.82	0.84
	摩尔多瓦	0.59	0.66	0.70	0.66	0.70	0.76	0.75	0.76	0.78	0.66	0.83	0.65

续表

年份		2006	2007	2008	2009	2010	2011	2012	2013	2014	2015	2016	2017
集约边际	波兰	0.03	0.04	0.04	0.03	0.04	0.03	0.04	0.03	0.04	0.03	0.04	0.04
	捷克	0.02	0.02	0.03	0.03	0.03	0.03	0.03	0.03	0.03	0.03	0.03	0.05
	斯洛伐克	0.01	0.02	0.02	0.02	0.02	0.02	0.02	0.02	0.02	0.02	0.02	0.02
	匈牙利	0.02	0.01	0.01	0.01	0.01	0.01	0.01	0.01	0.01	0.01	0.01	0.01
	斯洛文尼亚	0.02	0.02	0.03	0.02	0.04	0.04	0.03	0.03	0.03	0.03	0.03	0.03
	克罗地亚	0.03	0.03	0.03	0.03	0.03	0.04	0.04	0.03	0.03	0.03	0.02	0.03
	罗马尼亚	0.02	0.04	0.07	0.05	0.06	0.06	0.06	0.06	0.06	0.06	0.05	0.05
	保加利亚	0.05	0.07	0.09	0.06	0.06	0.05	0.05	0.05	0.05	0.06	0.06	0.05
	塞尔维亚	0.03	0.03	0.04	0.04	0.03	0.04	0.03	0.03	0.02	0.03	0.02	0.02
	黑山	0.04	0.05	0.06	0.05	0.04	0.04	0.04	0.04	0.04	0.04	0.04	0.04
	马其顿	0.04	0.05	0.06	0.04	0.05	0.05	0.05	0.05	0.05	0.05	0.05	0.04
	波黑	0.03	0.04	0.05	0.04	0.03	0.03	0.03	0.03	0.06	0.04	0.03	0.03
	阿尔巴尼亚	0.08	0.09	0.08	0.07	0.07	0.07	0.08	0.08	0.07	0.06	0.06	0.06
	爱沙尼亚	0.04	0.05	0.05	0.04	0.03	0.03	0.04	0.03	0.04	0.04	0.04	0.02
	立陶宛	0.03	0.03	0.03	0.03	0.02	0.02	0.02	0.02	0.02	0.02	0.02	0.01
	拉脱维亚	0.03	0.04	0.05	0.02	0.03	0.04	0.04	0.03	0.02	0.03	0.02	0.03
	乌克兰	0.03	0.04	0.07	0.06	0.07	0.08	0.08	0.08	0.07	0.06	0.07	0.07
	白俄罗斯	0.02	0.02	0.03	0.02	0.03	0.03	0.03	0.02	0.01	0.02	0.02	0.03
	摩尔多瓦	0.03	0.04	0.05	0.08	0.08	0.07	0.07	0.07	0.09	0.08	0.06	0.07

续表

年份		2006	2007	2008	2009	2010	2011	2012	2013	2014	2015	2016	2017
价格边际	波兰	1.23	1.11	1.14	1.20	1.20	1.19	1.46	1.42	1.38	1.37	1.36	1.38
	捷克	1.36	1.37	1.38	1.52	1.58	1.52	1.72	1.85	2.02	2.02	1.78	1.75
	斯洛伐克	1.32	1.28	1.32	1.07	1.44	1.09	1.53	1.46	1.67	1.99	1.60	1.74
	匈牙利	1.13	1.20	1.20	1.40	1.59	1.48	1.76	1.53	1.49	1.56	1.58	1.23
	斯洛文尼亚	1.09	1.00	0.98	1.05	1.09	1.08	1.31	1.41	1.52	1.39	1.27	1.38
	克罗地亚	0.97	0.98	0.97	1.00	1.16	1.09	1.16	1.04	1.13	1.33	1.16	1.33
	罗马尼亚	0.82	0.81	0.86	0.78	0.87	0.85	0.95	0.89	0.97	1.10	1.10	1.10
	保加利亚	0.82	0.75	0.81	0.87	0.92	0.90	0.91	0.91	0.93	1.04	1.07	1.06
	塞尔维亚	1.20	1.00	0.95	1.01	1.00	1.00	1.11	1.16	0.96	1.11	1.16	1.12
	黑山	0.93	0.98	0.91	0.92	1.06	1.10	1.11	1.04	1.03	1.15	1.13	1.14
	马其顿	0.86	0.81	0.92	0.89	0.93	1.02	1.09	1.13	1.18	1.15	1.17	1.14
	波黑	0.98	0.97	1.09	1.04	1.09	1.19	1.15	1.22	1.14	1.36	1.39	1.43
	阿尔巴尼亚	0.84	2.82	1.16	0.92	0.73	0.96	1.07	0.98	0.79	1.10	1.01	1.05
	爱沙尼亚	1.25	0.96	0.99	1.10	1.18	1.21	1.28	1.19	1.37	1.57	1.40	1.42
	立陶宛	1.05	1.05	1.07	0.99	1.07	1.09	1.15	1.13	1.08	1.26	1.30	1.37
	拉脱维亚	1.08	0.88	0.84	0.80	0.97	1.24	1.28	1.11	1.13	1.29	1.28	1.18
	乌克兰	0.80	0.73	1.43	0.73	0.85	0.79	0.88	0.85	0.84	0.95	0.94	0.91
	白俄罗斯	1.32	1.29	1.44	1.11	1.10	1.13	1.00	1.21	1.05	1.01	0.96	1.20
	摩尔多瓦	1.11	0.88	0.84	1.01	1.02	0.93	0.94	1.03	1.02	1.02	1.07	1.08

续表

年份		2006	2007	2008	2009	2010	2011	2012	2013	2014	2015	2016	2017
数量边际	波兰	0. 02	0. 03	0. 03	0. 03	0. 03	0. 03	0. 03	0. 02	0. 03	0. 03	0. 03	0. 03
	捷克	0. 01	0. 02	0. 02	0. 02	0. 02	0. 02	0. 02	0. 01	0. 01	0. 01	0. 01	0. 03
	斯洛伐克	0. 01	0. 01	0. 01	0. 02	0. 01	0. 01	0. 01	0. 01	0. 01	0. 01	0. 01	0. 01
	匈牙利	0. 01	0. 01	0. 01	0. 01	0. 01	0. 01	0. 01	0. 01	0. 00	0. 01	0. 01	0. 01
	斯洛文尼亚	0. 02	0. 02	0. 03	0. 02	0. 04	0. 03	0. 03	0. 02	0. 02	0. 02	0. 03	0. 02
	克罗地亚	0. 03	0. 03	0. 03	0. 03	0. 03	0. 04	0. 03	0. 03	0. 03	0. 02	0. 02	0. 02
	罗马尼亚	0. 02	0. 05	0. 08	0. 06	0. 06	0. 07	0. 06	0. 06	0. 06	0. 05	0. 05	0. 05
	保加利亚	0. 06	0. 09	0. 11	0. 07	0. 07	0. 06	0. 06	0. 06	0. 06	0. 05	0. 05	0. 05
	塞尔维亚	0. 02	0. 03	0. 04	0. 04	0. 03	0. 04	0. 03	0. 03	0. 02	0. 02	0. 02	0. 02
	黑山	0. 04	0. 05	0. 07	0. 05	0. 03	0. 04	0. 03	0. 04	0. 04	0. 03	0. 03	0. 04
	马其顿	0. 05	0. 06	0. 06	0. 05	0. 05	0. 05	0. 04	0. 04	0. 05	0. 04	0. 04	0. 03
	波黑	0. 03	0. 04	0. 04	0. 04	0. 03	0. 03	0. 03	0. 02	0. 06	0. 03	0. 02	0. 02
	阿尔巴尼亚	0. 09	0. 03	0. 07	0. 08	0. 10	0. 07	0. 08	0. 08	0. 09	0. 06	0. 06	0. 06
	爱沙尼亚	0. 03	0. 06	0. 05	0. 04	0. 03	0. 03	0. 03	0. 03	0. 03	0. 03	0. 03	0. 02
	立陶宛	0. 03	0. 03	0. 03	0. 03	0. 02	0. 02	0. 01	0. 02	0. 02	0. 01	0. 02	0. 01
	拉脱维亚	0. 03	0. 04	0. 06	0. 03	0. 03	0. 03	0. 03	0. 02	0. 02	0. 02	0. 02	0. 02
	乌克兰	0. 04	0. 05	0. 05	0. 08	0. 08	0. 11	0. 09	0. 09	0. 09	0. 07	0. 07	0. 08
	白俄罗斯	0. 01	0. 01	0. 02	0. 02	0. 03	0. 03	0. 03	0. 02	0. 01	0. 02	0. 03	0. 03
	摩尔多瓦	0. 03	0. 04	0. 06	0. 08	0. 08	0. 08	0. 07	0. 07	0. 08	0. 08	0. 05	0. 07

附表 6-6　2006~2017 年中国对西亚、中东 19 国林产品出口三元边际

年份		2006	2007	2008	2009	2010	2011	2012	2013	2014	2015	2016	2017
扩展边际	土耳其	0.75	0.80	0.80	0.79	0.72	0.73	0.76	0.82	0.82	0.78	0.79	0.74
	伊朗	0.88	0.76	0.78	0.82	0.98	0.98	0.82	0.89	0.93	0.99	0.93	0.88
	叙利亚	0.69	0.63	0.58	0.49	0.67	0.60	0.50	0.73	0.64	0.80	0.74	0.60
	伊拉克	0.58	0.71	0.85	0.86	0.90	0.89	0.87	0.96	0.91	0.93	0.92	0.94
	阿联酋	0.88	0.96	0.95	0.91	0.86	0.89	0.89	0.89	0.90	0.95	0.97	0.89
	沙特阿拉伯	0.90	0.91	0.76	0.86	0.92	0.88	0.90	0.93	0.95	0.95	0.96	0.86
	卡塔尔	0.93	0.96	0.97	0.77	0.98	0.87	0.85	0.98	0.99	0.99	0.96	0.89
	巴林	0.89	0.91	0.94	0.93	0.92	0.95	0.90	0.92	0.90	0.87	0.92	0.79
	科威特	0.89	0.88	0.91	0.72	0.91	0.86	0.85	0.95	0.96	0.95	0.97	0.96
	黎巴嫩	0.78	0.84	0.74	0.78	0.83	0.78	0.88	0.80	0.80	0.79	0.84	0.80
	阿曼	0.55	0.77	0.78	0.78	0.81	0.82	0.83	0.87	0.92	0.83	0.90	0.81
	也门	0.75	0.70	0.74	0.79	0.76	0.91	0.66	0.89	0.71	0.64	0.52	0.63
	约旦	0.82	0.67	0.78	0.84	0.78	0.84	0.90	0.88	0.86	0.87	0.88	0.87
	以色列	0.71	0.82	0.73	0.82	0.75	0.79	0.80	0.82	0.87	0.92	0.88	0.89
	巴勒斯坦	0.19	0.80	0.80	0.69	0.76	0.85	0.80	0.85	0.82	0.83	0.81	0.60
	亚美尼亚	0.70	0.76	0.85	0.83	0.75	0.88	0.73	0.87	0.92	0.81	0.91	0.85
	格鲁吉亚	0.63	0.81	0.89	0.81	0.81	0.90	0.88	0.90	0.93	0.83	0.91	0.83
	阿塞拜疆	0.46	0.48	0.88	0.52	0.57	0.84	0.59	0.90	0.62	0.74	0.76	0.63
	埃及	0.48	0.39	0.94	0.93	0.95	0.55	0.55	0.83	0.54	0.59	0.87	0.59

续表

年份		2006	2007	2008	2009	2010	2011	2012	2013	2014	2015	2016	2017
集约边际	土耳其	0.08	0.09	0.07	0.06	0.08	0.08	0.07	0.08	0.10	0.10	0.11	0.10
	伊朗	0.12	0.19	0.16	0.19	0.11	0.12	0.27	0.29	0.44	0.34	0.30	0.31
	叙利亚	0.16	0.19	0.18	0.12	0.12	0.19	0.26	0.12	0.16	0.17	0.19	0.22
	伊拉克	0.04	0.07	0.06	0.05	0.08	0.08	0.10	0.11	0.18	0.24	0.25	0.27
	阿联酋	0.17	0.17	0.17	0.23	0.23	0.29	0.33	0.35	0.36	0.33	0.23	0.32
	沙特阿拉伯	0.15	0.15	0.19	0.18	0.18	0.22	0.22	0.20	0.26	0.23	0.26	0.33
	卡塔尔	0.16	0.15	0.16	0.24	0.18	0.33	0.28	0.18	0.20	0.16	0.17	0.22
	巴林	0.13	0.15	0.16	0.18	0.19	0.19	0.19	0.19	0.19	0.21	0.18	0.31
	科威特	0.14	0.15	0.12	0.21	0.21	0.24	0.25	0.17	0.18	0.18	0.18	0.18
	黎巴嫩	0.12	0.11	0.15	0.16	0.16	0.15	0.15	0.15	0.15	0.19	0.14	0.14
	阿曼	0.11	0.10	0.08	0.09	0.09	0.10	0.09	0.12	0.08	0.11	0.13	0.12
	也门	0.09	0.09	0.08	0.03	0.06	0.04	0.14	0.10	0.06	0.10	0.24	0.28
	约旦	0.10	0.12	0.11	0.13	0.15	0.17	0.17	0.21	0.18	0.18	0.19	0.18
	以色列	0.13	0.09	0.14	0.14	0.15	0.15	0.15	0.15	0.14	0.13	0.14	0.17
	巴勒斯坦	0.61	0.09	0.07	0.10	0.09	0.07	0.07	0.09	0.09	0.11	0.10	0.09
	亚美尼亚	0.11	0.13	0.18	0.18	0.23	0.18	0.20	0.19	0.18	0.20	0.16	0.18
	格鲁吉亚	0.07	0.09	0.11	0.12	0.15	0.15	0.17	0.17	0.16	0.17	0.12	0.14
	阿塞拜疆	0.03	0.03	0.01	0.03	0.02	0.01	0.03	0.02	0.04	0.03	0.05	0.07
	埃及	0.12	0.12	0.06	0.05	0.06	0.13	0.11	0.09	0.12	0.13	0.09	0.13

续表

年份		2006	2007	2008	2009	2010	2011	2012	2013	2014	2015	2016	2017
价格边际	土耳其	0.91	0.89	0.92	0.95	1.02	0.99	1.08	1.02	1.01	1.06	1.02	1.07
	伊朗	1.02	0.83	0.89	0.91	0.98	0.97	0.90	1.14	1.11	1.09	1.03	1.00
	叙利亚	1.09	0.97	0.90	1.08	1.10	1.08	1.17	1.41	1.31	1.64	1.39	1.28
	伊拉克	0.93	1.00	0.92	0.99	0.83	0.74	0.89	0.89	1.15	1.23	1.34	1.16
	阿联酋	0.93	0.81	0.84	0.93	0.81	0.93	0.99	0.99	1.07	1.10	0.95	1.02
	沙特阿拉伯	0.97	0.86	0.92	0.94	0.91	0.92	1.01	1.02	1.16	0.96	1.08	1.06
	卡塔尔	0.89	0.85	0.88	0.87	0.75	0.72	0.68	0.80	0.93	0.81	0.89	0.87
	巴林	0.85	0.90	0.92	0.86	0.94	0.90	1.03	1.02	1.22	1.02	1.00	0.83
	科威特	0.80	0.77	0.85	0.92	0.82	0.85	0.86	0.94	0.93	0.92	0.88	0.89
	黎巴嫩	0.91	0.97	0.93	0.82	0.98	0.91	0.94	0.93	0.96	1.31	0.90	0.96
	阿曼	0.79	0.86	0.59	0.94	0.84	0.91	0.87	1.00	0.95	1.08	1.03	0.92
	也门	0.96	0.91	0.83	0.35	0.82	0.53	1.21	1.05	0.71	1.05	1.12	1.09
	约旦	0.90	1.01	0.86	1.02	0.97	1.00	1.04	1.03	1.07	1.02	1.07	1.02
	以色列	1.00	1.09	0.98	0.96	0.95	0.96	0.94	0.95	0.98	1.04	0.99	1.03
	巴勒斯坦	1.07	1.08	1.00	0.99	1.04	1.02	1.00	1.07	1.18	0.87	0.94	1.27
	亚美尼亚	0.79	0.92	0.89	0.94	1.00	0.85	0.83	0.85	0.84	1.12	0.98	1.04
	格鲁吉亚	1.35	0.98	0.87	1.23	0.99	0.95	0.97	0.99	0.94	0.92	0.99	0.98
	阿塞拜疆	0.45	1.03	0.68	0.53	0.51	0.66	0.80	0.89	0.56	1.30	0.96	4.26
	埃及	0.87	0.92	1.30	1.33	1.30	1.07	1.10	1.23	1.36	1.16	1.17	1.08

续表

年份		2006	2007	2008	2009	2010	2011	2012	2013	2014	2015	2016	2017
数量边际	土耳其	0. 09	0. 10	0. 08	0. 06	0. 07	0. 08	0. 07	0. 08	0. 10	0. 09	0. 11	0. 09
	伊朗	0. 11	0. 23	0. 18	0. 20	0. 11	0. 12	0. 29	0. 26	0. 40	0. 31	0. 29	0. 31
	叙利亚	0. 14	0. 20	0. 20	0. 11	0. 11	0. 17	0. 22	0. 09	0. 12	0. 10	0. 14	0. 17
	伊拉克	0. 04	0. 07	0. 06	0. 06	0. 10	0. 11	0. 11	0. 13	0. 16	0. 20	0. 19	0. 23
	阿联酋	0. 18	0. 20	0. 20	0. 25	0. 28	0. 31	0. 34	0. 35	0. 34	0. 30	0. 24	0. 31
	沙特阿拉伯	0. 15	0. 18	0. 20	0. 20	0. 20	0. 24	0. 22	0. 20	0. 22	0. 24	0. 24	0. 31
	卡塔尔	0. 18	0. 18	0. 19	0. 28	0. 25	0. 47	0. 42	0. 22	0. 21	0. 20	0. 19	0. 25
	巴林	0. 15	0. 17	0. 18	0. 21	0. 20	0. 21	0. 19	0. 18	0. 15	0. 21	0. 19	0. 37
	科威特	0. 18	0. 20	0. 14	0. 23	0. 26	0. 28	0. 30	0. 18	0. 20	0. 19	0. 20	0. 20
	黎巴嫩	0. 13	0. 11	0. 16	0. 13	0. 17	0. 16	0. 16	0. 16	0. 16	0. 15	0. 15	0. 14
	阿曼	0. 14	0. 11	0. 13	0. 09	0. 10	0. 11	0. 11	0. 12	0. 09	0. 10	0. 12	0. 13
	也门	0. 10	0. 09	0. 10	0. 09	0. 07	0. 07	0. 11	0. 09	0. 09	0. 09	0. 22	0. 26
	约旦	0. 11	0. 12	0. 13	0. 12	0. 16	0. 17	0. 16	0. 20	0. 16	0. 17	0. 18	0. 18
	以色列	0. 13	0. 09	0. 14	0. 14	0. 16	0. 16	0. 16	0. 16	0. 14	0. 12	0. 14	0. 16
	巴勒斯坦	0. 57	0. 08	0. 07	0. 10	0. 08	0. 07	0. 07	0. 08	0. 08	0. 13	0. 10	0. 07
	亚美尼亚	0. 14	0. 14	0. 20	0. 19	0. 23	0. 22	0. 24	0. 22	0. 22	0. 18	0. 16	0. 17
	格鲁吉亚	0. 05	0. 09	0. 13	0. 10	0. 15	0. 15	0. 17	0. 17	0. 17	0. 19	0. 13	0. 15
	阿塞拜疆	0. 06	0. 03	0. 02	0. 05	0. 04	0. 02	0. 04	0. 03	0. 06	0. 03	0. 05	0. 02
	埃及	0. 14	0. 13	0. 04	0. 04	0. 05	0. 12	0. 10	0. 08	0. 09	0. 12	0. 07	0. 12

07

第七章

“一带一路”倡议下中国林产品贸易的全球价值链攀升

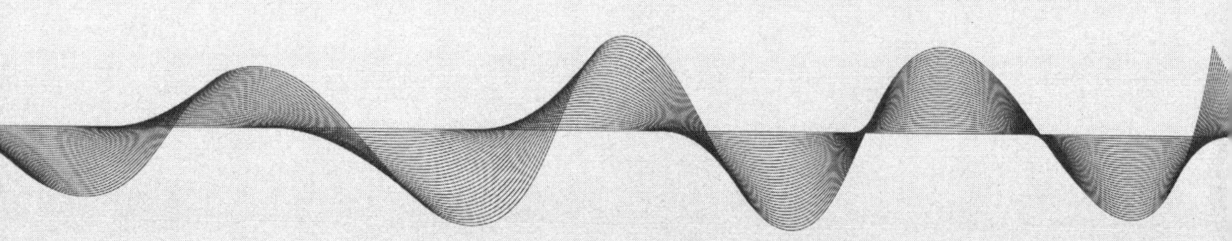

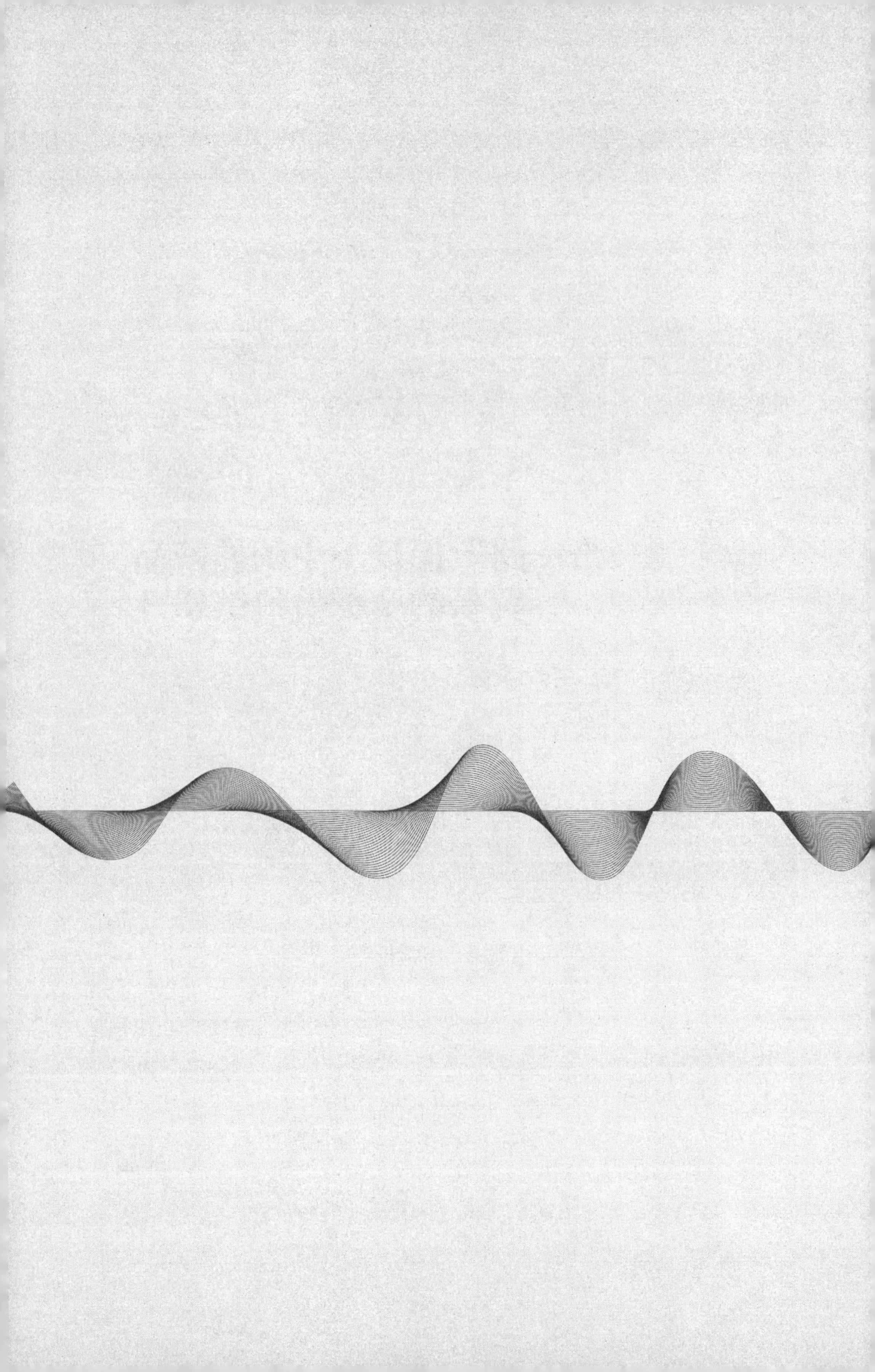

随着经济全球化和区域一体化的不断发展，产品内部分工开始向垂直专业化分工方向发展，由此形成了全球价值链分工的新模式。改革开放以来，尤其是加入 WTO 以后，中国等发展中国家凭借丰富的劳动力禀赋在产品的加工、组装环节形成了比较优势，以代工方式逐步嵌入欧美日等发达国家主导的全球价值链。就木材产业而言，全球范围内木材产业的分工模式已形成以全球木材产业链为纽带的生产网络模式，即俄罗斯和东南亚国家等提供原材料，在中国加工成成品，终点是美国等发达国家（侯方淼等，2016）。但是参与木材产业国际分工并不一定会带来所处价值链环节和分工地位的提升，也有可能会落入“中等收入”和“低端锁定”的陷阱（Kaplinsky & Morris，2000）。一方面，发达国家由于占据科技研发和品牌渠道等方面的优势，垄断了价值链的高端环节，而中国等发展中国家往往只能从事组装加工等低端环节，面对较高的技术学习和自主创新成本，代工企业极易进入俘获型价值链；另一方面，发展中国家依靠低成本优势吸引外资，而忽视对其他要素资源的培育，加上价值链高端企业营造的技术壁垒，使得这些国家无法通过参与国际分工来提高在价值链中的地位（王领、胡晓涛，2017）。

党的十九大报告明确提出要促进中国产业向全球价值链中高端迈进。“一带一路”建设开启了中国对外开放新格局，共建“一带一路”国家借助该平台不断拓展产业链，形成基于“一带一路”平台的区域价值链，并借此逐渐融入全球化甚至参与全球治理，这为中国木材产业借力“一带一路”进行全球价值链升级提供了思路。“一带一路”倡议有着绿色发展理念，而林业是绿色经济和可持续发展的基础和关键，在生态建设中具有首要地位。新形势为木材产业的转型发展提出了更高的要求，借力“一带一路”平台进行全球价值链升级是木材产业转型升级的必然途径。本章首先基于当前中国林产品贸易全球价值链分工现状，阐述了中国林产品贸易全球价值链攀升的内在需求和必然性。其次通过测算中国木材产业在基于

“一带一路”所形成的新型价值链中的整体竞争力、分工地位及参与程度，分析中国与共建“一带一路”国家的贸易互补性。最后，从优势互补、创新资源共享、制度创新先行先试等视角分析了“一带一路”倡议下中国林产品贸易全球价值链攀升的切入点，为未来的木材产业发展提供思路和建议。

一 中国林产品贸易全球价值链攀升的内在需求和必然性

（一）中国林产品贸易全球价值链分工现状

自20世纪80年代以来，在经济全球化背景下，传统的“国家生产”已逐步转向“世界生产”，并且各产业部门生产的国际分工也越来越细化，制造业各产业部门加速参与全球分工生产已成为趋势，中国木材产业也经历了类似的分工生产。另外，全球价值链作为上述产业部门国际分工生产的完整链条，借助于国际贸易将全球各个国家纳入这条庞大的生产链中，推动国际分工的专业化协作。作为重要的制造业部门，木材产业及其细分行业由于较强的生产分割性，是全球价值链分工体系中重要的参与部门，针对中国木材产业及其细分行业而言，当前参与全球价值链分工已成为既定事实。

从全球价值链参与方式来看，中国林产品全球价值链参与度仍不高，未来有较大提升空间。木材加工业和造纸业的后向参与度明显高于前向参与度，说明中国木材产业主要以后向参与方式嵌入全球价值链，也就是主要通过进口木材原材料或中间品出口木材最终品，这与当前中国木材产业的发展现状相符（见表7－1）。当然，中国林产品全球价值链参与程度不高也有其原因，首先，在前向参与度上，国内木材原材料供给较少，加之现有木材产业以加工木材最终品为主，因此导致前向参与度较低。其次，由于国内木材产业链相对完整，也拥有较为完善的工业生产体系，部分中间品多由国内生产，而且部分中小木材企业虽为出口导向型，但主要参与的是国内产业链的分工，参与国际分工频率较低，而中大型企业是参与国际分工的主体，但当前中国中大型木材企业的比例并不高，未来应加强大型，甚至是跨国木材企业的培育，进而提升国际分工的参与度，吸收国际先进技术和经验。

表 7－1　中国与世界其他主要国家林产品全球价值链参与度对比

国家或地区	木材加工业		造纸业		国家或地区	木材加工业		造纸业	
	前向	后向	前向	后向		前向	后向	前向	后向
澳大利亚	0.17	0.13	0.20	0.19	爱尔兰	0.53	0.46	0.67	0.40
奥地利	0.56	0.31	0.77	0.33	意大利	0.19	0.20	0.32	0.26
比利时	0.65	0.42	0.68	0.46	日本	0.05	0.16	0.13	0.12
保加利亚	0.35	0.38	0.30	0.46	韩国	0.14	0.27	0.36	0.26
巴西	0.36	0.08	0.31	0.13	立陶宛	0.53	0.34	0.55	0.34
加拿大	0.73	0.28	0.65	0.27	卢森堡	0.84	0.64	0.92	0.61
瑞士	0.24	0.21	0.60	0.28	拉脱维亚	0.71	0.25	0.52	0.47
中国	0.13	0.14	0.16	0.18	墨西哥	0.15	0.13	0.17	0.27
塞浦路斯	0.11	0.28	0.11	0.45	马耳他	0.16	0.33	0.28	0.45
捷克	0.53	0.25	0.59	0.37	荷兰	0.40	0.32	0.63	0.43
德国	0.35	0.25	0.57	0.31	挪威	0.20	0.20	0.68	0.22
丹麦	0.40	0.30	0.56	0.34	波兰	0.50	0.22	0.44	0.31
西班牙	0.23	0.21	0.35	0.26	葡萄牙	0.57	0.22	0.54	0.28
爱沙尼亚	0.80	0.33	0.86	0.38	罗马尼亚	0.53	0.20	0.32	0.27
芬兰	0.53	0.20	0.79	0.26	俄罗斯	0.34	0.09	0.35	0.11
法国	0.25	0.21	0.41	0.29	斯洛伐克	0.47	0.19	0.53	0.34
英国	0.15	0.24	0.27	0.24	斯洛文尼亚	0.73	0.34	0.66	0.45
希腊	0.08	0.18	0.17	0.24	瑞典	0.54	0.24	0.77	0.27
克罗地亚	0.53	0.31	0.45	0.30	土耳其	0.25	0.22	0.25	0.25
匈牙利	0.59	0.40	0.57	0.51	中国台湾	0.31	0.39	0.41	0.36
印度尼西亚	0.47	0.10	0.45	0.21	美国	0.10	0.18	0.15	0.15
印度	0.09	0.09	0.11	0.19	—	—	—	—	—

资料来源：根据 2016 版世界投入产出表（WIOTs）核算。

从全球价值链分工位置来看，美国、俄罗斯、日本和巴西等国整体处于全球价值链分工的上游位置，一方面源于这些国家拥有较强的木材加工基础和工业水平，在生产工艺上具有长期积累的优势，从而具备较强的竞争优势；另一方面，也得益于这些国家的国内价值链较长，从原材料、中间品到最终品具有完整的产业链条，进而国内木材产业的增值能力较强。与之相反，在全球价值链“嵌入效应”下，中国承接了全球价值链加工环节的转移，成为“世界工厂”，木材产业已形成林产品全球价值链分工模式，即由俄罗斯、东南亚等国家（地区）提供原材料，中国加工成家具等产品，然后再出口至欧美等发达国家，这种分工模式是建立在木材资源的大量消耗和低效利用基础上的，面临着林产品价值链“低端锁定”的风险。值得关注的是，中国在进入21世纪以来，木材产业国际分工地位不断攀升，尤其是2008年金融危机后攀升速度持续加快，但距离俄罗斯、巴西等木材产业强国还存在一定的差距（见图7－1）。

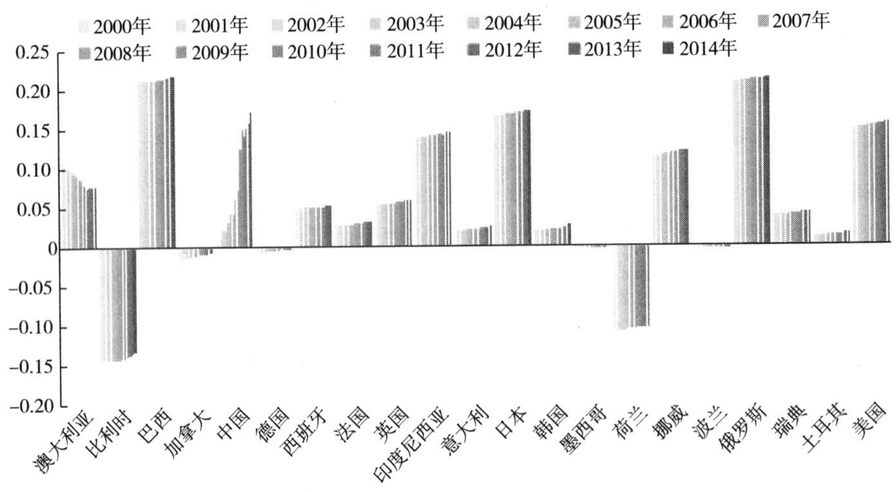

图7－1 2000～2014年各国林产品全球价值链分工位置变化

资料来源：笔者自绘。

（二）中国林产品贸易全球价值链攀升的必要性

从中国木材产业实际发展状况和全球经济政治格局重塑大背景出发，中国林产品全球价值链向高端环节攀升存在内在需求和必然性。从中国林产品贸易发展存在的主要问题来看，首先，中国林产品贸易以贴牌生产和代工生产为主，缺乏技术创新与品牌引领，高端环节牢牢地被发达国家所把控，这种情形使中国木材产业面临“价值链低端锁定”风险。而且随着“刘易斯拐点”的到来，中国木材产业的劳动力成本优势不断丧失，跨国公司将大量的劳动密集型木材产业逐步向越南等劳动力成本更低的东南亚国家转移，这就迫使中国林产品贸易不断寻求新的发展模式和经济增长点，由处于加工贸易的全球价值链低端向研发创新与品牌设计的全球价值链中高端转移（程宝栋等，2015）。其次，中国林产品贸易“两头在外”的加工贸易特征仍然显著。受世界环境保护意识提高的影响，全球对森林问题的广泛关注制约了建立在森林资源消耗基础之上的原木贸易。目前，中国不仅是世界最大的原木进口国，同时也是木质林产品的全球加工中心和重要的出口国，在全球林产品加工和贸易链中发挥着越来越重要的作用，但与世界其他主要林产品贸易大国相比，我国对原木等初级产品的进口依赖度高，林产品出口又以加工型的贸易结构为主，这种大进大出型的贸易方式，使得中国林产品贸易对国际市场依赖性大，更易遭受因贸易环境恶化而带来的各种风险，还容易背负破坏森林资源的指责，这也促使中国林产品贸易加快转型升级，努力推动林产品在全球价值链的位次前移。

与此同时，在新的全球经济形势下，全球价值链形成的动力机制、构建基础、利益分配模式也存在变革的必然性和可能性。金融危机以后，欧、美、日等发达经济体经济增长放缓甚至出现衰退，国际市场有效需求减少，新兴国家逐渐成为世界经济复苏的引擎。从当前的历史节点来看，全球经济格局深度调整，各国都处于“爬坡过坎”的关键时期，全球贸易格局不断发生变化，逆全球化浪潮不断掀起，并严重割裂了全球价值链和产业链。在这样的背景下，中国不能再走所谓的“被动嵌入由发达国家主导的全球价值链而实现自动升级”的老路，主动探索向全球价值链高端环节攀升的路径具有更为重要的现实意义。就林产品贸易而言，中国在原有全球价值链中，亦陷入“价值链低端锁定”的局面。事实上，很多学者认为传统的全球价值链存在严重的市场失效问题，并不具有可持续性，这进一步说明了全球价值链存在变革的可能性。从广义上来讲，全球价值链重构是指原先形成全球价值链的比较优势逐渐发生变化，进而导致产品生产的不同环节出现收缩或异地迁移的现象。而本文所立足的侧重点则是中国等一些后发国家在新的形势下如何更好地借助比较优势的变化，从被动嵌入全球价值链分工，到积极主动地参与全球贸易投资规则制定进而整合全球要素资源的过程。研究表明，这些国家也往往拥有这样的主观能动性（Azmeh & Nadvi，2014）。

（三）“一带一路”倡议为中国林产品贸易全球价值链攀升带来的契机

“一带一路”倡议有效拓展了中国林产品贸易市场，有助于进出口规模的扩大。共建“一带一路”国家森林资源丰富、市场广阔，在世界林产品贸易中占有重要地位，是中国开展林产品贸易的重要合作对象。近些年来，中国与共建“一带一路”国家的林产品贸易量一直维持在中国林产品总贸易量的30%左右。无论是中国从共建“一带一路”国家进口林产品的贸易额还是这些国家出口的贸易额，均呈现在波动中上升的趋势。但自2008年美国《雷斯法案》修正案实施以来，随着全球打击非法采伐及其贸易进程的发展，欧美发达国家纷纷开始采取实质性行动打击非法采伐及贸易。如图7-2所示，受“木材合法性”限制，中国进口来源地由缅甸、柬埔寨等欠发达国家转换为新西兰、加拿大、美国等非“一带一路”发达国家，这使近几年中国自共建“一带一路”国家进口占中国总进口的比重呈现下降趋势。例如，中国自俄罗斯、新西兰、加拿大、美国、澳大利亚和欧洲等地进口的木材林产品占到中国木材总进口量的80%左右。进口来源的高度集中带来一定的风险与挑战。自“一带一路”倡议提出之后，信息互联互通、体制建设发展增强，中国对外贸易合作和交流水平不断提高，中国与共建“一带一路”国家的林产品贸易也再次放到被关注地位，这将有利于中国与共建“一带一路”国家广泛开展更深层次的林产品贸易交流与合作，未来中国林产品进出口规模也将得到不断扩大。

“一带一路”倡议推动了中国林产品进出口渠道的多元化，为林产品贸易发展方式的转变提供契机。共建“一带一路”约有25个国家的森林覆盖率超过25%，很多新兴经济体对木材产业建设的需求很大。在中国林

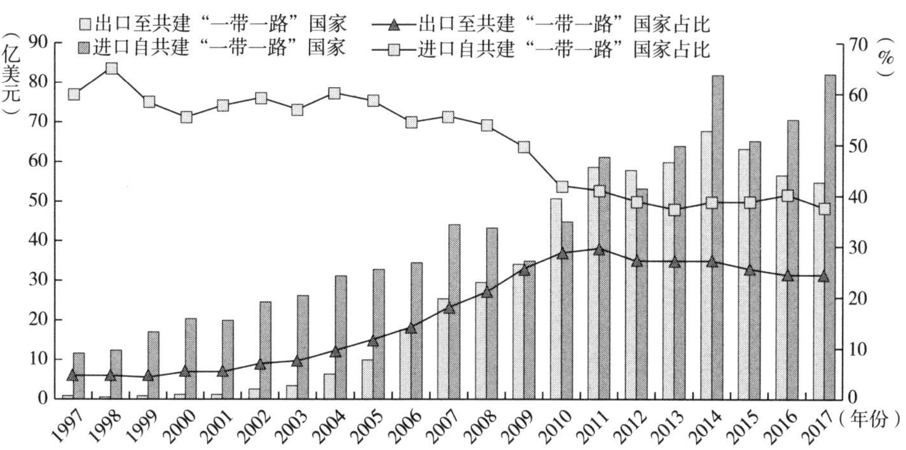

图 7-2　1997～2017 年中国与共建“一带一路”国家林产品进出口额及其占比

资料来源：UN comtrade 数据库。

产品进口来源存在集中度较高风险的状态下，“一带一路”倡议对资源型产品来源多元化的影响显著，中东欧和南美的原木供应增多，包括针叶与阔叶原木，且多来自经营良好的人工林。“一带一路”倡议有利于形成新的贸易网络，同时互联互通缩短了产地与市场间的距离，有效地提高了效率。如图 7-3 所示，从中国林产品贸易出口集中度指标来看，中国对前 5 个共建“一带一路”国家的出口额占中国出口全球的份额逐渐提升，说明共建“一带一路”国家逐渐成为中国林产品的“新兴市场”。从共建“一带一路”国家内部来看，出口集中度呈下降趋势，说明中国对共建“一带一路”国家内部的出口目的地越来越多元化。如图 7-4 所示，从中国林产品贸易进口集中度指标来看，中国自前 5 个共建“一带一路”国家的进口额占中国进口全球的份额从 1999 年的峰值 88.83% 下降到 2017 年的 30.63%。原因主要在于：首先，与前述情况一致，中国林产品以外贸为主，主要出口欧美等发达经济体，这些经济体近年相继设置了所谓以“倡导全球森林可持续经营”为目的的绿色贸易壁垒，要求林产品的原料来源合法、可追溯，确保来自“可持续经营的森林”，而传统木材资源丰富国家大多数是发展中国家（如缅甸），这些国家短时间内无法建立森林可持续经营认证体系，因此近年来中国进口原料的增量大部分向“一带一路”域外国家转移，如美国、澳大利亚、新西兰等发达国家；域内以具有森林认证能力的国家为主，如俄罗斯、泰国、越南。其次，马来西亚、印度尼西亚等木材资源丰富国家近年来改变了出口低附加值原料的策略，通过发展木材加工业提升本国所处价值链位置，因而对中国的原料出口自2000年前后便出现下降趋势。但从共建“一带一路”国家内部来看，出口集中度一直较高。俄罗斯、泰国、马来西亚、印度尼西亚、越南是中国的主要进口来源国，尤其是俄罗斯占据了共建“一带一路”国家五成以上的对华出口。

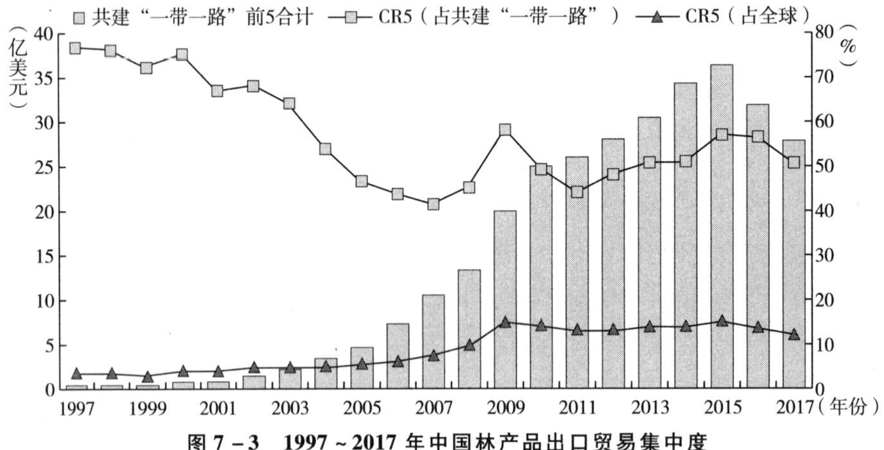

图7-3 1997~2017年中国林产品出口贸易集中度

资料来源：UN comtrade 数据库。

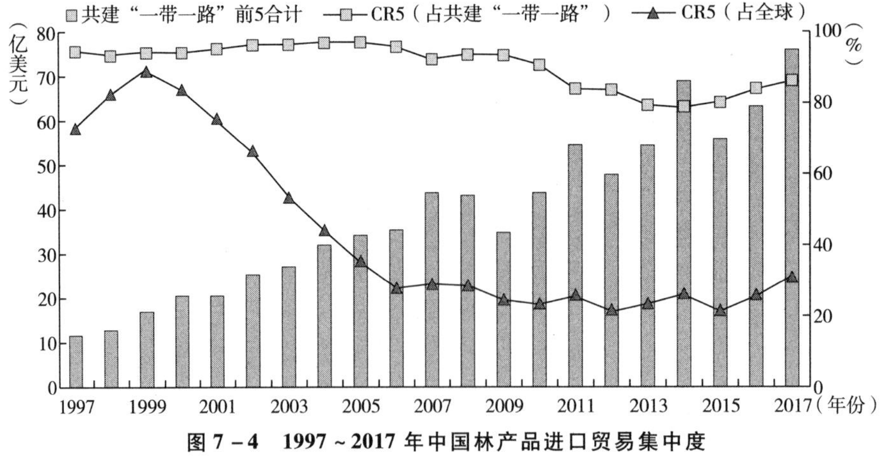

图7-4 1997~2017年中国林产品进口贸易集中度

资料来源：UN comtrade 数据库。

二 从全球价值链视角重新审视中国与共建“一带一路”国家的林产品贸易潜力

构建中国主导的“一带一路”新型林产品价值链分工网络是中国主动建设适宜自身发展的全球经济治理机制的内容之一，也是优化重塑林产品全球价值链分工体系、提高中国木材产业国际分工地位、促进我国木材产业迈向全球价值链中高端的一种可行而且必要的路径。从上述分析可以看出，“一带一路”倡议对中国林产品贸易发展产生了深刻的影响，是中国木材产业由被动嵌入全球价值链转为主动构建新型价值链，进而实现全球价值链攀升的契机。共建“一带一路”65个国家涵盖工业化进程的各个阶段（黄群慧、韵江、李芳芳，2015），发展水平各异，这种特征就决定了中国与共建“一带一路”国家具有不同的要素禀赋条件，在国际经贸合作中存在较强的互补性。为此，有必要综合分析中国与共建“一带一路”国家在林产品全球价值链的互补性，解析中国重构林产品全球价值链的现实基础。

（一）研究方法与数据说明

本文的数据来源为ADB－WIOD 2018数据库，该数据库包含33个共建“一带一路”国家，两大类木材产业部门（木材加工及木制品、造纸及纸制品）。基于WWZ总贸易流分解法，本文测算了2010～2017年中国与共建“一带一路”国家在林产品新型价值链中基于增加值的显示性比较优势指数（NRCA）、价值链显性比较优势指数（RGVCA）、价值链参与度指数以及价值链分工位置指数。通过一系列基于增加值的指标测算和对比可以检验中国与共建“一带一路”国家构建林产品新型价值链的条件，以及中国借力“一带一路”平台实现林产品价值链攀升的可能性。

（二）中国与共建“一带一路”国家的贸易互补性

1. 中国与共建“一带一路”国家木材产业整体竞争力比较

巴拉萨（1965）提出的RCA（Revealed Comparative Advantage）指数能较好地反映一个国家或地区各产业的国际竞争力。比较共建“一带一路”国家木材产业的重合度，可以判断各国产业层面竞争性的强弱。Koopman等（2014）基于总出口的增加值分解方法对RCA指数进行改进，用贸易增加值对出口额进行替换，替换后得到贸易增加值统计口径下的NRCA指数。

$$NRCA_{ir} = \frac{ADV_{ir}/ADV_r}{ADV_i/\sum_{i=1}^{n} ADV_i}$$

其中r表示共建“一带一路”国家，i表示行业，ADV_{ir}为r国通过i产业获得的增加值，ADV_i为所有共建“一带一路”国家i产业获得的增加值，ADV_r为r国所有产业获得的增加值，$\sum_{i=1}^{n} ADV_i$为所有共建“一带一路”国家所有产业获得的增加值总和。当$RCA < 0.8$时，该产业国际竞争力弱；当$0.8 \leqslant RCA < 1.25$时，该产业具有一定的国际竞争力，但不显著；当$1.25 \leqslant RCA < 2.5$时，这一产业国际竞争力较强；当$RCA \geqslant 2.5$时，该产业具有极强的国际竞争力（沈国兵，2007）。

如表7-2所示，共建“一带一路”国家木材产业的竞争力存在较大差异，其中爱沙尼亚、拉脱维亚、斯洛文尼亚等中东欧国家的木材产业具有极强的竞争力；柬埔寨、马来西亚、泰国等大部分东南亚国家木材产业的竞争力较强；而印度、巴基斯坦等南亚国家以及哈萨克斯坦、吉尔吉斯斯坦等中亚国家木材产业的国际竞争力较弱。中国的木材产业具备一定的国际竞争力，但仍不显著。从细分行业来说，2017年中国木材加工业具备一定的贸易竞争力（1.046），而造纸业贸易竞争力较弱（0.628）。主要是由于木材加工业是劳动密集型行业，而造纸业是资本密集型行业，这种贸易竞争力格局基本符合中国当前的要素禀赋状况，未来随着资本积累程度的提高，中国造纸业的行业竞争力可能会超过木材加工业。对比 2010 年，2017 年大部分共建“一带一路”国家木材产业的国际竞争力呈逐渐上升趋势，其中爱沙尼亚 RCA 指数 2017 年较 2010 年提高了 1.653，这主要是由其造纸行业发展速度较快、木材产业的出口技术含量和附加值较高所拉动，而老挝、柬埔寨等国的 RCA 指数有所下降，说明随着劳动力成本的上升，这些国家木材产业的比较优势有减弱的趋势。

表 7-2　2010 年与 2017 年共建“一带一路”国家木材产业及细分行业 NRCA 指数

行业	木材加工业		造纸业		木材产业	
年　份	2010	2017	2010	2017	2010	2017
保加利亚	1.566	1.422	1.258	1.273	1.383	1.338
中国	0.916	1.046	0.347	0.628	0.579	0.812
捷克	1.650	1.405	4.114	4.829	3.112	3.320
爱沙尼亚	6.247	7.414	4.819	6.775	5.400	7.053
克罗地亚	2.557	3.279	2.973	3.069	2.804	3.160
匈牙利	1.293	1.002	2.619	2.453	2.080	1.813
印度尼西亚	2.079	2.409	4.108	3.710	3.284	3.136
印度	0.481	0.716	0.326	0.463	0.389	0.574
立陶宛	1.964	1.795	2.464	2.738	2.261	2.322
拉脱维亚	10.135	10.140	2.180	1.899	5.333	5.780
波兰	2.253	2.190	3.935	3.848	3.252	3.116
罗马尼亚	6.072	5.554	0.723	0.908	2.899	2.952
俄罗斯	1.432	1.146	1.560	1.102	1.508	1.121
斯洛伐克	2.566	2.067	3.465	2.526	3.100	2.323
斯洛文尼亚	3.775	5.031	4.268	3.901	4.068	4.397
土耳其	1.304	1.673	1.587	2.387	1.472	2.072
孟加拉国	0.032	0.035	0.270	0.025	0.174	0.029
马来西亚	3.955	2.477	0.749	0.927	2.053	1.608
菲律宾	0.463	0.198	0.239	0.339	0.330	0.277
泰国	1.370	1.139	1.204	0.834	1.272	0.968

续表

行业	木材加工业		造纸业		木材产业	
年　份	2010	2017	2010	2017	2010	2017
越南	1.189	1.036	0.564	0.381	0.818	0.669
哈萨克斯坦	0.006	0.044	0.034	0.071	0.023	0.059
蒙古国	0.042	0.035	0.010	0.007	0.023	0.019
斯里兰卡	1.093	0.993	1.624	1.981	1.408	1.545
巴基斯坦	0.204	0.189	0.117	0.355	0.152	0.282
老挝	11.145	3.530	0.224	0.162	4.665	1.644
文莱	0.011	0.012	0.035	0.036	0.025	0.025
不丹	0.152	0.123	0.317	0.311	0.250	0.228
吉尔吉斯斯坦	0.007	0.035	0.037	0.215	0.025	0.135
柬埔寨	0.290	0.952	4.998	3.161	3.084	2.187
马尔代夫	0.003	0.013	0.006	0.007	0.005	0.009
尼泊尔	0.434	0.301	0.252	0.323	0.326	0.313
新加坡	0.030	0.166	0.620	0.336	0.380	0.261
世界其他国家	0.386	0.385	0.822	0.716	0.645	0.570

资料来源：根据2018版ADB－WIOD数据库核算。

2. 中国与共建“一带一路”国家木材产业各工序环节的竞合关系

魏龙、王磊（2017）提出价值链显性比较优势指数（Revealed GVC Advantage RGVCA），可以用来度量共建“一带一路”各国在木材产业各工序环节的竞争性与互补性。

$$RGVCA_{ir} = \frac{IADV_{ir}/ADV_{ir}}{IADV_{i}/ADV_{i}}$$

其中r表示共建“一带一路”国家，i表示产业，分子代表r国i产业中间产品出口占总出口的比重，这一比例越高，表示r国在i产业的竞争力越强，从事越高附加值的环节；相反，这一比例越低，代表r国出口产品以最终产品为主，更多从事组装、加工等低附加值环节。其中$IADV_{ir}$为r国从i产业中间产品获得的增加值，$IADV_i$为共建“一带一路”国家从i产业中间产品获得的增加值总和。当 RGVCA >1 时，代表产业内更多的企业从事高附加值活动；当 RGVCA <1 时，产业内的主要企业处在低附加值环节。

如表 7-3 所示，共建"一带一路"国家的木材产业在高附加值环节和低附加值环节均有所分布，这表明在中国与共建"一带一路"国家组成的林产品新型价值链中，产业内互补性大于竞争性，构成了完备的价值链分工体系。具体来看，罗马尼亚、爱沙尼亚等中东欧国家以及印度尼西亚、俄罗斯等国的林业企业处于高附加值环节，而哈萨克斯坦、吉尔吉斯斯坦等中亚国家以及尼泊尔、孟加拉国等南亚国家的林业企业处于低附加值环节。2017 年中国木材产业的 RGVCA 指数为 1.040，表明其木材产业在价值链内的分工环节具有控制其他环节的核心能力。从细分行业来说，中国造纸业更多的企业处于高附加值环节（1.105），而木材加工业的大部分企业处于低附加值环节，这主要是由于中国当前木材加工贸易只是投入大量的人力、物力而获取较为低廉的加工费用，产品附加值较低，不具备较强的国际竞争力。纵向来看，大多数共建"一带一路"国家的 RGVCA 指数呈现增长的态势，这表明在中国与共建"一带一路"国家组成的林产品新型价值链中，越来越多的企业将从事较高附加值活动，木材产业结构将由劳动力密集型向资本密集型和技术密集型转变。

表 7-3 2010 年与 2017 年共建"一带一路"国家木材产业及细分行业 RGVCA 指数

行业	木材加工业		造纸业		木材产业	
年 份	2010	2017	2010	2017	2010	2017
保加利亚	1.101	1.101	0.966	1.041	1.038	1.074
中国	0.986	0.972	1.016	1.105	1.021	1.040
捷克	1.069	1.043	0.895	0.799	0.917	0.825
爱沙尼亚	1.096	1.088	1.167	1.119	1.139	1.106
克罗地亚	1.009	1.037	1.072	1.104	1.043	1.073
匈牙利	1.076	1.072	0.823	0.804	0.878	0.855
印度尼西亚	1.064	1.086	1.123	1.143	1.089	1.110
印度	1.020	1.023	1.084	1.086	1.061	1.062

续表

行业	木材加工业		造纸业		木材产业	
年　份	2010	2017	2010	2017	2010	2017
立陶宛	1.029	1.040	0.964	1.037	0.983	1.027
拉脱维亚	1.095	1.091	0.964	0.912	1.105	1.106
波兰	1.021	1.034	0.886	0.863	0.914	0.907
罗马尼亚	1.104	1.101	0.955	1.032	1.136	1.136
俄罗斯	1.077	1.072	1.194	1.131	1.143	1.104
斯洛伐克	1.067	1.062	0.910	0.968	0.959	1.002
斯洛文尼亚	1.079	1.082	1.057	1.052	1.063	1.075
土耳其	1.081	1.078	0.828	0.782	0.921	0.886
孟加拉国	0.587	0.192	0.824	0.602	0.776	0.379
马来西亚	0.979	1.014	1.085	1.017	1.041	1.041
菲律宾	0.715	0.797	1.066	1.022	0.872	0.933
泰国	0.994	1.001	1.008	1.089	1.005	1.049
越南	0.934	0.955	0.651	0.996	0.842	0.993
哈萨克斯坦	0.396	0.387	1.132	0.343	1.007	0.354
蒙古国	1.062	1.017	0.670	0.921	1.003	1.039
斯里兰卡	0.481	0.346	1.188	0.839	0.939	0.676
巴基斯坦	0.500	0.682	1.004	1.078	0.728	0.936
老挝	0.532	0.761	1.092	1.196	0.580	0.826
文莱	0.227	0.550	0.380	0.886	0.343	0.788
不丹	0.728	0.719	0.970	0.813	0.890	0.771
吉尔吉斯斯坦	0.740	0.805	0.906	0.521	0.857	0.536
柬埔寨	0.984	0.976	0.651	0.919	0.639	0.905
马尔代夫	0.422	0.064	0.154	1.074	0.231	0.451
尼泊尔	0.300	0.460	0.440	0.370	0.366	0.409
新加坡	1.022	1.021	1.059	1.063	1.016	1.032
世界其他国家	0.823	0.833	0.906	0.923	0.869	0.880

资料来源：根据 2018 版 ADB－WIOD 数据库核算。

3. “一带一路”林产品新型价值链参与度指数

$$RVC\_\ Participation_{ij} = \frac{IV_{ij}}{E_{ij}} + \frac{FV_{ij}}{E_{ij}}$$

i 表示共建“一带一路”国家，j 表示行业；IV_{ij}是指 i 国 j 行业的间接国内增加值出口，测度的是 i 国 j 行业出口的中间产品经直接进口国加工后又出口给第三方国家的国内增加值；FV_{ij}表示 i 国 j 行业出口中包含的国外增加值，E_{ij}是指以增加值计算的总出口。$\frac{IV_{ij}}{E_{ij}}$为一国某行业的前向参与度，$\frac{FV_{ij}}{E_{ij}}$为后向参与度。一国区域价值链参与度越高，说明该国在该区域价值链中越重要。同时，一国某行业前向参与度较后向参与度更高，表明该国该行业处于区域价值链的上游，国内增加值更多地作为中间产品出口到第三方国家；相反，一国某行业后向参与度较高，表明该国该行业处于区域价值链的下游，其更多地依赖于来自国外的中间产品，大量进口原材料和元部件。

如图 7 - 5 所示，与 2010 年相比，2017 年大多数共建“一带一路”国家木材产业的新型价值链参与度有所提高，说明该区域木材产业的生产程度不断加深。其中新型价值链参与度最高的是新加坡，主要是因为其从国外进口的中间品和原材料较多，从而后向参与度较高。而提升最为显著的是老挝和文莱，主要是由于这两个国家的林业资源丰富，拥有大量的工业和建筑用材原料，随着木材加工贸易的发展和各国对森工产品进口需求的增加，其参与新型价值链的程度也不断深化。就目前来看，中国木材产业的新型价值链参与度仍处于较低水平，参与区域生产和贸易的程度还有待进一步深化。然而在“一带一路”新型价值链中，中国木材产业前向参与度大于后向参与度，说明中国向国外出口的间接国内增加值占出口总值的比重要高于进口国外原材料等中间产品所含国外增加值占出口总值比重，中国木材产业不断向价值链上游转移。

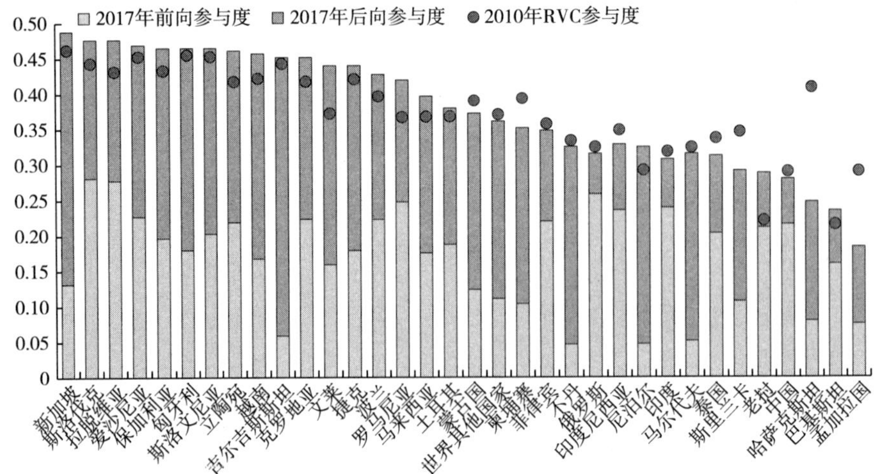

图 7－5　2010 年与 2017 年中国与共建“一带一路”国家木材产业 RVC 参与度

资料来源：笔者自绘。

4. “一带一路”林产品新型价值链位置指数

$$GVC(RVC)\_\ Position_{ij} = \ln\left(1 + \frac{\mathrm{IV}_{ij}}{\mathrm{E}_{ij}}\right) - \ln\left(1 + \frac{\mathrm{FV}_{ij}}{\mathrm{E}_{ij}}\right)$$

该指标用来衡量 i 国 j 行业在全球（区域）价值链中所处的位置，反映了区域中间品和零部件贸易的重要性。该指标越大则说明该国在全球（区域）价值链中所处的位置越高。若一国某行业处于全球（区域）价值链的上游位置，则其参与全球（区域）生产的形式主要是向其他国家或地区提供中间产品或原材料，从而总出口中的间接增加值（IV_{ij}）将会大于国外增加值（FV_{ij}）。

如图 7－6 所示，在中国与共建“一带一路”国家组成的新型价值链中，俄罗斯、印度、中国、印度尼西亚、老挝等国家所处的位置指数较高，而马尔代夫、尼泊尔、不丹、吉尔吉斯斯坦所处的位置指数较低。这主要是因为俄罗斯、中国等国家依靠技术进步向国外出口的间接增加值比重增加或者进口更少生产所需的国外零部件、原材料等中间产品，从而不断向价值链上游攀升。值得关注的是，中国在全球木材产业价值链中更多地从事组装加工活动，很难接触到价值链的高端环节，从而面临“价值链低端锁定”的风险，而在与共建“一带一路”国家组成的新型价值链中，中国处于价值链的上游，有利于中国木材产业的转型升级和创新能力的提高。

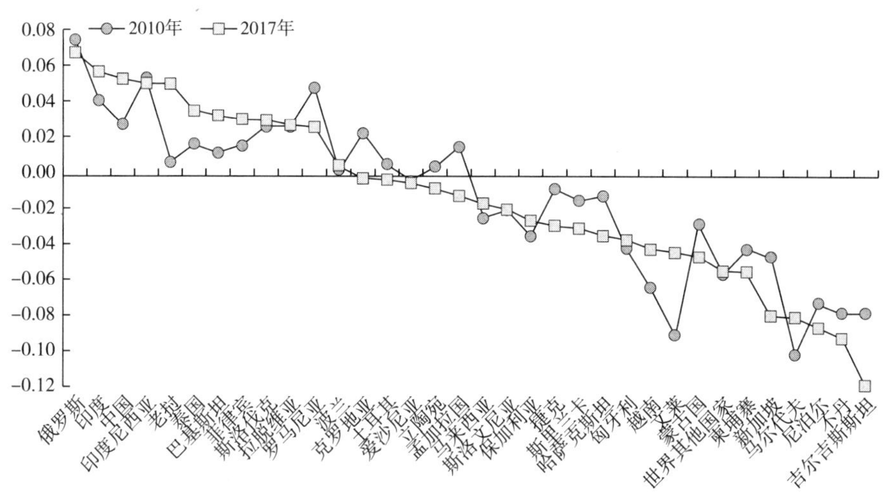

图 7－6　2010 年与 2017 年中国与共建“一带一路”国家木材产业 RVC 位置指数

资料来源：笔者自绘。

三　“一带一路”倡议下中国林产品贸易全球价值链攀升的切入点

（一）全球价值链重构的具体内涵与机理

全球价值链涉及横向和纵向两个维度，其中纵向是指企业生产产品的整个价值创造过程，包括从原材料获取到不同投入品的制造和最终产品的生产，再到将产品从生产地转往全球消费市场的营销、分销及最终消费者支持；而横向则指在全球范围所形成的企业网络内的跨国家、跨区域的分工协作。因此，由全球价值链低端节点向高端移动的过程便是国家或企业在纵向不断向附加值高的价值创造阶段攀升，同时在横向更深地融入全球生产网络的过程。而在这个过程中，国家或企业需要具备某些动态能力，这些动态能力能够整合、构建与重新配置内外部资源，使其不仅影响国家或企业在全球价值链中的位置，而且影响全球价值链的纵向和横向发展趋势，即全球价值链的重构。

1. 禀赋变动：分散化国际生产下的垂直分工演变

从本质上来讲，全球价值链分工是随着以产品内分工为基础的中间投入品贸易的发展而形成的分工格局，是产品生产环节的跨境分布、生产任务的跨境分配。可以说，全球价值链和产品内国际分工是“分散化国际生产”现象在不同领域的映射。跨国公司作为参与全球价值链活动的主体，以其为主导的产品内国际分工仍以垂直型为主，在垂直专业化分工体系构建过程中，一些跨国公司不断将生产环节细化，将完整的生产链条切割分离，形成各种生产片段，并根据国别要素禀赋的差异来组织国际生产，而与此同时，一些跨国公司又不断整合生产资源，将零散的生产片段重新融合，最终形成垂直专业化分工的动态交织和演变（丁宋涛、刘厚俊，2013），而这种动态演变也直接影响着全球价值链的结构和形态，形成全球价值链重构的禀赋基础。比较优势决定了各个国家或地区在生产片段分割、再融合的过程中所能把握住的特定环节或工序，以及在特定环节或工序上组织要素投入和生产的能力、交易效率等，也正是由于参与各方在经贸关系上的互补性、对等性，才形成了生产片段再融合的基础，及其向价值链中高端环节持续性爬升的机会（Humphrey & Schmitz，2002）。

2. 技术变革：从形式到内容的价值重整

事实上，价值链重构的概念最初是随着互联网经济的发展而被逐渐提出来的，足见技术变革对全球价值链重构的作用。技术变革直接影响着制造业企业，尤其是跨国企业的商业模式和生产组织方式，进而影响着这些跨国公司已形成的生产网络和价值链分工格局。从微观层面来讲，技术包含于企业的每一个价值活动中，而技术变革实际上对价值活动都会产生影响（Porter，1985）。在技术变革的冲击下，产品价值链结构会出现不同程度的断层并重组。主要表现在，技术变革可能促进分工更加细化，致使价值链的某些环节进一步分化独立，呈现新的专业化、模块化状态，产品价值链的中间环节增加，或产品价值链由原来的一个分解为多个；技术变革也可能会使生产工序边界更加模糊，进而中间环节缩短，原生产环节上的诸多企业进入价值链的其他环节，价值链实现重新组合；技术变革也有可能在较低的试错成本下创造出新的价值链环节，使价值链延长，企业重新对自身定位；同时，创新渗透于价值链各环节，技术变革还可能使各环节的附加值发生根本变化。在传统的国际贸易理论中，我们一般以“微笑曲线”来衡量价值链中各环节的附加值大小，但随着以新一代信息技术的广泛应用为基础的新型商业模式的发展，消费者由原来的需求方越来越多地转变为参与者，产品生产的附加值在生产流程中的分布态势也随之发生变化，在很大程度上更加符合“彩虹曲线”的特征（肖新艳，2015）。而从宏观层面来讲，全球范围内的技术变革对国际政治、经济格局都会产生深刻影响，由此改变国家力量对比，谁拥有了创新，谁就能占据全球价值链的主导地位。

3. 制度重构：多边贸易体制下的国际经贸规则重塑

全球价值链的纵深发展，使价值链中的企业之间形成了错综复杂的生产网络，并涉及劳动力、资本、技术、知识产权等多种生产要素，在产品生产片段切割再融合的跨境资源配置进程中，企业不可避免地会受到非本国管制措施的约束，而且由于跨越国界的生产网络被组织起来的方式不同，所产生的交易费用也不尽相同，这些都需要一定的制度性安排来作为基础和保障，尤其是产品价值链的高端环节，高“进入壁垒”和“退出壁垒”的特性，使其对相关的制度性安排更为敏感。传统的以发达国家为主导的全球价值链分工格局的形成，时刻伴随着多边贸易体制内的博弈，全球价值链和区域经贸安排也因此经历了多次大的浪潮。在多边贸易体制下的国际经贸规则制定中，发达国家和新兴经济体既相互借重，又相互竞争。发达国家往往试图将各种区域贸易协定谈判的推进，作为经贸规则制定的平台，不断抢占国际经贸规则制定的先机，一方面竭力“墨守成规”，巩固其既得利益，另一方面发掘经贸新规则，以实现主导全球价值链重构的目的；处于价值链低端的新兴经济体，则一方面享受着各种经贸规则所带来的贸易便利，维护其价值链低端地位，另一方面不甘承受后发优势被抹杀、价值链低端锁定、价值链低端的附加值增加缓慢而难以完成足够的资本积累以实现本国产业升级换代的现状，并努力对国际经贸规则“推陈出新”，伺机向价值链中高端攀升。可以说，制度性安排本身也是不稳定的，而全球价值链的重构往往伴随着国际经贸规则的重塑。

全球价值链所呈现的自下而上的链条式结构决定了它必然存在低端和高端之分，附加值较低的国家或地区渴望通过改变自身在价值链中的位置来提高福利，这便使全球价值链具有明显的动态不稳定性。全球价值链重构是一项动态、复杂的系统工程，而禀赋变动、技术变革和制度重构是三个相互作用的基本子系统。比较优势变化所引发的垂直分工演变促使产品生产片段不断分割再融合，链主选择接包对象；技术变革决定着价值链重组、融合或创新的最终形态，也决定着价值链各环节所包含的附加值大小，为企业是否能够承接发包国发包任务引导方向，并进一步推动着价值链“碎片化”和“分散化”发展，同时技术变革还影响着各国比较优势和竞争实力的变化；而制度重构则为垂直分工下的跨境资源重新配置提供微观保障机制，其“上层建筑”的性质又直接影响着一国重构和升级全球价值链的能力。三者构成一个完整的逻辑体系，全球价值链重构就是在三种力量协同作用下向横纵延伸的动态过程（见图 7－7）。

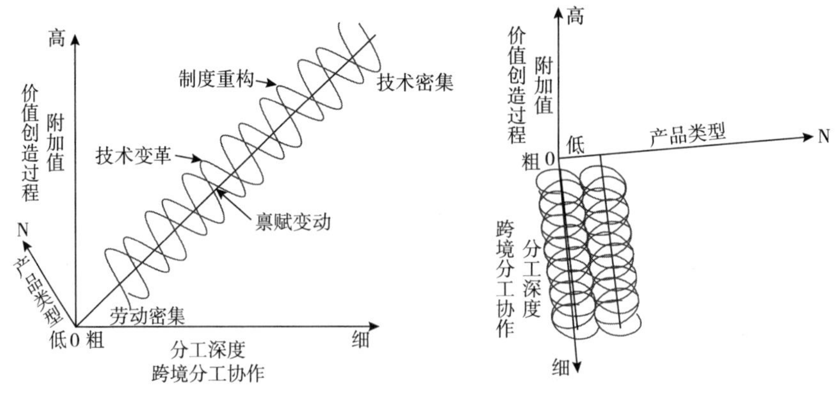

图 7－7 全球价值链重构的三维协同框架

资料来源：笔者自绘。

（二）中国林产品贸易全球价值链攀升的路径

中国借力“一带一路”平台实现林产品价值链攀升也是一项动态、复杂的系统工程，主要表现为价值链上不同附加值的环节在不同国家的优化配置，从而逐步实现从低附加值环节向高附加值环节演变。首先，“一带一路”林产品新型价值链的构建，要求共建“一带一路”国家在木材产业生产环节的互补性大于竞争性。共建“一带一路”国家在自然资源、劳动力和资本等要素禀赋方面存在较大差异，这使得各国木材产业的比较优势及专业化分工程度不同。比较优势的差异决定了各国在林产品价值链生产片段分割、再融合的过程中处于不同的工序环节和分工位置。因此，共建“一带一路”国家木材产业贸易的互补性和错位竞争是价值链生产片段再融合的基础条件。其次，引领“一带一路”林产品新型价值链的必要条件是具备技术或创新等竞争优势，即在林产品价值链内具有占据高端环节和高附加值环节的核心能力。木材产业加工制造技术的突破可以促进木材产业生产效率的提升，从而实现价值链攀升和占据产品生产过程中具有高附加值的生产环节。具有较高木材产业分工位置的国家一般以生产具有创新性和高附加值的中间产品为主，间接出口的国内增加值大于出口中的国外增加值。因此，木制品及纸制品生产质量较高的国家有望成为共建“一带一路”国家林产品新型价值链的链主。最后，经贸规则的创新可以减少贸易政策的不确定性，降低高贸易壁垒带来的交易费用，提升区域规则的主导权和话语权。因此，应将贸易优势互补、创新资源共享、制度创新先行先试作为林产品价值链攀升的切入点，从而构建起更具竞争力的价值链分工体系。

1. 贸易互补性

从全球价值链各工序环节的竞合关系来看，中国与共建“一带一路”国家的林产品贸易具有较强的互补性，可以构成完备的价值链分工体系。在所构建的新型林产品价值链中，中国造纸业更多的企业处于高附加值环节，而木材加工业的大部分企业处于低附加值环节；从新型价值链分工位置来看，中国造纸业处于共建“一带一路”国家中的高端位置，而木材加工业的分工位置相对较低，因此，无论从市场势力还是从分工位置来看，中国均具备主导造纸与纸制品业“一带一路”区域价值链的潜力。木材加工业则需要进一步提升技术水平，才能具备主导区域价值链的基本要素禀赋条件。因此，要充分利用相关合作机制与渠道，结合中国木材产业不同细分行业的国际分工地位和市场势力情况，分行业分阶段逐步构建中国主导的林产品全球价值链，促进中国木材产业迈向全球价值链中高端。

2. 技术变革

（1）当前中国木材产业技术创新所面临的问题

林业装备制造业发展仍不充分。机械装备的改进和升级直接影响着林业企业的生产质量和生产效益。随着木材产业的不断壮大，林业机械制造业也得到了快速发展。截至 2017 年，中国林业机械制造业企业已有 5000 家左右，其中规模以上企业约 1100 家，可生产营林机械、加工机械、森保机械、园林机械和生物质能源转化机械五大类 13 个子类 2400 多个品种，产品国内市场占有率高达 85% 以上。但与西方发达国家相比，中国林业装备制造业发展起步较晚，林业工业技术装备水平比世界先进水平落后 20 年以上，研发能力也相对薄弱，存在发展不均衡、结构不合理等问题。具体来讲，林业装备制造业工艺技术的自主创新能力不强，长期依靠对国外先进技术的跟踪和模仿，缺乏具有全球竞争力的核心技术。这导致很多生产领域急需的林业技术装备水平较低，有的还处于空白状态，产业加工利用方面应用比较广泛的生产线达到国际先进水平的很少，一些高技术含量的装备仍主要依赖进口。此外，林业技术装备制造企业的产品偏重于开发大型技术装备、工业生产线技术装备等，但对于小型技术装备、小规模经营技术装备等开发的积极性不高。林业技术装备的应用偏重于地理环境相对较好的林业发展地区，而在环境相对恶劣的地区，林业技术装备的发展滞后，区域不平衡的现象严重，这与发达国家的林业生产已全面实现机械化的状态存在很大差距。因此，着力突破木材产业装备制造业的薄弱环节，切实发挥装备支撑和保障功能是木材产业未来发展的当务之急。

林业科技创新能力较为薄弱。虽然中国有众多林产品在国际市场上具备了相当明显的价格优势，但这种价格优势并没有转化为市场优势，主要原因就在于中国林产品技术含量较低。“十三五”期间，虽然中国加强了对林业技术创新管理工作的重视，但仍有很多林业生产单位只看中木材的产量，把开发林业资源当作首要目标，并不重视科技创新给木材产业发展带来的巨大经济潜力，这使得木材产业发展过程中用于科技创新的人力、物力、财力都相对欠缺，林业科技创新仍处于“总体跟进、局部并行、少数领先”的发展阶段。据统计，2019 年，林业科技创新对林业发展的贡献率为 53%，虽然自 2015 年以来有很大提升，但与 2012～2017 年全国总体水平 57.8% 相比仍然偏低。2018 年公布的研究成果显示，美国林业科学技术对产业经济增长的贡献度约为 76%，中国林业科技贡献率与国外发达国家相差太远。具体来看，2017 年中国林业 R&D 经费内部支出仅占全国的 0.6%，国家对于林业技术创新给予的政策优惠倾斜度不够。此外，林业技术性人才稀缺，研发人员数也仅占全国的 1.4%，专门进行林业培训人才培养的院校专业设置不多。2017～2018 年专门从事林业研究生教育的学校数为 90 所，从事本科教育的学校数为 228 所，高职（专科）教育的学校数为 228 所，毕业生数量相对其他专业少很多，专业人才的缺乏使得林业技术的创新发展能力严重落后。虽然国家在 2019 年开展了林草科技创新人才等计划，但其效果显现需要较长的时间。一系列因素导致林业产学研结合不够紧密，创新成果的实际使用效率不高，创新成果转化率仍低于 60%，与西方发达国家相比，中国林业科技创新成果始终居于落后地位，差距较大。

(2)“一带一路”倡议助推全球新一轮科技革命

工业革命总是与科技革命相伴而生。近几年来，以互联网、云计算、大数据、人工智能等新一代信息技术为代表的颠覆性科学技术加速迭代演进，并不断向工业领域渗透，引发制造业的数字化、智能化和网络化转型，进而推动着整个工业系统的变革。人工智能等技术大大降低了制造业对劳动要素的依赖，不仅大大改变了生产成本构成，要求人们对生产要素进行重新定义，还颠覆了原有的产品生产流程（价值创造过程）。新一轮科技革命不断催生出新的产业模式和组织结构，使原价值链结构出现不同程度的断层，又以各种各样的形式进行重组，价值链原有格局被一次又一次地突破。

制造业成为全球产业竞争的制高点，也成为金融危机之后各国应对经济复苏乏力、促进新旧动能转换的重要力量。如果说新一轮科技革命为全球价值链重构提供了技术基础，那么发达国家纷纷提出的“再工业化”战略则从政策角度助推了全球价值链的重构。从各国再工业化战略的措施来看，“再工业化”战略的目标并非使制造业回流那么简单，而是发达国家试图借助新一轮科技革命的浪潮，实现制造业技术的突破，形成发展先进制造业或战略性新兴产业的市场、要素环境，以此巩固其在全球价值链中的主导地位。可以说，“再工业化”战略本质上是发达国家对全球价值链进行动态治理的选择。“一带一路”倡议的提出，正好处于这一重大时代背景下，也是对发达国家治理全球价值链的回应。“一带一路”倡议推动中国制造业“走出去”，借助新一轮科技革命，与共建“一带一路”国家经验互鉴、交流合作。这不仅可使自身制造业由大变强，还可使共建“一带一路”国家早日满足全球价值链的“门槛”，双方在互利共赢中构建更加公平合理的全球价值链利益分配体系。同时，“一带一路”倡议的各项措施，又为中国与共建“一带一路”国家之间创新资源、要素的流动提供了便利。可以说，“一带一路”倡议与新一轮科技革命既相互借重，又相互促进，两者的交汇共同形成了中国借力“一带一路”平台进行全球价值链重构的历史机遇。

3. 制度创新

（1）中国林产品贸易绿色壁垒及其表现形式

随着全球环境压力的不断增大，世界各国都更加重视环保对产品在国际贸易中的影响，积极推动贸易保护的国家便开始利用相关法律法规中存在的不足设置隐蔽性更好的贸易壁垒。伴随着林产品贸易的蓬勃发展，与保护森林有关的绿色壁垒也就层出不穷，案件数量不断增加，这给中国林产品贸易带来了极大的挑战。

发达国家的木材合法性要求增加了中国进口木材的成本。作为全球第二大木材消耗国和第一大木材进口国，近十年来中国木材消费总量增长了173%。然而，中国木材资源相当短缺，木材进口对外依赖度超过55%。为了保护森林、打击非法采伐及相关贸易，发达国家先后掀起了木材合法性认证高潮。例如，美国于2008年发布了《雷斯法案》修正案，澳大利亚于2012年出台《禁止非法木材法案》，欧盟于2013年正式实施《欧盟新木材法案》等。全世界范围内越来越多的产材国家提出禁止或限制原木出口的政策，国内进口木材市场遭遇巨大的生存挑战。传统的木材主要进口国中的俄罗斯、印度尼西亚、马来西亚以及其他一些东南亚、非洲国家的进口木材难以获取木材来源证明，这些没有合法证明的原材料加工成的木质林产品在出口美国、欧盟等国家和地区时不但面临无法通过海关检查的风险，还面临着被处罚的风险。在这些木材合法性法案的约束下，中国企业逐渐减少了对无法出具木材合法来源证明的国家的林产品进口。如表7-4所示，从俄罗斯进口的原木比例由2005年的50.0%下降到2014年的13.1%，从美国进口的原木比例由2005年的3.1%上升到2014年的11.6%。2018年上半年，从俄罗斯、新西兰、美国、加拿大、泰国、澳大利亚和欧盟等7个国家和地区进口的木材已经占到中国进口木材的81%，其中进口美国木材居第三位，占10%（原木10.8%，锯材8.4%）。这使中国进口木材的成本明显加大，且进口依赖发达国家。

表 7-4　2005 年和 2014 年中国进口木材原料来源地的比例变化

单位：%

原木				锯材			
2005 年		2014 年		2005 年		2014 年	
来源地	比例	来源地	比例	来源地	比例	来源地	比例
俄罗斯	50.0	新西兰	14.3	美国	18.0	俄罗斯	19.3
巴布亚新几内亚	8.3	俄罗斯	13.1	印度尼西亚	12.7	加拿大	18.6
马来西亚	8.3	美国	11.6	泰国	11.4	美国	18.0
加蓬	7.2	巴布亚新几内亚	6.8	巴西	10.8	泰国	12.6
缅甸	4.0	老挝	6.7	俄罗斯	10.6	老挝	3.0
刚果	3.6	缅甸	5.3	马来西亚	7.1	智利	2.9
美国	3.1	加拿大	5.0	加拿大	5.2	印度尼西亚	2.9
所罗门群岛	3.0	所罗门群岛	4.0	缅甸	4.2	加蓬	2.0
德国	2.4	尼日利亚	3.0	新西兰	3.4	德国	1.8
几内亚	2.2	莫桑比克	2.8	智利	1.9	马来西亚	1.8
合计	92.1	合计	72.5	合计	85.1	合计	83.0

资料来源：根据 UN comtrade 数据库数据整理。

不断涌现的出口贸易壁垒阻碍了中国林产品进入国际市场。随着中国的崛起，一些发达国家针对中国采取各种形式的贸易保护措施。在当前世界经济格局变革的背景下，各类贸易壁垒更容易随着逆经济全球化进程而变动。这些贸易壁垒往往利用世贸组织各种协议的漏洞，其中反倾销是最常用的手段。据统计，2007～2014 年，中国木质林产品共遭受反倾销调查 70 起，且对中国木质林产品发起反倾销调查的国家以美国、欧盟等发达国家和地区为主，木家具、人造板、纸和纸制品等木质林产品首当其冲。反倾销还经常与反补贴捆绑在一起，构成“双反”案，其中 2010 年美国对中国复合木地板“双反”案就是其中影响较大的一起，涉案中国企业 100 多家。除此之外，知识产权壁垒和各种技术壁垒也逐渐凸显。WTO 规则没有专门针对知识产权壁垒的相关规定，《与贸易有关的知识产权协定》仅专注于知识产权保护，且对所有国家实施统一标准，这在实践中导致一些

WTO 成员，特别是发达国家利用协定中的模糊性条款强化本国知识产权而形成壁垒（田康等，2014）。地板锁口“337”调查案便是近年来中国林产品出口遭受的影响最大的一起知识产权壁垒案件。

另外，技术壁垒虽以人类健康、产品质量、环境保护、使用安全等为设立初衷，但在实施进程中因其隐蔽性往往成为一些国家用来进行贸易保护的措施，而又因其技术含量较高，技术壁垒成为国际贸易中最复杂、最难应对的贸易保护手段。在林产品出口中的技术壁垒常见的主要有各类森林认证、CARB 认证、人造板 CE 认证等，其中 CE 认证产品的范围几乎覆盖了中国木地板出口的所有种类。森林认证体系建立的作用在于提高各个国家对林产品质量和保护森林资源的重视程度。到 2017 年，全球已有的森林认证体系有 20 多种，除了全球认证体系 FSC 之外，还有区域性认证体系如 PEFC，以及英国、印度尼西亚、马来西亚、荷兰、加拿大、美国等一些国家体系。每个体系之间的分布区域、认证面积和认证的林种都不尽相同，不同的认证体系对林产品的贸易造成的影响也不一样。虽然对林产品出口企业是否进行森林认证并无强制要求，但由于很多国家已将森林认证作为进口林产品的必要条件，森林认证体系也日渐成为非关税性质的贸易壁垒。

（2）“一带一路”倡议有助于国际经贸规则创新

中国等新兴经济体享受了全球价值链深化所带来的经贸福利，但在价值链中获利微薄，且话语权不足。因此，有的学者将“一带一路”倡议定位为发展中国家秉持“共同与可持续发展”原则更新国际经济立法、追求国际经济新秩序的努力（曾文革、党庶枫，2016）。事实上，为了切实推进“一带一路”建设，在短短几年时间里，中国与共建“一带一路”国家在遵循世贸组织规则的基础上实施了一系列新的制度性安排，如，随着基础设施建设和融资领域的先行先试，中国先后建立起亚洲基础设施投资银行、金砖国家开发银行、丝路基金、上海合作组织开发银行等新的经济制度；并加强了现有跨区域、区域或次区域各种合作机制的配合，如 G20 峰会、金砖国家峰会、上海合作组织、中国 - 东盟（“10 + 1”）领导人会议、亚太经合组织、亚欧会议、中国－中东欧国家合作机制（“17＋1”）等；同时还提出了“创新、协调、绿色、开放、共享”五大制度理念。这些构成了未来“一带一路”制度建设的基础，也说明了“一带一路”倡议所包含的对国际制度的合理诉求。

可以看出，“一带一路”相关制度建设首先由经贸领域起步，是在原有制度体系不足的情况下实现的重大突破和升级。以往的 WTO、FTA 等作为自由贸易的主要载体，解决的是建立在比较优势基础上的经济存量和生产能力的中短期释放问题，而“一带一路”倡议所实施的新的制度安排解决的则是从区域到全球的经济长期发展问题，这毫无疑问将形成现有国际经贸规则的创新。未来，在制度理念的引导下，“一带一路”倡议背景下经贸规则的架构将促进国际经济新旧制度的更替，而这种制度变革就构成了全球价值链重构的制度保障。

四 “一带一路”倡议下中国林产品贸易全球价值链攀升的建议

林产品全球价值链重构存在内在需求和客观必然性。“一带一路”倡议所推动的林产品全球价值链重构，不仅发展中国家的发展权益能够被充分考虑，而且有利于中国与共建“一带一路”国家打造命运共同体。但“一带一路”建设是一项长远的战略，林产品全球价值链重构也是一项复杂的长期工程，因此，中国发挥领头羊作用，借力“一带一路”平台进行林产品全球价值链重构也是一个需要循序渐进的过程。这需要中国以更加开放的眼光、更加全球化的视野，树立国际分工主导者的意识，不断积淀林产品全球价值链重构所需的禀赋、技术和制度基础。

（一）顺应比较优势的变化趋势，与共建“一带一路”国家进行差异化木材产业合作

中国应利用与共建“一带一路”国家经济发展的梯度差异，根据不同

国家的特点对其进行重点合作领域定位以实现木材产业有效对接，主导与共建“一带一路”国家进行木材产业价值链重构，进而推动新型全球木材产业价值链的形成。具体而言，随着中国廉价劳动力时代的终结，原木等初级产品加工产业有望向以越南、印度尼西亚等东南亚部分国家为代表的工业化初期国家转移，而中国可以扩大对这些国家资本、技术及高附加值产品的出口。同时积极加强与以中东欧部分国家为代表的工业化后期国家合作，利用其森林资源、市场、资本、管理和科技方面的竞争优势，开展木材产业价值链高端项目合作。由于欧美发达国家在高端林产品领域仍占据着制高点，这需要共建“一带一路”各经济体的相关单位进行通力合作，共同探讨合作能力和相关政策协调机制，为各自对接新型全球林产品价值链找准定位。

与此同时，需要充分挖掘与共建“一带一路”国家林产品贸易的互补性，深化林业贸易与投资领域的合作。一方面，应增强木材产业国际合作的全局性、主动性和前瞻性，继续推进林业国际产能合作，主动融入“一带一路”建设，深化中俄、中欧、中非等林业投资和贸易合作，创新经济技术交流与合作，充分挖掘中国与这些国家林产品贸易的互补性，根据不同国家的特点对其进行重点合作领域定位以实现产业有效对接；另一方面，助力林业企业有序“走出去”，搭建“走出去”战略合作联盟，引导和规范中国林业企业的海外投资行为，推动落实企业对外投资自主权，促进和帮助企业开展对外投资合作，建立一批集森林资源采伐、加工、贸易与物流于一体的境外木材加工经贸产业合作园区，加速木材产业全球布局。

中国作为“一带一路”倡议的发起者、林产品价值链重构的主导者，需要提供中国方案，积极探索跨区域合作新形式，进一步扩大开放领域。越来越多的国家或地区从参与全球价值链中受益，应进一步加大国际木材产业贸易合作，加强本国木材跨国公司的培育，着力提高林产品全球价值链的参与深度和参与强度，将“走出去”和“引进来”相结合。同时还要分散风险，在各国比较优势、全球经贸格局不断变化的情况下，对国内不同木材产业的国际竞争力进行动态评估，将传统全球价值链中的增值、攀升路径与构建以自我为主导的新型全球价值链路径相结合，明确木材产业分类，并寻找共振方案。

（二）把握新一轮科技革命机遇，加强与共建“一带一路”国家林业技术创新合作

在传统以发达国家为主导的全球价值链中，发达国家为了保持绝对领导地位，往往会为后发国家设置各种障碍以封锁技术，若想摆脱对发达国家的技术依赖，唯有在新一轮科技革命来临之际，推动自主创新。当前，中国木材产业应大力推广“互联网＋林业”的发展模式，充分利用云计算、物联网、移动互联网、大数据等新一代信息技术与林业各项业务深入融合、创新发展，打造林业建设和创新模式，为林业政务、林业改革、资源保护、生态修复、产业发展、文化传播等各项业务提供精准信息服务和智慧化解决方案。例如，在林木的运输管理过程中，利用物联网实现“码单”，即二维码运输执法监查技术，这能够在一定程度上抑制木材运输中的一些违法行为，提高林木的运输执法管理效率。目前，吉林长白山和江西井冈山已成为国家智能林业物联网应用示范工程的建设地点，通过推广林权一卡通帮助农民林业生产实现了网格化。它解决了林权地图切片与快速服务方法、多种硬软件集成、野外数据采集仪稳定性等技术难题，规范了山林地籍档案管理，协同了政府、评估机构、金融部门、林农等各方的诉求，破解了林权抵押贷款难、森林资产评估难等问题，盘活了森林资源资产。目前浙江省丽水市通过系统发放与管理的林权抵押贷款就已经超过20亿元。这些都是新一轮科技革命给中国林业供给侧结构性改革提供的方向，也是给未来中国木材产业向全球价值链高端攀升提供的契机。

但值得关注的是，随着全球竞争的日益激烈，任何技术力量雄厚的国家或企业都无法从其内部创造出技术创新需要的所有知识，也难以拥有创新所需要的全部资源，创新越来越趋向于网络化，这就是“一带一路”平台在新一轮科技革命浪潮下所特有的优势。中国与共建“一带一路”国家

需要借助“一带一路”平台加强木材产业技术创新开发合作，构建国际木材产业技术联盟和区域创新网络，并加强创新人才资源的交流合作，实现共建“一带一路”国家间的创新资源共享和创新优势互补，助力木材产业链的升级和全球价值链的重构。同时，积极学习价值链高端环节的经济体木材产业的先进技术和理念，在此基础上做到消化吸收再创新，打造自主品牌和拳头产品，构建以本土企业为核心的木材产业国际分工新链条。

（三）抓住国际经贸规则创新的机遇，提升在世界林业行业中的话语权

在“一带一路”平台制度创新先行先试的大背景之下，中国林产品贸易也要抓住国际经贸规则创新的机遇，参与全球木材产业体系顶层设计，履行涉林国际公约。积极参与和主导政府间森林问题论坛、林产品国际贸易规则和标准制定、林业应对气候变化国际交流等重大问题研究，研究和关注林产品进口国的技术法规和技术标准的修订与更新情况，在国际环境公约和多边协定条款谈判中，成为规则的参加者和制定者，提升中国在世界林业中的话语权。

构建适合发展中国家国情的跨国木材合法性制度新体系。发达国家以打击非法采伐为由，着力构建由自身主导的一套木材合法性保障制度，本质上是为了维护和巩固自身的贸易利益以及政治利益。当前发展中国家在非法采伐和相关议题中处于被动地位，缺少话语权和利益申诉渠道。中国应该充分利用“一带一路”倡议、亚洲基础设施投资银行、亚太经合组织（APEC）等多边发展倡议和组织机构，结合共建“一带一路”发展中国家的国情和林情，针对发展中国家所面临的共同林业制度与治理问题，发挥主导与引领作用，积极构建以发展中国家为主体、体现发展中国家特点和共同利益的跨国木材合法性制度新体系。与发展中国家合作，对发达国家进行反制，维护发展中国家国际政治和经济利益，除了成员国之间通过贸易协定获取更多的互惠共赢外，在世界格局多极化的重要时期可以在国际舞台上争取更多的发言权和决策权，拥有抵制美国、欧盟等国家和地区贸

易壁垒的更大筹码。同时，中国也在进行木材合法性认定和体系的建立工作，应加强与美国、欧盟、非洲、东南亚等重要林产品贸易伙伴的沟通，积极宣传中国木材合法性认定体系，宣传试点认定的成果，争取使木材合法性认定逐步成为保障林产品贸易健康发展和解决相关争议的有效机制之一，使其在相关贸易活动中发挥越来越重要的作用。

积极推动森林认证体系与国际标准互认和输出工作。截至2016年，全球共有4.62亿公顷森林面积通过森林管理委员会（FSC）和森林认证体系认可计划（PEFC）认证，占全球森林面积的11%。以“森林认证”为代表的环境议题对林产品国际贸易政策走向的影响逐步凸显。但FSC等西方国家主导的森林认证体系“不妥协、不调整”的特点和单一标准，无法适应共建“一带一路”各国多样化的国情、林情特征。相比而言，中国主导的森林认证体系（CFCC）具备框架特征，已经与PEFC认证体系实现互认，更符合共建“一带一路”国家的实际。我们要顺势而为，加快CFCC的国际化进程。积极与马来西亚等已有森林认证体系国家进行互认对接，同时主动向俄罗斯、老挝、柬埔寨等未进行认证但具有丰富森林资源的国家推广认证体系。在“一带一路”建设中，把握区域规则的主导权和话语权，主导未来林产品贸易发展。

五　本章小结

“一带一路”建设开启了中国对外开放新格局，这为中国木材产业借力“一带一路”进行全球价值链升级提供了思路。中国应利用与共建“一带一路”国家经济发展的梯度差异，主导与共建“一带一路”国家进行林产品价值链重构，进而推动新型全球林产品价值链的形成。本章根据当前中国林产品贸易全球价值链分工现状，阐述了中国林产品贸易全球价值链攀升的内在需求和必然性。基于ADB－WIOD2018数据库，测算了2010～2017年共建“一带一路”国家在林产品新型价值链中基于增加值的显示性比较优势指数、价值链显性比较优势指数、价值链参与度指数以及价值链分工位置指数，分析了中国与共建“一带一路”国家的贸易互补性。得出以下主要结论。

第一，中国林产品全球价值链参与度仍不高，在全球价值链“嵌入效应”下，中国承接了全球价值链加工环节转移，面临全球价值链“低端锁定”的风险。虽然自进入 21 世纪以来，中国林产品价值链分工位置不断攀升，但距离美国、俄罗斯、巴西等木材产业强国还存在一定的差距。

第二，中国林产品全球价值链向高端环节攀升存在内在需求和必然性。中国木材产业只是被动融入发达国家主导的全球价值链，占据附加值最低的生产加工环节，“两头在外、大进大出”特征明显。与此同时，传统的全球价值链存在严重的市场失效问题，全球价值链形成的动力机制、构建基础、利益分配模式也存在变革的必然性和可能性。

第三，“一带一路”倡议对中国林产品贸易发展产生了深刻的影响，是中国木材产业由被动嵌入全球价值链转为主动构建新型价值链进而实现全球价值链攀升的契机。“一带一路”倡议带来的贸易规模的扩大和进出口渠道的多元化为中国重构林产品价值链分工体系提供了机遇。

第四，中国与共建“一带一路”国家的林产品贸易互补性大于竞争性，具备构建完备的新型价值链分工体系的条件。无论是从市场势力还是从分工地位来看，中国均具备主导造纸与纸制品业“一带一路”区域价值链的潜力。木材加工业则需要进一步提升技术水平，才能具备主导区域价值链的基本要素禀赋条件。

第五，中国借力“一带一路”平台实现林产品价值链攀升的切入点包括贸易互补性、技术变革和制度创新。比较优势的差异决定了各国在林产品价值链生产片段分割、再融合的过程中处于不同的工序环节，技术变革决定着价值链重组、融合或创新的最终形态，而制度创新则为垂直分工下的跨境资源重新配置提供微观保障机制。

基于以上结论，本章提出以下政策启示。首先，顺应比较优势的变化趋势，与共建“一带一路”国家进行差异化木材产业合作。利用与共建“一带一路”国家经济发展的梯度差异，根据不同国家的特点对其进行重点合作领域定位以实现木材产业有效对接，深化与共建“一带一路”国家在林业贸易与投资领域的合作，进而推动新型全球木材产业价值链的形成。其次，把握新一轮科技革命机遇，加强与共建“一带一路”国家林业技术合作。中国在林产品全球价值链中的地位和竞争力，不仅仅体现在贸易量上，而且更多地体现在对全球价值的创造和获取程度上，这就需要创新来驱动。应坚持推进林业供给侧结构性改革，提高林产品供给质量。充分利用现有的制造业优势和现代信息网络技术，打造林业建设和创新发展模式，实现技术进步和功能性升级，使其成为中国借力“一带一路”平台进行林产品全球价值链重构的支点。最后，抓住国际经贸规则创新的机遇，提升在世界林业中的话语权。充分利用“一带一路”倡议、亚洲基础设施投资银行、亚太经合组织等多边发展倡议和组织机构，构建适合发展中国家国情的跨国木材合法性制度新体系。同时，积极推动森林认证体系与国际标准互认和输出工作，把握区域规则的主导权和话语权。

主要参考文献

[1] 程宝栋、秦光远、宋维明：《“一带一路”战略背景下中国林产品贸易发展与转型》，《国际贸易》2015 年第 3 期，第 22 ~ 25 页。

[2] 丁宋涛、刘厚俊：《垂直分工演变、价值链重构与“低端锁定”突破——基于全球价值链治理的视角》，《审计与经济研究》2013 年第 5 期，第 105 ~ 112 页。

[3] 韩晶、孙雅雯：《借助“一带一路”倡议构建中国主导的“双环流全球价值链”战略研究》，《理论学刊》2018 年第 4 期，第 33 ~ 39 页。

[4] 洪银兴：《参与全球经济治理：攀升全球价值链中高端》，《南京大学学报》（哲学·人文科学·社会科学）2017 年第 4 期，第 13 ~ 23 + 157 页。

[5] 侯方淼、姚茂元、鲁晨曦：《增加值贸易视角下国际贸易利益研究综述》，《北京林业大学学报》（社会科学版）2016 年第 1 期，第 71 ~ 78 页。

[6] 黄群慧主编，韵江、李芳芳副主编《“一带一路”沿线国家工业化进程报告》，社会科学文献出版社，2015。

[7] 黄先海、余骁：《以“一带一路”建设重塑全球价值链》，《经济学家》2017 年第

3 期，第 32 ~ 39 页。

[8] 毛蕴诗：《重构全球价值链》，《清华管理评论》2016 年第 6 期，第 34 ~ 39 页。

[9] 秦升：《“一带一路”：重构全球价值链的中国方案》，《国际经济合作》2017 年第 9 期，第 13 ~ 18 页。

[10] 佘珉：《全球价值链重构与中国外贸结构调整的研究》，南京师范大学硕士学位论文，2014。

[11] 王海杰、吴颖：《基于区域价值链的欠发达地区产业升级路径研究》，《经济体制改革》2014 年第 4 期，第 38 ~ 42 页。

[12] 王领、胡晓涛：《“一带一路”背景下中国企业主导的全球价值链构建》，《云南社会科学》2017 年第 1 期，第 1 ~ 5 + 186 页。

[13] 魏龙、王磊：《全球价值链体系下中国制造业转型升级分析》，《数量经济技术经济研究》2017 年第 6 期，第 71 ~ 86 页。

[14] 肖新艳：《全球价值链呈现“双曲线”特征——“微笑曲线”和“彩虹曲线”》，《国际贸易》2015 年第 8 期，第 38 ~ 40 页。

[15] Azmeh, S., Nadvi, K., "Asian Firms and the Restructuring of Global Value Chains," *International Business Review*, 2014, 23 (4): 708 - 717.

[16] Humphrey, J., Schmitz H., How Does Insertion in Global Value Chains Affect Upgrading in Industrial Clusters?," *Regional Studies*, 2002.

[17] Kaplinsky, R., Morris, M., *A Handbook for Value Chain Research*, International Development Research Centre, 2000.

[18] Koopman, R., Wang, Z., Wei, S., "Tracing Value - Added and Double Counting in Gross Exports," *The American Economic Review*, 2014, 104 (2): 459 - 494.

[19] Porter, M., *Competitive Advantage: Creating and Sustaining Superior Performance*, New York: The Free Press. 1985.

第八章

全球价值链分工下中国与共建“一带一路”国家林产品出口隐含碳排放测算和责任分担机制

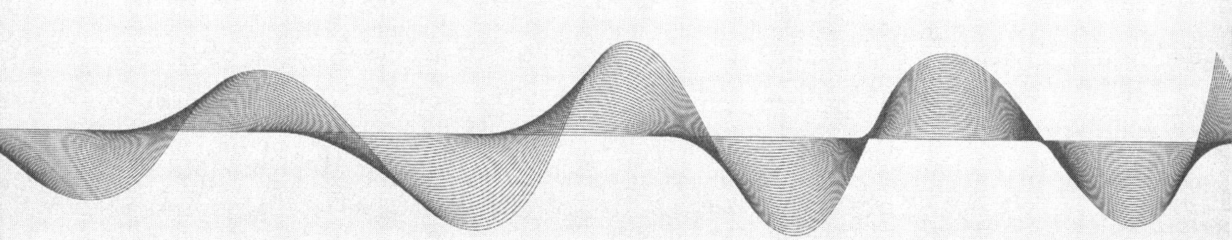

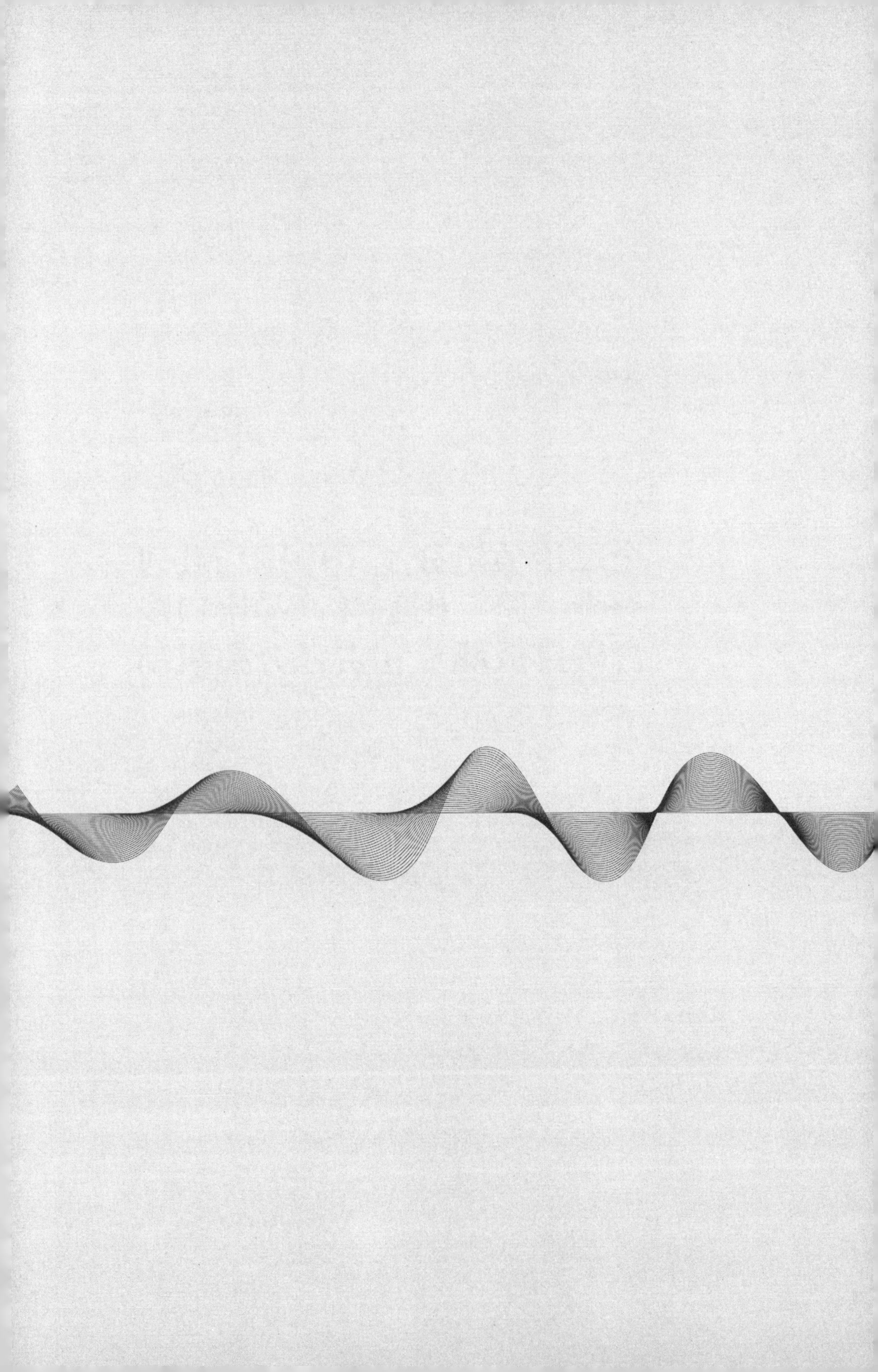

当前以二氧化碳排放为主的气候变暖问题已经成为人类面临的严峻环境问题之一。在全球价值链分工体系的不断演进、生产与消费环节实现地理空间分离的同时，也带来了碳排放的跨区域流动。全球碳排放转移关系着各国的碳减排责任，各国因此也对贸易隐含碳排放的归属问题产生了较大争议。构建科学合理的碳排放责任分担机制成为全球气候治理的重要内容。随着木质林产品生产和贸易规模的扩大，木质林产品行业对全球碳排放的影响也不断增强。然而木质林产品一直被赋予可再生、绿色、低碳的标签，使得木质林产品碳排放问题被轻视。因此本章将以中国与共建“一带一路”国家林产品贸易为例，首先利用多区域投入产出模型对 2000～2014 年中国与共建“一带一路”国家木质林产品出口隐含碳排放进行测算，而后尝试构建生产者和消费者“共同而有区别”的碳减排责任分担机制，以期为促进全球合作减排提供科学参考。

一 全球价值链分工下考察林产品出口隐含碳排放的重要性

（一）木质林产品生产规模不断扩大，碳排放污染不容忽视

近年来，全球木质林产品制造业快速发展，生产规模不断扩大，生产总值从 2000 年的 1.27 万亿美元增长至 2014 年的 2.49 万亿美元[①]。然而，木质林产品在采伐、运输、加工和销售环节中会产生不同程度的碳排放，如图 8－1 所示，2000～2014 年全球木质林产品制造业每年至少排放 2.62 亿吨二氧化碳，其制造过程中的碳排放问题不容忽视。

① 全球木质林产品制造业总产出由笔者根据 WIOD 投入产出数据库计算得出。

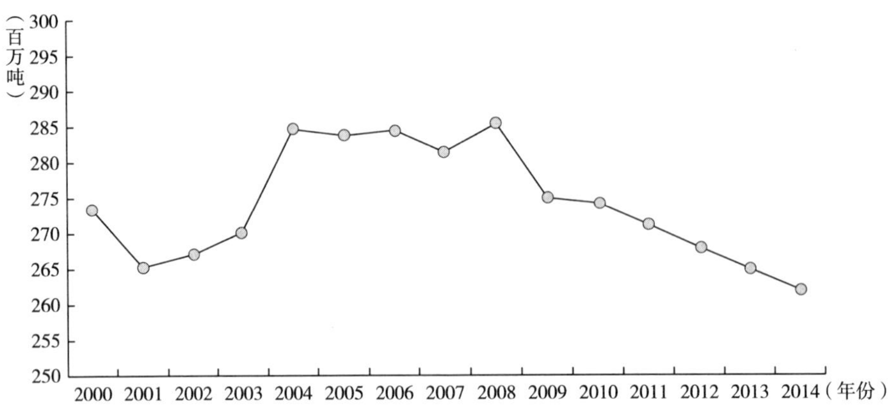

图 8-1　2000~2014 年全球木质林产品制造业碳排放量

资料来源：笔者计算。

（二）全球价值链分工下木质林产品“碳泄漏”问题凸显

全球价值链分工体系深入发展，生产过程日益分散化、碎片化，带来了生产与消费地理空间上的分离，一国的最终需求可能会引致其他国家的碳排放污染。处于全球林业产业价值链下游的国家因要素禀赋的客观条件承担高污染、高能耗的加工、组装和制造环节，而价值链上游国家凭借技术比较优势参与高附加值、清洁低碳的中间品研发设计，并从下游国家进口最终品，如此一来，上游国家将碳排放污染转嫁给下游国家以满足其最终消费需求，“碳泄漏”问题凸显。显然，以领土界限为系统边界的传统碳排放核算方法忽视了一国消费活动对环境的影响，不能客观反映一国碳减排责任。

随着全球气候变暖形势日趋严峻，“隐含碳”概念逐渐衍生，其是指产品或服务所有生产链环节中直接和间接产生的二氧化碳排放总量（Wyckoff and Roop，1994；Peters，2010），它能够揭示一国生产和消费活动引致的碳排放污染。鉴于此，有必要将隐含碳排放的跨区域转移纳入考虑以科学评估一国林业产业碳排放及其减排责任。本章将利用 WIOD 投入产出数据库，基于隐含碳排放全球转移的基本事实对共建“一带一路”国家木质林产品出口隐含碳排放进行测算，而后根据生产者和消费者“共同而有区别”的责任原则探索木质林产品出口隐含碳排放责任分配机制。

二 共建“一带一路”国家林产品出口隐含碳排放测算方法

（一）模型设定

投入产出理论是里昂惕夫在1936年提出的经典方程，也称为投入产出法。该方法以棋盘式的矩阵表格反映不同国家、部门间的投入产出结构关系，以及每个国家、部门生产单位产出所需要的中间投入品的数量和种类，由此可对最终产品生产过程中每一阶段的产出进行追溯。当总产出已知时，其增加值就通过增加值率乘以所需的总产出得到。文章通过运用Meng等（2019）的环境核算方法，将碳排放系数与总产出相乘，得到隐含碳排放值，并以Meng等（2019）的增加值贸易核算方法，将隐含碳排放值进行进一步的拆分，得到更加细致的贸易隐含碳核算模型。文章以三国两部门投入产出表为例，演示模型简化后的计算过程，包括S、R、T三个国家和1、2两个部门。

投入产出表中的A是直接消耗矩阵，反映各国的中间品贸易；V是增加值量；Y表示最终需求；X是国家总产出，B是Leontief逆矩阵，L是国内Leontief逆矩阵，P是碳排放量，F是引入的直接碳排放系数。文章定义P_j^C表示C国j部门的碳排放量，X_j^C表示C国j部门的总产出，F_j^C表示C国j部门的碳排放系数，公式如下：

$$F_j^C = P_j^C / X_j^C \quad (1)$$

$\hat{F}$为直接碳排放系数F的对角矩阵，根据Meng等（2019）的环境核算方法，将碳排放系数与经典Leontief公式相乘，得到不同产出情况下各国各部门的碳排放分解状况。

$$P = FX = \hat{F}B\hat{Y} = \begin{pmatrix} F_1^S B_{11}^{SS} & F_1^S B_{12}^{SS} & F_1^S B_{11}^{SR} & F_1^S B_{12}^{SR} & F_1^S B_{11}^{ST} & F_1^S B_{12}^{ST} \\ F_2^S B_{21}^{SS} & F_2^S B_{22}^{SS} & F_2^S B_{21}^{SR} & F_2^S B_{22}^{SR} & F_2^S B_{21}^{ST} & F_2^S B_{22}^{ST} \\ F_1^R B_{11}^{RS} & F_1^R B_{12}^{RS} & F_1^R B_{11}^{RR} & F_1^R B_{12}^{RR} & F_1^R B_{11}^{RT} & F_1^R B_{12}^{RT} \\ F_2^R B_{21}^{RS} & F_2^R B_{22}^{RS} & F_2^R B_{21}^{RR} & F_2^R B_{22}^{RR} & F_2^R B_{21}^{RT} & F_2^R B_{22}^{RT} \\ F_1^T B_{11}^{TS} & F_1^T B_{12}^{TS} & F_1^T B_{11}^{TR} & F_1^T B_{12}^{TR} & F_1^T B_{11}^{TT} & F_1^T B_{12}^{TT} \\ F_2^T B_{21}^{TS} & F_2^T B_{22}^{TS} & F_2^T B_{21}^{TR} & F_2^T B_{22}^{TR} & F_2^T B_{21}^{TT} & F_2^T B_{22}^{TT} \end{pmatrix}$$

$$\times \begin{pmatrix} Y_1^S & 0 & 0 & 0 & 0 & 0 \\ 0 & Y_2^S & 0 & 0 & 0 & 0 \\ 0 & 0 & Y_1^R & 0 & 0 & 0 \\ 0 & 0 & 0 & Y_2^R & 0 & 0 \\ 0 & 0 & 0 & 0 & Y_1^T & 0 \\ 0 & 0 & 0 & 0 & 0 & Y_2^T \end{pmatrix} \tag{2}$$

根据 Meng 等（2019）的增加值贸易核算方法，将出口碳排放量分解为以下 16 个部分，根据潘安（2018）的说法，GVC 分工下中间品贸易多次往返跨越国界引起的重复计算，并不会引起碳排放水平的改变，而去掉重复统计部分，最后保留的 12 项，如表 8－1 所示，与增加值贸易核算体系在理论上基本一致。

$$\begin{aligned} P(E^{SR}) = & \underbrace{(F^S B^{SS})^t \# Y^{SR} + (F^S L^{SS})^t \#(A^{SR} B^{RR} Y^{RR})}_{DVA\_FIN+DVA\_INT} + \\ & \underbrace{(F^S L^{SS})^t \# \{(A^{SR} B^{RR} Y^{RT}) + (A^{SR} B^{RT} Y^{TT}) + (A^{SR} B^{RT} Y^{TR})\}}_{DVA\_INTrex1+DVA\_INTrex2+DVA\_INTrex3} + \\ & \underbrace{(F^S L^{SS})^t \# \{(A^{SR} B^{RT} Y^{TS}) + (A^{SR} B^{RR} Y^{RS}) + (A^{SR} B^{RS} Y^{SS})\}}_{RDV\_FIN1+RDV\_FIN2+RDV\_INT} + \\ & \underbrace{(F^R + B^{RS})^t \#(Y^{SR}) + (F^R B^{RS})^t \#(A^{SR} L^{RR} Y^{RR})}_{MVA\_FIN+MVA+INT} + \\ & \underbrace{(F^T B^{TS})^t \#(Y^{SR}) + (F^T B^{TS})^t \#(A^{SR} L^{RR} Y^{RR})}_{OVA\_FIN+VA+INT} \end{aligned} \tag{3}$$

表 8－1　环境核算框架下总碳排放的 12 项分解（T1～T12）的具体含义

<table>
<tr><th colspan="3">分解内容</th><th>组成部分</th><th>具体含义</th></tr>
<tr><td rowspan="3">DVA</td><td colspan="2">DVA_ FIN（T1）</td><td rowspan="3">出口中隐含的本国的碳排放量</td><td>出口最终品中隐含的本国的碳排放量</td></tr>
<tr><td rowspan="2">DVA_ INT</td><td>DVA_ INT（T2）</td><td>出口中间品，并由进口国加工后直接消费的产品中隐含的本国的碳排放量</td></tr>
<tr><td>DVA_ INTrex（T3－T5）</td><td>出口中间品，并由进口国再出口，被第三国直接消费的产品中隐含的本国的碳排放量</td></tr>
<tr><td colspan="3">RDV（T6～T8）</td><td colspan="2">最终返回国内，并被本国消费的，由本国产生的碳排放量</td></tr>
<tr><td rowspan="4">FVA</td><td rowspan="2">MVA</td><td>MVA_ FIN（T9）</td><td rowspan="2">出口隐含的进口国产生的碳排放量</td><td>出口最终品中隐含的进口国的碳排放量</td></tr>
<tr><td>MVA_ INT（T10）</td><td>出口中间品中隐含的进口国的碳排放量</td></tr>
<tr><td rowspan="2">OVA</td><td>OVA_ FIN（T11）</td><td rowspan="2">出口隐含的第三国产生的碳排放量</td><td>出口最终品中隐含的第三国的碳排放量</td></tr>
<tr><td>OVA_ INT（T12）</td><td>出口中间品中隐含的第三国的碳排放量</td></tr>
</table>

注：T1～T12 是指公式 3 的第一个部分至第 12 部分。

文章定义 $P(E^{SR})$ 表示 S 国向 R 国出口隐含的碳排放总量，即传统投入产出法计算的从生产者角度进行碳排放责任划分的 S 国向 R 国的出口隐含碳排放总量。定义 *DVA*＋*RDV* 为出口中包含的本国的隐含碳排放的量，不仅包括最终被进口国和第三国消费的产品中隐含的碳排放量，也包括最后被本国消费的产品中隐含的本国的碳排放量。定义 *MVA*＋*OVA* 为出口隐含的国外的碳量，即 *FVA*。定义 *FIN* 为出口最终品的隐含碳排放量，出口中间品的隐含碳排放量为 *INT*，见公式 4。

$$FIN = DVA\_FIN + RDV\_FIN1 + RDV\_FIN2 + MVA\_FIN + OVA\_FIN$$

$$INT = DVA\_INT + DVA\_INTrex + RDV\_INT + MVA\_INT + OVA\_INT \quad (4)$$

（二）数据来源

本章使用的多区域投入产出数据来自欧盟资助开发的世界投入产出数据库[①]（World Input - Output Database，WIOD），以 WIOD2016 版 2000 ~ 2014 年数据以及 WIOD2013 版环境账户的 2000 ~ 2009 年数据作为分析基础。具体研究将 WIOD2013 版环境账户中各国各部门不同种类的 CO_2 气体排放量[②]加总，获得各国各部门的排放量，并与 WIOD2016 版数据库中的各产业产出数据结合，得到部门碳排放系数。由于环境账户的数据是 1995 ~ 2009 年，而 WIOT（WIOD2016 投入产出表）的数据是 2000 ~ 2014 年，数据年限不匹配。为此，我们选用环境账户 2000 ~ 2009 年的数据，并保证数据的连续性和完整性，利用移动平均法对 2010 ~ 2014 年各行业的二氧化碳排放数据进行补足。由于 WIOD2013 版和 WIOD2016 版国家和部门分类不一致，文章将国家整合为 39 个国家加上世界其他国家（ROW）[③]；部门整合为 34 个。文章相关计算均通过 R 软件完成。

由于 WIOD2013 版和 WIOD2016 版两个版本的数据库参照的国民经济核算体系（SNA）版本不一致，为了增强数据之间的可比性，文章借鉴 Steen - Olsen（2014）的公共分类系统方法，将两个数据库的行业部门重新划分，统一到同一分析框架下，以更好地分析国家间贸易隐含碳来源与去向。经过合并整理，将 WIOD2016 版的 56 个行业部门与 WIOD2013 版的 35 个行业部门进行统一，划分为 34 个行业部门[④]，文章研究的是木质林产品，主要选取木材加工和家具制造业及造纸印刷和文教体育用品制造业

---

① WIOD 数据库是由欧盟主导发布的分析世界贸易模式、经济发展以及环境压力的数据库，该数据库涵盖了 43 个国家（地区）56 个行业的相关数据，主要包括世界投入产出表（WIOT，World Input - Output Tables）、社会经济账户（SEA，Social Economic Accounts）、环境账户（EA，Environmental Accounts）。

② 具体包括：煤焦、焦炭、粗柴油、汽油、燃油、石油、天然气、废生物柴油、生物柴油、沼气、三电、暖气、核能、水力、地热、太阳风、其他非能源状态产生的 CO_2 气体的总和。

③ 具体分类见附表 A - 1。

④ 具体部门分类见附表 A - 2。

（以下简称“造纸业”）作为研究对象。

三　共建“一带一路”国家林产品出口隐含碳排放测算结果

（一）出口隐含碳排放的结构特征

1. 总量分析

图 8－2 结果显示，研究期间共建“一带一路”14 个国家的木质林产品出口隐含碳排放总量从 2000 年的 0.22 亿吨逐步上升至 2014 年的 2.59 亿吨，累计增长 2.38 亿吨，年均增长率为 19.42%。具体来看，2000～2008 年“一带一路”木质林产品出口总量波动上升，出口隐含碳排放量也呈波动式上升趋势，从 2000 年的 0.22 亿吨升至 2008 年的 0.84 亿吨，年均增长 18.45%；2009 年金融危机导致全球经济下降，国际贸易骤减，“一带一路”木质林产品贸易总量由 2008 年的 855.82 亿美元降至 2009 年的 52.47 亿美元，年均下降 93.86%；进而引致 2009 年出口隐含碳下降至 458 万吨，年均下降 94.54%。随着世界经济缓慢复苏，“一带一路”贸易规模不断扩大，2009～2013 年“一带一路”木质林产品出口隐含碳排放量年均增长 48.04%；2013 年“一带一路”倡议提出，贸易规模迅速扩张，导致出口隐含碳排放量也随即快速升高，从 2013 年的 0.22 亿吨升至 2014 年的 2.59 亿吨，年均增长 1080.25%。

从共建“一带一路”国家木质林产品出口隐含碳排放的结构特征来看，首先，出口中包含的本国的隐含碳排放比例（*DVA*＋*RDV*）不断下降，从 2000 年的 57.15% 降至 2014 年的 17.74%，年均下降 8.02%，出口包含的国外的出口隐含碳比例（*MVA*＋*OVA*）均不断上升，2000～2014 年年均增长 5.66%。其次，*DVA*＋*RDV* 比例中的中间品多次出口并被第三国消费而产生的隐含碳排放比例（*DVA_ INTrex*）以及本国出口中最终被本国消

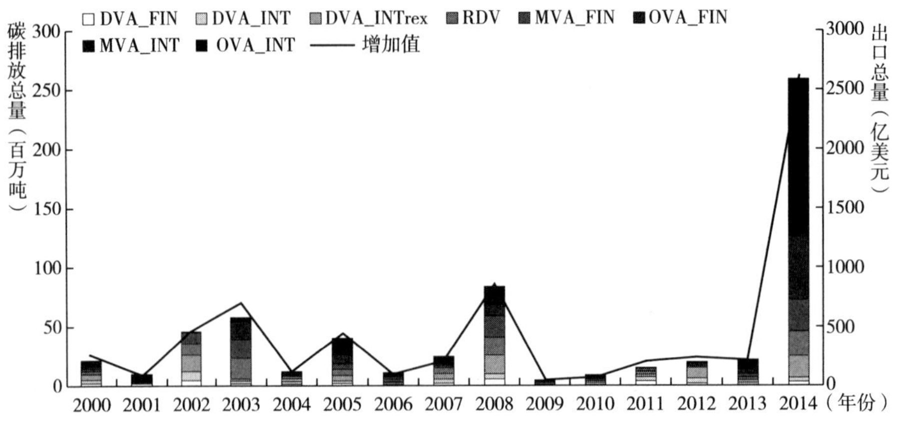

图 8－2　2000～2014 年木质林产品出口隐含碳排放结构

费的比例（*RDV*）下降速度较缓。2000～2014 年年均下降速度分别为 7.80%和 2.32%，显著低于本国生产的最终品和中间品被进口国消费使用而产生的碳排放比例（*DVA_ FIN*、*DVA_ INT*）14.21%和 15.21%。最后，出口包含的国外的隐含碳排放量中的中间品比例（*MVA_ INT*＋*OVA_ INT*）上升趋势明显，从 2000 年的 24.89%增加到 2014 年的 51.54%，年均上涨 5.34%，高出最终品比例 1.43 个百分点。

2. 木材加工和家具制造业出口隐含碳排放结构特征分析

图 8－3 结果显示，研究期间共建“一带一路”14 个国家的木材加工和家具制造业出口隐含碳排放总量从 2000 年的 0.11 亿吨逐步上升至 2014 年的 1.17 亿吨，累计增长 1.06 亿吨，年均增长率为 18.64%。2000～2014 年，木材加工和家具制造业出口隐含碳排放总量占木质林产品出口隐含碳排放总量的 40%左右，多居于 50%以下。共建“一带一路”14 个国家的木材加工和家具制造业出口隐含碳排放 2000～2014 年的变动趋势与木质林产品的变动趋势一致。2000～2008 年共建“一带一路”国家木材加工和家具制造业出口总量波动上升，出口隐含碳排放量也呈波动式上升趋势，从 2000 年的 0.11 亿吨升至 2008 年的 0.43 亿吨，年均增长 18.96%；2009 年

金融危机导致全球经济下降，国际贸易骤减，共建“一带一路”国家木质林产品贸易总量由2008年的499.92亿美元降至2009年的26.26亿美元，年均下降94.75%；进而引致2009年出口隐含碳排放量下降至215万吨，年均下降94.96%。随着世界经济缓慢复苏，“一带一路”贸易规模不断扩大，2009~2013年“一带一路”木质林产品出口隐含碳排放量年均增长43.55%；2013年“一带一路”倡议提出，贸易规模迅速扩张，引致出口隐含碳排放量也随即快速升高，从2013年的915万吨升至2014年的1.17亿吨，年均增长1174.59%。

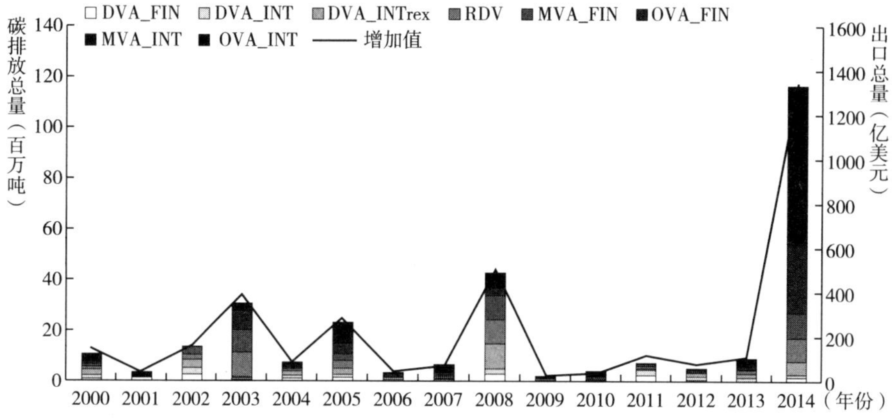

图8-3　2000~2014年木材加工和家具制造业出口隐含碳排放结构

从共建“一带一路”国家木材加工和家具制造业出口隐含碳排放的结构特征来看，首先，出口中包含的本国的隐含碳排放比例（*DVA* + *RDV*）不断下降，从2000年的52.95%降至2014年的14.73%，年均下降8.73%，出口包含的国外的出口隐含碳比例（*MVA* + *OVA*）均不断上升，2000~2014年年均增长6.08%。其次，*DVA* + *RDV*中的中间品多次出口并被第三国消费而产生的隐含碳排放比例（*DVA_ INTrex*）以及本国出口中最终被本国消费的比例（*RDV*）下降速度较缓。2000~2014年年均下降速度分别为10.62%和1.91%，显著低于本国生产的最终品和中间品被进口国消费使用而产生的碳排放比例（*DVA_ FIN*、*DVA_ INT*）的11.61%和16.49%。最后，出口包含的国外的隐含碳排放量中的中间品比例（*MVA_*

INT + OVA_ INT）上升趋势明显，从 2000 年的 28.18% 增加到 2014 年的 53.78%，年均上涨 4.73%，高出最终品比例 1 个百分点。

3. 造纸业出口隐含碳排放结构特征分析

图 8-4 结果显示，研究期间共建“一带一路”国家的造纸业出口隐含碳排放总量从 2000 年的 0.1 亿吨，逐步上升至 2014 年的 1.43 亿吨，累计增长 1.32 亿吨，年均增长率为 20.13%。2000～2014 年，造纸业出口隐含碳排放总量占木质林产品出口隐含碳排放总量的 60% 左右，多居于 50% 以上。共建“一带一路”国家的造纸业出口隐含碳排放 2000～2014 年的变动趋势与木质林产品的变动趋势一致。2000～2008 年共建“一带一路”国家造纸业出口总量波动上升，出口隐含碳排放量也呈波动式上升趋势，从 2000 年的 10.96 百万吨升至 2008 年的 41.05 百万吨，年均增长 17.95%；2009 年金融危机导致全球经济下降，国际贸易骤减，共建“一带一路”国家造纸业出口总量由 2008 年的 855.82 亿美元降至 2009 年的 52.47 亿美元，年均下降 93.87%；进而引致 2009 年出口隐含碳排放量下降至 242 万吨，年均下降 94.10%。随着世界经济缓慢复苏，共建“一带一路”国家贸易规模不断扩大，2009～2013 年共建“一带一路”国家造纸业出口隐含碳排放量年均增长 51.72%；2013 年共建“一带一路”国家倡议提出，贸易规模迅速扩张，引致出口隐含碳排放量也随即快速升高，从 2013 年的 0.13 亿吨升至 2014 年的 1.43 亿吨，年均增长 1012.98%。

从共建“一带一路”国家造纸业出口隐含碳排放的结构特征来看，首先，出口中包含的本国的隐含碳排放比例（*DVA + RDV*）不断下降，从 2000 年的 61.24% 降至 2014 年的 20.20%，年均下降 7.62%，出口包含的国外的隐含碳比例（*MVA + OVA*）均不断上升，2000～2014 年年均增长 5.37%。其次，*DVA + RDV* 中的中间品多次出口并被第三国消费而产生的隐含碳排放比例（*DVA_ INTrex*）以及本国出口中最终被本国消费的比例（*RDV*）下降速度较缓。2000～2014 年年均下降速度分别为 6.24% 和 2.71%，显著低于本国生产的最终品和中间品被进口国消费使用而产生的

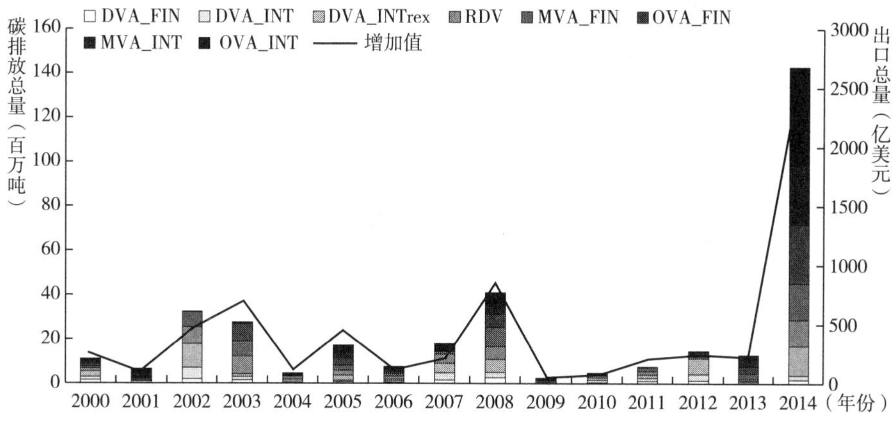

图 8－4　2000～2014 年造纸业出口隐含碳排放结构

碳排放比例（*DVA_ FIN*、*DVA_ INT*）为 16.12% 和 14.22%。最后，出口包含的国外的隐含碳排放量中的中间品比例（*MVA_ INT*＋*OVA_ INT*）上升趋势明显，从 2000 年的 21.68% 增加到 2014 年的 49.71%，年均上涨 6.11%，高出最终品比例 1.98 个百分点。

（二）出口隐含碳排放的国别特征

1. 总量分析

从国别角度看，图 8－5 显示了 2000～2014 年共建“一带一路”国家木质林产品平均碳排放总量与结构特征。从碳排放总量看，中国、俄罗斯、印度尼西亚、波兰、印度的出口隐含碳排放量较高，年均值分别为 1674 万吨、666 万吨、643 万吨、442 万吨和 232 万吨，上述 5 国的碳排放量占共建“一带一路”国家木质林产品出口隐含碳排放总量的 86.04%。相反，保加利亚、爱沙尼亚、匈牙利、立陶宛、拉脱维亚、斯洛伐克、斯洛文尼亚、土耳其的木质林产品出口隐含碳排放量较低，年均值低于 100 万吨，占比微乎其微。

从共建“一带一路”国家木质林产品出口隐含碳排放的结构来看，首先，出口中包含的本国的隐含碳排放比例（*DVA*＋*RDV*）较高的国家包括斯洛伐克和爱沙尼亚，2000～2014 年平均占比分别为 52.91% 和 47.38%；

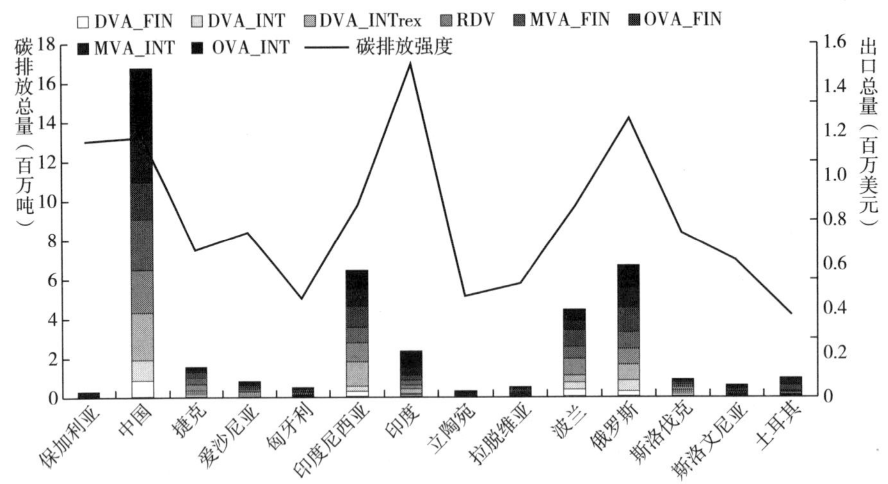

图 8-5　共建“一带一路”国家木质林产品出口隐含碳排放

而印度和土耳其出口包含的国外的隐含碳比例（*MVA* + *OVA*）较高，2000～2014 年平均占比分别为 75.32% 和 69.59%。其次，*MVA* + *OVA* 中，出口包含的进口国的隐含碳比例（*MVA*）较高的国家包括土耳其和保加利亚，2000～2014 年平均占比分别为 58.29% 和 33.35%；出口包含的第三国的隐含碳比例（*OVA*）较高的国家包括印度、斯洛文尼亚、拉脱维亚，2000～2014 年平均占比分别为 47.31%、40.97% 和 38.22%。最后，出口中间品的隐含碳比例（*DVA_ INT* + *DVA_ INTrx* + *MVA_ INT* + *OVA_ INT*）较高的国家包括印度、保加利亚、中国、爱沙尼亚和俄罗斯，2000～2014 年平均占比分别为 66.61%、60.47%、55.45%、52.96% 和 52.94%；捷克和土耳其的出口最终品的隐含碳比例（*DVA_ FIN* + *MVA_ FIN* + *OVA_ FIN*）较高，2000～2014 年平均占比分别为 49.54% 和 49.44%。

2. 木材加工和家具制造业出口隐含碳排放的国别特征分析

从国别角度看，图 8-6 显示了 2000～2014 年共建“一带一路”国家木材加工和家具制造业平均碳排放总量与结构特征。从碳排放总量看，中国、印度尼西亚、波兰、俄罗斯、印度的出口隐含碳排放量较高，年均值分别为 817 万吨、254 万吨、246 万吨、233 万吨和 109 万吨，上述 5 国的碳排放量占共建“一带一路”国家木材加工和家具制造业出口隐含碳排放总量的86.92%。相反，保加利亚、捷克、爱沙尼亚、匈牙利、立陶宛、拉脱维亚、斯洛伐克、斯洛文尼亚、土耳其的木材加工和家具制造业出口隐含碳排放量较低，年均值低于100万吨，占比微乎其微。

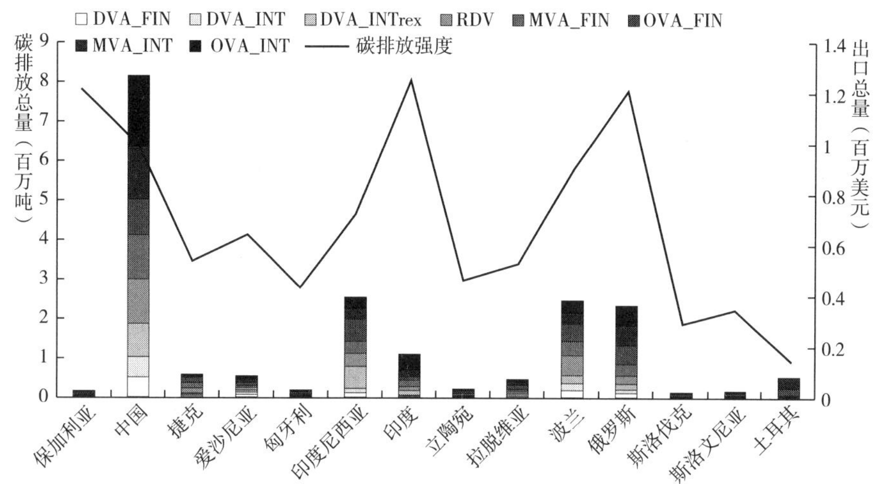

图8-6 共建“一带一路”国家木材加工和家具制造业出口隐含碳排放

从共建“一带一路”国家木材加工和家具制造业出口隐含碳排放的结构来看，首先，出口中包含的本国的隐含碳排放比例（*DVA*+*RDV*）较高的国家包括土耳其和斯洛伐克，2000~2014年平均占比分别为67.59%和51.12%；而俄罗斯和印度的出口包含的国外的隐含碳比例（*MVA*+*OVA*）较高，2000~2014年平均占比分别为76.20%和75.25%。其次，*MVA*+*OVA*中，出口包含的进口国的隐含碳比例（*MVA*）较高的国家包括土耳其和保加利亚，2000~2014年平均占比分别为288.43%和35.99%；出口包含的第三国的隐含碳比例（*OVA*）较高的国家包括印度、斯洛文尼亚和俄罗斯，2000~2014年平均占比分别为45.90%、43.09%和42.71%。最后，出口中间品的隐含碳比例（*DVA_INT*+*DVA_INTrx*+*MVA_INT*+*OVA_INT*）较高的国家包括印度、保加利亚、中国和俄罗斯，2000~2014年平均占比分别为66.10%、63.97%、55.13%和53.39%；土耳其和捷克的出口最终品的隐含碳比例（*DVA_ FIN + MVA_ FIN + OVA_ FIN*）较高，2000~2014 年平均占比分别为 203.10% 和 53.05%。

3. 造纸业出口隐含碳排放的国别特征分析

从国别角度看，图 8-7 显示了研究期间共建“一带一路”国家造纸业平均碳排放总量与结构特征。从碳排放总量来看，中国、俄罗斯、印度尼西亚、波兰、印度的出口隐含碳排放量较高，年均值分别为 857 万吨、433 万吨、389 万吨、196 万吨和 123 万吨，上述 5 国的碳排放量占共建“一带一路”国家造纸业出口隐含碳排放总量的 85.32%。相反，保加利亚、爱沙尼亚、匈牙利、立陶宛、拉脱维亚、斯洛伐克、斯洛文尼亚、土耳其的木质林产品出口隐含碳排放量较低，年均值低于 100 万吨，占比微乎其微。

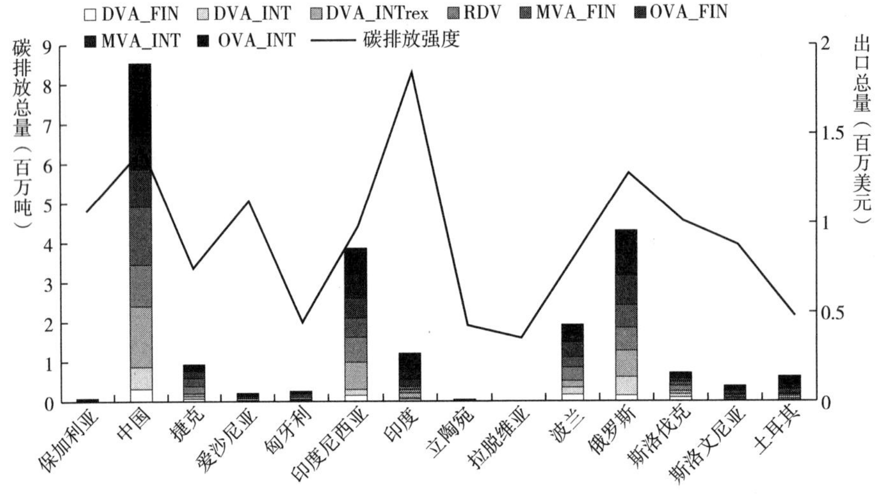

图 8-7 共建“一带一路”国家造纸业出口隐含碳排放

从共建“一带一路”国家造纸业出口隐含碳排放的结构来看，首先，出口中包含的本国的隐含碳排放比例（*DVA + RDV*）较高的国家包括爱沙尼亚和斯洛伐克，2000~2014 年平均占比分别为 53.25% 和 53.22%；而印度和土耳其的出口包含的国外的隐含碳比例（*MVA + OVA*）较高，2000~2014 年平均占比分别为 75.39% 和 75.18%。其次，*MVA + OVA* 中，出口包含的进口国的隐含碳比例（*MVA*）较高的国家包括匈牙利和保加利亚，2000~2014年平均占比分别为30.40%和29.50%；出口包含的第三国的隐含碳比例（*OVA*）较高的国家包括土耳其和印度，2000~2014年平均占比分别为51.50%和48.55%。最后，出口中间品的隐含碳比例（*DVA_ INT + DVA_ INTrx + MVA_ INT + OVA_ INT*）较高的国家包括土耳其、印度、拉脱维亚、中国和爱沙尼亚，2000~2014年平均占比分别为68.18%、67.07%、61.19%、55.76%和55.76%；捷克、波兰和斯洛文尼亚的出口最终品的隐含碳比例（*DVA_ FIN + MVA_ FIN + OVA_ FIN*）较高，2000~2014年平均占比分别为47.43%、41.36%和40.42%。

（三）出口隐含碳排放净流动特征分析

1. 总量分析

表8-2显示了共建“一带一路”国家木质林产品出口隐含碳排放在全球范围内的主要净流动路径。中国、印度尼西亚、俄罗斯和波兰是主要的碳净流出国，土耳其是主要的碳净流入国。中国的出口隐含碳排放主要流向美国和日本，年均流出分别为316万吨和190万吨；印度尼西亚的出口隐含碳排放主要流向日本和中国，年均流出分别为109万吨和102万吨；俄罗斯的出口隐含碳排放主要流向中国，年均流出为110万吨；波兰的出口隐含碳排放主要流向德国，年均流出为132万吨。土耳其的贸易隐含碳排放主要来源于俄罗斯和中国，年均流入分别为28万吨和27万吨。

表8-2 共建“一带一路”国家木质林产品出口隐含碳排放净流动

单位：千吨

国家	中国（CHN）	印度尼西亚（IDN）	印度（IND）	波兰（POL）	俄罗斯（RUS）	土耳其（TUR）
保加利亚（BGR）	10.77	0.46	-0.43	15.68	22.16	-28.79
中国（CHN）	0.00	800.43	-350.97	-43.61	485.45	-263.61
捷克（CZE）	11.21	-9.33	-0.28	30.25	3.09	-2.38
爱沙尼亚（EST）	-6.66	-0.94	-10.86	-0.50	61.04	-2.91

续表

国家	中国（CHN）	印度尼西亚（IDN）	印度（IND）	波兰（POL）	俄罗斯（RUS）	土耳其（TUR）
匈牙利（HUN）	8.23	0.31	-0.66	60.56	48.74	-1.73
印度尼西亚（IDN）	-800.43	0.00	-117.62	-6.94	66.15	-40.66
印度（IND）	350.97	117.62	0.00	4.29	265.13	-33.93
立陶宛（LTU）	5.75	0.89	0.33	86.06	34.81	-0.73
拉脱维亚（LVA）	3.82	0.33	0.47	20.28	39.54	-1.98
波兰（POL）	43.61	6.94	-4.29	0.00	-71.41	-39.73
俄罗斯（RUS）	-485.45	-66.15	-265.13	71.41	0.00	-232.37
斯洛伐克（SVK）	4.54	0.52	0.20	15.09	7.02	-6.82
斯洛文尼亚（SVN）	5.59	1.39	-3.68	3.92	4.91	-12.62
土耳其（TUR）	263.61	40.66	33.93	39.73	232.37	0.00

就共建“一带一路”国家间双边贸易情况而言，俄罗斯、印度尼西亚和波兰是主要的净碳流出国，印度、土耳其和中国是主要的净碳流入国。俄罗斯出口隐含碳排放主要的净流出国为中国、印度和土耳其，2000~2014年，俄罗斯向中国、印度和土耳其年均净输出碳排放分别为49万吨、27万吨和23万吨；印度尼西亚出口隐含碳排放主要的净输出国为中国和印度，年均净流出分别为80万吨和12万吨。波兰出口隐含碳排放主要的净流出国为立陶宛、俄罗斯和匈牙利，年均净流出分别为9万吨、7万吨和6万吨。印度出口隐含碳排放主要的净流入国为中国和俄罗斯，2000~2014年，印度从中国和俄罗斯年均净流入35万吨和27万吨；土耳其出口隐含碳排放主要的净流入国为中国和俄罗斯，年均净流入分别为26万吨和23万吨；中国出口隐含碳排放主要的净流入国为印度尼西亚和俄罗斯，年均净流入分别为80万吨碳和49万吨碳。

2. 木材加工和家具制造业出口隐含碳排放净流动特征分析

表8-3显示了共建“一带一路”国家木材加工和家具制造业出口隐含碳排放在共建“一带一路”国家范围内的主要净流动路径。印度尼西亚、俄罗斯和波兰是主要的碳净流出国，土耳其和中国是主要的碳净流入

国。印度尼西亚出口隐含碳排放主要净流出国为中国，2000~2014 年，印度尼西亚向中国年均净流出 25 万吨；俄罗斯出口隐含碳排放主要净流出国为爱沙尼亚，年均净流出 6 万吨；波兰出口隐含碳排放主要净流出国为俄罗斯和立陶宛，年均净流出分别为 4.26 万吨和 3.82 万吨。土耳其出口隐含碳排放主要净流入国为中国和俄罗斯，2000~2014 年，土耳其从中国和俄罗斯年均净流入 6 万吨和 4 万吨；中国出口隐含碳排放主要净流入国为印度尼西亚和俄罗斯，年均净流入分别为 25 万吨和 6 万吨。

表 8-3　2000~2014 年共建“一带一路”国家木材加工和家具制造业出口隐含碳排放净流动

单位：千吨

国家	中国（CHN）	印度尼西亚（IDN）	印度（IND）	波兰（POL）	俄罗斯（RUS）	土耳其（TUR）
保加利亚（BGR）	7.97	0.22	0.12	5.41	0.33	-32.95
中国（CHN）	0.00	250.32	-30.82	-28.68	56.91	-57.05
捷克（CZE）	10.42	2.09	0.22	26.87	5.68	-0.70
爱沙尼亚（EST）	1.05	0.27	-0.53	-3.84	60.53	-1.71
匈牙利（HUN）	5.16	0.09	0.27	28.04	7.77	0.18
印度尼西亚（IDN）	-250.32	0.00	-6.46	-6.44	-1.77	-7.94
印度（IND）	30.82	6.46	0.00	-0.58	0.36	-11.96
立陶宛（LTU）	3.18	0.29	0.06	38.21	15.20	-0.64
拉脱维亚（LVA）	1.38	0.07	-0.12	-0.66	17.78	-2.14
波兰（POL）	28.68	6.44	0.58	0.00	-42.64	-13.62
俄罗斯（RUS）	-56.91	1.77	-0.36	42.64	0.00	-40.56
斯洛伐克（SVK）	2.67	0.36	0.13	33.11	2.31	-1.14
斯洛文尼亚（SVN）	4.24	0.37	0.08	4.88	0.73	-0.58
土耳其（TUR）	57.05	7.94	11.96	13.62	40.56	0.00

3. 造纸业出口隐含碳排放净流动特征分析

表 8-4 显示了共建“一带一路”国家造纸业出口隐含碳排放在共建“一带一路”国家范围内的主要净流动路径。俄罗斯、印度尼西亚和波兰是主要的碳净流出国，印度、土耳其和中国是主要的碳净流入国。俄罗斯

出口隐含碳排放主要净流出国为中国、印度和土耳其，2000～2014年，俄罗斯向中国、印度和土耳其年均净输出碳排放分别为43万吨、26万吨和19万吨；印度尼西亚出口隐含碳排放的主要净流出国为中国，年均净流出55万吨；波兰出口隐含碳排放的主要净流出国为立陶宛和匈牙利，年均净流出分别为5万吨和3万吨。印度出口隐含碳排放净流入国主要是中国、俄罗斯和印度尼西亚，2000～2014年，印度从中国、俄罗斯和印度尼西亚年均净进口分别为32万吨、26万吨和11万吨。土耳其贸易隐含碳排放净进口国主要是中国和俄罗斯，年均净进口分别为21万吨和19万吨；中国贸易隐含碳排放主要的净进口国为印度尼西亚和俄罗斯，年均净进口分别为55万吨和43万吨。

总体上，共建“一带一路”国家木质林产品出口隐含碳排放总量不断上升，随着共建“一带一路”国家倡议的提出，出口隐含碳排放总量增长更加迅速，其中造纸业相较于木材加工和家具制造业的增长更明显。中国、俄罗斯、印度尼西亚、波兰、印度是共建“一带一路”国家木质林产品出口隐含碳排放的主要国家，其碳排放总量占共建“一带一路”国家木质林产品出口隐含碳排放总量的80%以上。从共建“一带一路”国家双边贸易隐含碳流动来看，俄罗斯、印度尼西亚和波兰是主要的碳净流出国，印度、土耳其和中国是主要的碳净流入国。

表8-4　2000～2014年共建“一带一路”国家造纸业出口隐含碳排放净流动

单位：千吨

国家	中国(CHN)	印度尼西亚(IDN)	印度(IND)	波兰(POL)	俄罗斯(RUS)	土耳其(TUR)
保加利亚（BGR）	2.80	0.24	-0.56	10.28	21.83	4.16
中国（CHN）	0.00	550.11	-320.15	-14.93	428.54	-206.55
捷克（CZE）	0.79	-11.41	-0.50	3.38	-2.59	-1.68
爱沙尼亚（EST）	-7.71	-1.21	-10.33	3.34	0.51	-1.20
匈牙利（HUN）	3.07	0.22	-0.93	32.52	40.97	-1.91
印度尼西亚（IDN）	-550.11	0.00	-111.16	-0.50	67.92	-32.72
印度（IND）	320.15	111.16	0.00	4.87	264.77	-21.97

续表

国家	中国（CHN）	印度尼西亚（IDN）	印度（IND）	波兰（POL）	俄罗斯（RUS）	土耳其（TUR）
立陶宛（LTU）	2.57	0.60	0.27	47.85	19.61	-0.09
拉脱维亚（LVA）	2.44	0.26	0.59	20.94	21.76	0.16
波兰（POL）	14.93	0.50	-4.87	0.00	-28.76	-26.11
俄罗斯（RUS）	-428.54	-67.92	-264.77	28.76	0.00	-191.82
斯洛伐克（SVK）	1.87	0.16	0.07	-18.02	4.71	-5.69
斯洛文尼亚（SVN）	1.36	1.02	-3.75	-0.95	4.17	-12.04
土耳其（TUR）	206.55	32.72	21.97	26.11	191.82	0.00

四　林产品出口隐含碳排放责任分担机制探索

全球碳减排责任分担机制，概括起来主要包括以下三种：生产者责任原则、消费者责任原则和共担责任原则。生产者责任原则主张碳排放责任由其直接排放者承担；按照该原则，出口产品的碳排放责任由出口国承担。消费者责任原则主张各国的碳排放责任应按其国内最终消费引起的碳排放量计算。共担责任原则主张生产者和消费者按一定比例共同分担碳排放责任。相比生产者和消费者责任原则，基于共担责任原则的分配框架是一种折中的方案，有助于减少碳泄漏和促进减排的公平性，具有较强的可操作性（Peters，Hertwich，2008）。因此本节将基于上一节关于林产品出口隐含碳排放的测算结果，在共担责任原则的框架下探究如何公平科学地界定一国木质林产品碳减排责任。

（一）碳排放责任共担机制设计

出口贸易活动同时具有正向和负向产出，在为一国带来可观的经济收益的同时，也导致国内碳排放的增长。因此本研究将木质林产品出口增加值和出口隐含碳排放置于统一的框架下设计分配因子。具体地，本研究参考王文治等（2019）的方法，以一国木质林产品增加值出口占该国与他国双边木质林产品增加值贸易总额的比例为碳减排责任的分配因子，如公式（5）所示。

$$CE^s = \begin{cases} D^s + \sum_{r \neq s}^{G} (M^{rs} + \alpha_{sr} T^{sr}) & \text{当 } T^{sr} > 0 \\ D^s + \sum_{r \neq s}^{G} [M^{rs} + (1 - \alpha_{sr}) T^{sr}] & \text{当 } T^{sr} < 0 \end{cases} \tag{5}$$

上式中 CE^s 表示共担责任原则下木质林产品出口活动中 s 国应承担的碳排放量，$D^s = MVA\_FIN + MVA\_INT$ 和 $\sum_{s \neq r}^{G} M^{sr} = DVA\_FIN + DVA + INT + DVA\_INTrex3 + RDV + OVA\_FIN + OVA\_INT$ 分别表示由 s 国最终需求引致的 s 国和 r 国木质林产品碳排放量。$\alpha_{sr} = \frac{VA^{sr}}{VA^{sr} + VA^{rs}}$ 表示分配因子，其中 VA^{rs} 表示 r 国对 s 国木质林产品增加值出口，VA^{sr} 表示 s 国对 r 国木质林产品增加值出口；α_{sr} 的取值范围在 0～1，α_{sr} 越接近于 1 表示 s 国在双边木质林产品贸易中创造了更多的增加值，获取了较大份额的经济收益，相应地应承担更多的木质林产品碳减排责任。T^{sr} 表示由 s 国最终消费需求引致的 r 国木质林产品碳排放净转移；当 $T^{sr} > 0$ 时，s 国为木质林产品隐含碳排放的净流出国，意味着相较于 r 国，s 国付出了更多的环境成本，在此情况下，r 国应承担更多的碳减排责任，反之亦然。

（二）共建“一带一路”国家木质林产品出口碳排放责任界定

根据上述碳排放责任分担机制，研究得到共担责任原则下共建“一带一路”国家木质林产品的碳排放量。如表 8－5 所示，在共担责任原则下，共建“一带一路”国家需要为 569 万吨碳排放负责，其中俄罗斯、中国、印度尼西亚、波兰、捷克和斯洛伐克是共建“一带一路”国家出口隐含碳排放的主要责任国，其碳排放量占共建“一带一路”国家整体的 92.13%。由于共建“一带一路”国家木质林产品平均碳排放总量中包含的国外增加值部分比例较高（$OVA\_FIN + OVA\_INT$），生产者责任原则下的碳排放存在严重高估，使得生产者责任原则下的碳排放量大于消费者责任和共担责任下的碳排放量。从消费者责任原则和共担责任原则来看，贸易隐含碳净流出的国家在共担责任原则下的碳排放量高于消费者责任原则下的碳排放量。印度尼西亚、波兰和俄罗斯净流出碳排放量较高，导致共担责任原则下的碳排放量显著大于消费者责任原则下的碳排放量。以捷克、印度尼西亚、波兰、俄罗斯和斯洛伐克为例，共担责任原则下的碳排放量分别为32万吨、105万吨、56万吨、171万吨和22万吨，比消费者责任原则下的碳排放高出6.57%、62.21%、34.15%、51.70%和13.18%，比生产者责任原则下的碳排放低12.58%、0.40%、22.55%、23.87%和15.12%。中国、土耳其和印度作为隐含碳净流入国，共担责任原则下的碳排放量低于消费者责任原则下的碳排放量。

表8-5　木质林产品出口隐含碳排放双边特征分析

单位：千吨

国家	生产者责任	消费者责任	共担责任
保加利亚（BGR）	54.93	85.01	36.08
中国（CHN）	1544.28	1671.74	1397.02
捷克（CZE）	354.79	294.46	315.15
爱沙尼亚（EST）	93.64	97.99	68.33
匈牙利（HUN）	63.83	208.41	65.32
印度尼西亚（IDN）	1055.41	397.29	1051.23
印度（IND）	130.32	696.34	85.08
立陶宛（LTU）	32.53	140.12	35.17
拉脱维亚（LVA）	49.67	105.80	64.05
波兰（POL）	683.04	367.05	557.37
俄罗斯（RUS）	2113.73	824.14	1706.39
斯洛伐克（SVK）	250.72	189.07	217.78
斯洛文尼亚（SVN）	68.22	61.09	57.59
土耳其（TUR）	66.39	554.61	36.58

五　本章小结

本章通过对2000~2014年中国与共建“一带一路”国家木质林产品

出口隐含碳排放测算及其责任分担机制的探究，得出以下主要结论。

第一，2000~2014 年，共建"一带一路"国家木质林产品出口隐含碳排放总量不断上升，随着"一带一路"倡议的提出，出口隐含碳排放总量增长更加迅速，其中造纸业相较于木材加工和家具制造业的增长更明显。

第二，中国、俄罗斯、印度尼西亚、波兰、印度是共建"一带一路"国家木质林产品出口隐含碳排放总量较高的国家，排放量加总占共建"一带一路"国家木质林产品出口隐含碳排放总量的 80% 以上。

第三，就出口结构而言，不同国家、不同产品的出口隐含碳排放结构具有较强的异质性。中国、俄罗斯和印度中间品出口的隐含碳比例较高，印度木质林产品出口中包含的国外隐含碳比例较高；在木材加工和家具制造业的隐含碳排放中，俄罗斯的国外的出口隐含碳比例较高，且主要通过中间品出口的方式；而在造纸业的出口隐含碳排放中，波兰最终品出口隐含碳比例高。

第四，从双边贸易隐含碳流动来看，俄罗斯、印度尼西亚和波兰是主要的碳净流出国，印度、土耳其和中国是主要的碳净流入国。其中，俄罗斯和印度尼西亚的出口隐含碳排放主要流向中国；波兰的出口隐含碳排放主要流向俄罗斯和捷克。印度的贸易隐含碳排放主要来源于中国、俄罗斯和印度尼西亚；土耳其的贸易隐含碳排放主要来源于俄罗斯和中国；中国的贸易隐含碳排放主要来源于俄罗斯和印度尼西亚。

第五，共担责任原则将一国出口活动产生的碳排放成本和经济利益同时纳入考虑，不仅克服了生产者责任原则未考虑一国消费引致的碳排放污染的缺陷，而且避免了消费者责任原则忽视消费经济体对他国经济增长的拉动作用，是同时兼顾生产者和消费者利益的碳排放责任分配方案。共担责任原则下俄罗斯、中国、印度尼西亚、波兰、捷克和斯洛伐克是主要的出口碳排放责任国。

基于以上结论，本章得出以下启示：首先，随着共建"一带一路"国家加快推进"一带一路"合作倡议，逐步融入全球价值链，传统生产者责任原则下衡量的共建"一带一路"国家贸易隐含碳排放将被明显高估。消费者责任原则下的碳排放忽略了环境污染背后的经济发展，不符合各国绿色发展的根本思路。因此，采用共担责任机制作为未来衡量共建“一带一路”国家碳排放责任的标准将成为必然趋势。其次，共担责任原则下，中国、俄罗斯、印度尼西亚和波兰是碳排放责任大国。在新冠肺炎疫情带来经济全球衰退、地球生态形势越来越严峻的背景下，这些碳排放责任大国在关注刺激国内经济的同时，还应加强预防重污染产业再度兴起，通过推动新兴产业发展，替代传统产业，聚焦“补短板，锻长板”，优化建设国内循环；此外，应深化与共建“一带一路”国家的产业链合作，避免走传统“污染避难所”老路，增强国际合作的可持续性。

主要参考文献

[1] 潘安：《全球价值链视角下的中美贸易隐含碳研究》，《统计研究》2018 年第 1 期，第 53 ~ 64 页。

[2] 王文治、杨爽、王怡：《全球贸易隐含碳的责任共担及其跨区域补偿》，《环境经济研究》2019 年第 3 期，第 30 ~ 47 页。

[3] Meng, B. , Peters, G. P. , Wang, Z. and Li, M. , “Tracing CO 2 Emissions in Global Value Chains,” *Energy Economics*, 73, 2018.

[4] Peters G. P. , Carbon Footprints and Embodied Carbon at Multiple Scales,” *Current Opinion in Environmental Sustainability*, 2010, 2 (4): 245 – 250.

[5] Peters, G. P. , Hertwich, E. G. , Post – Kyoto Greenhouse Gas Inventories: Production Versus Consumption. Climate Change 2008, 86, 51 – 66.

[6] Steen – Olsen K. , Owen A. , Hertwich E. G. , et al. , Effects of Sector Aggregation on CO2 Multipliers in Multiregional Input – Output Analyses,” *Economic Systems Research*, 2014, 26.

[7] Wyckoff, A. W. , Roop, J. M. , 1994. The Embodiment of Carbon in Imports of Manufactured Products: Implications for International Agreements on Greenhouse Gas Emissions. *Energy Policy* 22, 187 – 194.

附表 8－1　WIOD2013 版与 WIOD2016 版国家对应

WIOD 交集国家或地区	ISO code	2013WIOD	2016WIOD
澳大利亚（AUS）	1	1	1
奥地利（AUT）	2	2	2
比利时（BEL）	3	3	3
保加利亚（BGR）	4	4	4
巴西（BRA）	5	5	5
加拿大（CAN）	6	6	6
中国（CHN）	7	7	8
塞浦路斯（CYP）	8	8	9
捷克（CZE）	9	9	10
德国（DEU）	10	10	11
丹麦（DNK）	11	11	12
西班牙（ESP）	12	12	13
爱沙尼亚（EST）	13	13	14
芬兰（FIN）	14	14	15
法国（FRA）	15	15	16
英国（GBR）	16	16	17
希腊（GRC）	17	17	18
匈牙利（HUN）	18	18	20
印度尼西亚（IDN）	19	19	21
印度（IND）	20	20	22
爱尔兰（IRL）	21	21	23
意大利（ITA）	22	22	24
日本（JPN）	23	23	25
韩国（KOR）	24	24	26
立陶宛（LTU）	25	25	27
卢森堡（LUX）	26	26	28
拉脱维亚（LVA）	27	27	29

续表

WIOD 交集国家或地区	ISO code	2013WIOD	2016WIOD
墨西哥（MEX）	28	28	30
马耳他（MLT）	29	29	31
荷兰（NLD）	30	30	32
波兰（POL）	31	31	34
葡萄牙（PRT）	32	32	35
俄罗斯（RUS）	33	34	37
斯洛伐克（SVK）	34	35	38
斯洛文尼亚（SVN）	35	36	39
瑞典（SWE）	36	37	40
土耳其（TUR）	37	38	41
中国台湾（TWN）	38	39	42
美国（USA）	39	40	43
世界其他地区（RoW）	40	33，41	7，19，33，36，44

附表 8－2　WIOD2013 版与 WIOD2016 版部门对应

WIOD 交集部门		2013WIOD	2016WIOD
1	Agriculture, Hunting, Forestry and Fishing	C1	C1 – C3
2	Mining and Quarrying	C2	C4
3	Food, Beverages and Tobacco	C3	C5
4	Textiles and Textile Products, Leather, Leather and Footwear	C4 – C5	C6
5	Wood and Products of Wood and Cork	C6	C7
6	Pulp, Paper, Paper , Printing and Publishing	C7	C8 – C9
7	Coke, Refined Petroleum and Nuclear Fuel	C8	C10
8	Chemicals and Chemical Products	C9	C11 – C12
9	Rubber and Plastics	C10	C13
10	Other Non – Metallic Mineral	C11	C14
11	Basic Metals and Fabricated Metal	C12	C15 – C16
12	Machinery, Nec	C13	C19, C23

续表

WIOD 交集部门		2013WIOD	2016WIOD
13	Electrical and Optical Equipment	C14	C17 - C18
14	Transport Equipment	C15	C20 - C21
15	Manufacturing, Nec; Recycling	C16	C22
16	Electricity, Gas and Water Supply	C17	C24 - C25
17	Construction	C18	C27
18	Sale, Maintenance and Repair of Motor Vehicles and Motorcycles; Retail Sale of Fuel	C19	C28
19	Wholesale Trade and Commission Trade, Except of Motor Vehicles and Motorcycles	C20	C29
20	Retail Trade, Except of Motor Vehicles and Motorcycles; Repair of Household Goods	C21	C30
21	Hotels and Restaurants	C22	C36
22	Inland Transport	C23	C31
23	Water Transport	C24	C32
24	Air Transport	C25	C33
25	Other Supporting and Auxiliary Transport Activities; Activities of Travel Agencies	C26	C34
26	Post and Telecommunications	C27	C35, C39
27	Financial Intermediation	C28	C41 - C43
28	Real Estate Activities	C29	C44
29	Renting of M&Eq and Other Business Activities	C30	C40, C45 - C50, C37
30	Public Admin and Defence; Compulsory Social Security	C31	C51
31	Education	C32	C52
32	Health and Social Work	C33	C53
33	Other Community, Social and Personal Services	C34	C26, C38, C54
34	Private Households with Employed Persons	C35	C55 - C56

第九章

推进中国与共建“一带一路”国家林产品贸易高质量发展的政策建议

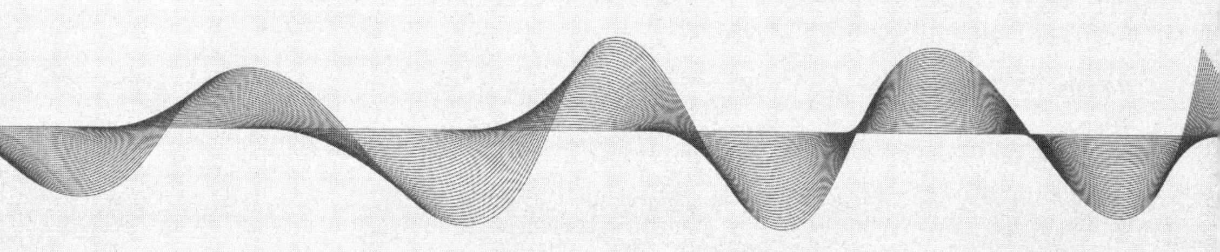

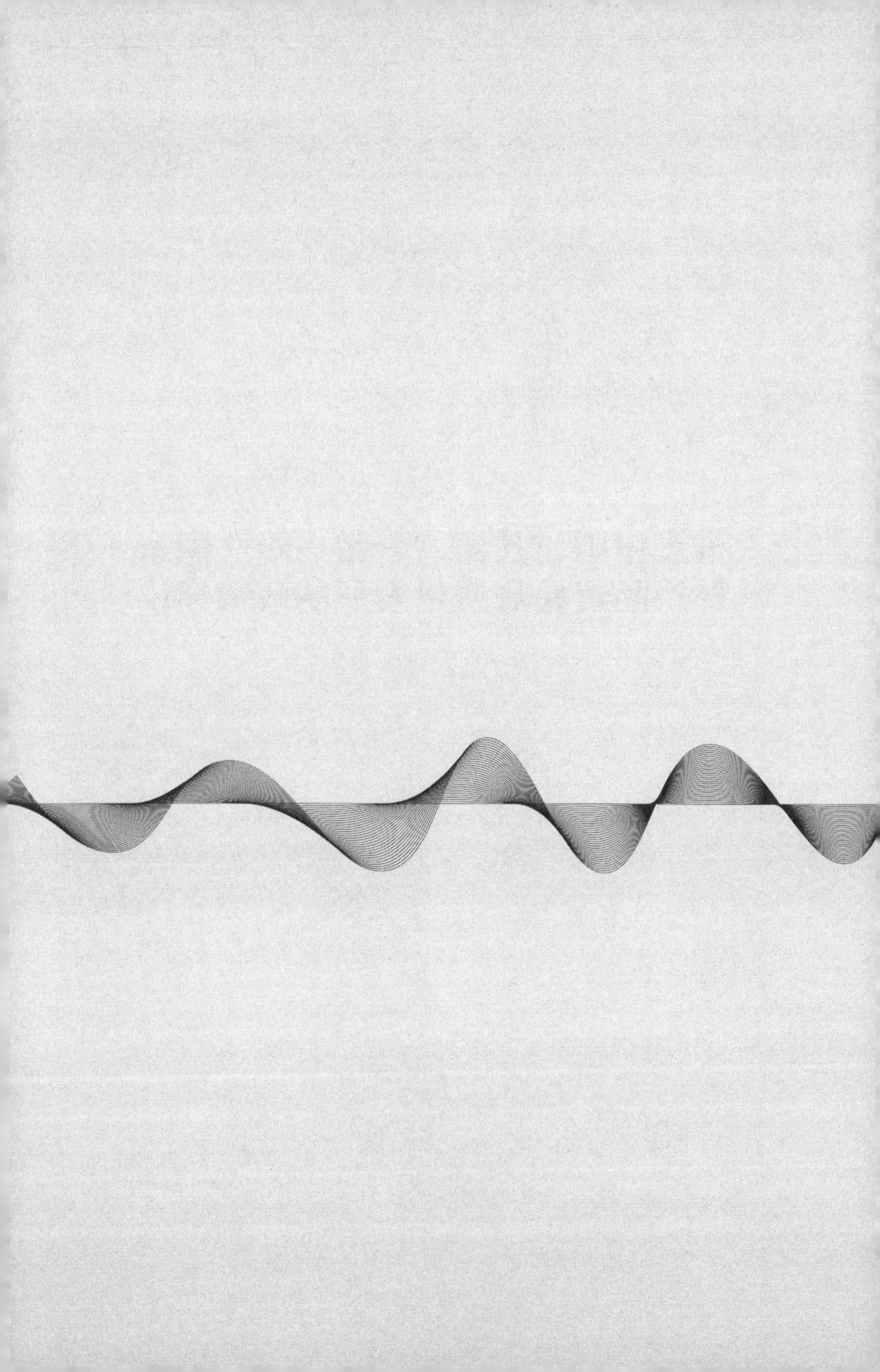

一 主要研究总结

前八章的内容首先从共建“丝绸之路经济带”和共建“21世纪海上丝绸之路”两个方面出发，对2009~2018年共建“一带一路”整体情况以及中国与共建“一带一路”国家林产品贸易的实际发展概况进行考察，并深入研究了林产品贸易的总体规模、市场及产品结构等主要特点。其次，从林产品贸易关税、贸易摩擦以及各国贸易便利化等角度，探讨了中国与共建“一带一路”国家林产品贸易的发展条件；在此基础上，利用2006~2017年中国与共建“一带一路”国家的林产品双边贸易数据，测算了中国对共建“一带一路”国家林产品出口增长的三元边际和贸易潜力情况，并采用贸易引力模型检验了各类经济因素对双边贸易规模的影响程度。最后，从产业实际发展状况和全球经济政治格局重塑大背景出发，分析了中国林业产业全球价值链重构的必然性和可能性，以及在全球价值链分工基础上的国际林产品贸易的隐含碳排放责任分担及补偿机制。通过前文各章节的系列理论分析与实证检验，报告最终得到以下结论。

第一，总体来看，在“一带一路”倡议涉及区域的林产品贸易中，共建“丝绸之路经济带”国家林产品的出口竞争优势较为明显，共建“21世纪海上丝绸之路”国家的林产品进口额逐年增长，发展潜力较大。分国别来看，OECD成员国由于其国内经济的发达对进口林产品的需求不断上升，而印度、沙特阿拉伯、巴基斯坦等国则由于人口、技术等方面的限制仍保持着较高的林产品进口依赖度；中国、俄罗斯、罗马尼亚、白俄罗斯等林产品传统出口大国的出口优势依然稳定，而多数东盟国家正凭借劳动力成本和森林资源等要素禀赋优势迅速带动本国林产品的出口额提升。分行业来看，在共建“一带一路”国家林产品贸易中，纸制品的进出口贸易均占重要地位，木家具和人造板属于主要出口产品，而木材、锯材和原木则成为共建国家的主要进口产品。此外，共建“丝绸之路经济带”与“21

世纪海上丝绸之路”国家林产品贸易的商品结构较为相似，但不同产品的贸易规模存在较大差异。

第二，对于中国而言，总体来看，中国与共建“一带一路”国家的林产品贸易份额在中国林产品的总体对外贸易中占比较高且表现为增长态势。其中，共建“21 世纪海上丝绸之路”对中国林产品的出口贸易贡献远超共建“丝绸之路经济带”国家，而进口贡献则与共建“丝绸之路经济带”大体相当。具体来看，中国林产品的出口市场主要集中在东南亚和西亚北非地区，进口市场则以东南亚和东北亚地区为主，贸易市场结构较为稳定且集中度高。而在商品结构方面，中国与共建“一带一路”国家的林产品贸易长期保持“两头在外，大进大出”的发展模式，且多数商品的市场集中度均有不同程度的提升，表明中国林产品贸易的未来发展存在一定的潜在风险。

第三，就贸易发展条件来看，“一带一路”倡议的提出不仅推动中国与共建国家的林产品贸易基本实现了“零关税”，同时有效提升了区域贸易便利化水平，在一定程度上缓解了贸易摩擦。但随着绿色壁垒和技术壁垒等贸易限制逐步收窄，中国国内贸易和认证标准与国际标准的差异、共建“一带一路”国家贸易便利化水平的差异以及多国目前尚且恶劣的环境规制带来的无形交易成本等现存问题，仍将成为中国林产品贸易未来发展的严峻挑战。

第四，在贸易增长潜力方面，中国当前的林产品出口贸易情况显示，在数量、价格和商品种类三要素组成的三元边际中，“以量取胜”依然是拉动中国出口增长的主要方式。与此同时，价格对出口增长的促进作用正逐步显现，而商品种类的促进作用则仍存在较大的提升空间。而在市场层面，在共建“一带一路”的 64 个贸易伙伴国中，大多数国家在与中国的林产品贸易领域表现为“潜力开拓型”市场，表明中国与共建“一带一路”国家的林产品贸易存在巨大的市场潜力。

第五，在产业价值链方面，中国的林业产业已具备一定的竞争力，但与共建“一带一路”的爱沙尼亚、拉脱维亚、斯洛文尼亚等中东欧国家相比尚有较大差距，目前仍面临低端锁定困境。在此前提下，“一带一路”倡议带来的全球价值链重构为中国林业产业向全球价值链的高端攀升提供了重大机遇，而共建“一带一路”国家内部完备的价值链分工体系产生的产业内互补性，以及“一带一路”倡议带来的区域相关技术变革和制度创新的可行性，都将成为中国林业产业下一阶段实现价值链攀升的有力切入点。

第六，在贸易隐含碳排放领域，共建“一带一路”国家林产品贸易规模的不断扩大，使得林产品贸易隐含碳排放的责任划分和补偿机制问题的重要性持续提升。在最新的贸易隐含碳排放测算体系支撑下，对于更加公平合理的隐含碳排放责任的认定和标准的探索正在进行，并将对中国以及所有共建“一带一路”国家林产品贸易的未来高质量发展产生积极影响。

二 林产品贸易高质量发展的内涵

2017 年 10 月，习近平总书记在党的十九大报告中首次指出，“中国经济已从高速增长阶段转向高质量发展阶段”，标志着中国特色社会主义进入引领人民追求美好生活的新时代。同年出版的《习近平新时代中国特色社会主义思想学习纲要》第九章再次强调，“高质量发展，是能够很好满足人民日益增长的美好生活需要的发展，是体现新发展理念的发展，是创新成为第一动力、协调成为内生特点、绿色成为普遍形态、开放成为必由之路、共享成为根本目的的发展。更明确地说，高质量发展，就是经济发展从‘有没有’转向‘好不好’”。

在此前后，学界对于高质量发展的内涵进行了多角度解读。洪银兴（2019）指出，新发展理念是高质量发展的依据，规定了高质量发展的核心内容。逄锦聚（2019）指出，高质量发展是满足人民美好生活需要的、共享的发展，是创新和效率提高的发展，是国民经济比例、结构协调和经济发展方式优化的发展，是绿色的发展、人与自然和谐相处的发展。国家发展改革委经济研究所课题组（2019）指出，高质量发展的核心内涵是供给体系质量高、效率高、稳定性高。张军扩等（2019）认为，高质量发展的本质内涵，是以满足人民日益增长的美好生活需要为目标的高效率、公平和绿色可持续的发展。

综上所述，高质量发展的重要内涵和内在要求均为新发展理念，即高质量发展是体现创新、协调、绿色、开放和共享的发展。在此基础上，报告得出林产品贸易高质量发展的内涵，即在林产品贸易过程中，有效体现并实现创新、协调、绿色、开放和共享的发展。基于以上内涵并结合上文研究结论，本报告尝试对于推进中国与共建“一带一路”国家林产品贸易的高质量发展提出政策建议。

三　推进中国与共建“一带一路”国家林产品贸易高质量发展的政策建议

（一）增强林产品贸易创新能力，培育竞争新优势

1. 优化贸易结构，增强林产品贸易创新能力

当前中国与共建“一带一路”国家林产品贸易的商品结构相对单一，特别是出口贸易商品种类长期只包含纸品、木家具和人造板等具有劳动力成本低廉、固定资产投资规模较大等特性的劳动密集型产品，导致贸易潜在风险较为突出的同时，更在一定程度上限制了林产品贸易的充分发展和贸易总体结构的优化升级。对此，中国应积极通过国际交流充分了解并拓展贸易伙伴国的需求，进而有针对性地在国内企业开展大规模的产品创新升级行动，以迅速适应乃至创造国际林产品贸易的新变化、新需求；同时，通过降低关税、签订贸易协定等方式，有意识地引导出口企业将贸易类别扩大到林业产业的更多产品上去，从而优化与共建“一带一路”国家林产品贸易的商品结构，并促进中国林业产业结构和对外贸易的高质量转型。

2. 释放贸易潜力，培育林产品贸易竞争新优势

当前中国与共建“一带一路”国家林产品贸易的主要市场和伙伴国过于集中，不利于市场风险的分散和产业区域整体竞争力的提升。根据共建“一带一路”64 国的贸易潜力测算结果，其中 51 个国家均属于中国林产品贸易的潜力开拓型市场，从而也是双边贸易规模扩大的有力增长点。因此，在下一阶段，中国应加大对本国林业企业的政策扶持，通过推进“政产学研”相结合，鼓励企业加强技术研发，加快转型升级步伐，同时利用战略联盟等方式使企业做大做强，推动创新要素向企业集聚，促进科技成果向现实生产力的转化；在此基础上，凭借优质产品进军国际市场，以科技创新为引领，抢占价值链的战略环节，积极开拓新的林产品贸易供给与消费市场，逐步分散林产品贸易市场，促进市场朝着多元化方向发展，从而有效降低市场风险，摆脱价值链低端锁定局面，最终实现林产品进出口贸易的高质量发展。

（二）提升整体协调性，推动林产品贸易持续健康发展

1. 推进与共建“丝绸之路经济带”国家的深入合作

就“一带一路”的整体区域划分而言，共建“丝绸之路经济带”的林产品进出口贸易规模均高于共建“21 世纪海上丝绸之路”，说明与共建“丝绸之路经济带”国家的林产品贸易未来合作空间更大。但当前二者对中国林产品出口贸易的贡献比已达到1∶4，表明当前中国与共建“21 世纪海上丝绸之路”国家的林产品出口贸易更密切，即存在中国林产品现有贸易市场与贸易潜力市场分布不相符的情况。对此，我国应在充分利用共建“海上丝绸之路”现有资源的同时，着力加强与共建“丝绸之路经济带”国家的开发合作，从多角度深入挖掘中东欧地区和中亚地区的市场潜力，积极开拓林产品贸易供给与消费市场，有效发挥“一带一路”倡议的贸易促进作用。

2. 促进贸易产品结构的多元化发展

当前中国与共建“一带一路”国家贸易的进出口林产品种类存在较大差异，其中进口商品种类较为全面，出口商品则相对单一。为提升中国林产品贸易的行业协调性，在提高企业创新能力以促进产业转型升级的同时，还可通过加强对国内现有人才的培养以及引进国外高端人才的方式，提升产业内决策人员的全球性思维和战略前瞻性眼光，从根本上带动企业和产业整体的贸易协调发展。

3. 扩大价格要素的竞争优势

在促进贸易规模增长的三元边际要素中，中国林产品出口的价格边际和种类边际均低于世界平均水平。其中出口种类的增长将继续依托贸易市场结构和商品结构的逐渐完善；而要从价格边际入手，进而推动中国林业产业向价值链高端攀升，则应始终坚持林产企业的供给侧结构性改革，根据市场对林产品需求结构的变化，主动调整林业生产结构，提高林业资源配置效率和林产品贸易的附加值，将林产品现有的价格优势转化为竞争优势，最终实现中国从“林产品出口大国”向“林产品出口强国”的转变。

（三）推进生态环境保护，注重人与自然和谐共生

1. 进一步推进绿色“一带一路”建设

“一带一路”建设已迈入蓬勃发展的第二个五年，中国欲在保证经贸增长速度的基础上推动与共建国家合作的高质量可持续发展，势必应审慎考察当前各地区在资源环境领域面临的共性问题，凝聚绿色共识，探索使经济增长与环境保护两大战略目标协同发展并形成良性循环的全新增长模式。为此，在林产品贸易领域，中国应继续以生态治理体系创新为目标，高效利用产业特色，与相关各国携手打造绿色国际公共产品，进而以生态优先带动高质量合作，实现环境、经济和社会三者效益的统一，从而与国

际社会各界一道，在资源环境保护领域不懈努力，从多角度以实际行动为绿色“一带一路”继续贡献“中国智慧”、提供“中国方案”，为全球生态文明建设谱写新篇章。

2. 加快贸易隐含碳减排进程

新旧两种隐含碳排放核算标准的结果差异表明，碳排放考察体系的不同极大地影响着贸易环境责任的划分。因此，中国首先应积极推动建立公平的碳排放责任核算标准，通过确定更加合理的排放额度和排放权，为林产品贸易的可持续发展创造良好环境。其次，应逐步探索转变贸易增长模式，调整林产品出口结构。由于林业产业内部各行业的隐含碳排放水平存在较大差异，因此，中国与共建国家可考虑在特定行业重点淘汰落后的高碳排放企业以减少出口碳排放，从而在本国形成低排放、低污染的出口结构，以此缓解碳减排压力。最后，应加快技术创新，引导产业升级。在短期内，通过调整经济结构、淘汰落后产能等措施降低出口隐含碳排放量；而从长期来看，引导整体产业的升级，并促使其向低排放、高附加值的高端制造业转型才能从根源上有效抑制碳排放的增长，同时实现我国国际分工地位的攀升。

（四）解决内外联动问题，拓展高层次开放型贸易

1. 健全国内森林认证体系

绿色贸易壁垒是当前中国林产品贸易企业“走出去”面临的最大问题之一。截至 2017 年，世界森林认证体系约 20 个，除 2 个国际体系、2 个地区体系之外，还有 10 多个国家体系。中国若想突破绿色贸易壁垒，在市场竞争中占据更有利地位，需要从自身实际出发，抓住“一带一路”的发展契机，提高中国森林认证标准，并推动国内的森林认证体系尽快与发达国家接轨，进而缩小国内外标准存在的差距。除此之外，中国政府还应当积极参与国际森林认证标准的制定，积极开展环境外交，充分发挥中国林

产品贸易大国的中坚作用。

2. 提升共建“一带一路”国家贸易便利化水平

目前，共建“一带一路”大部分国家的贸易便利化还处于较低的水平，整体的贸易环境仍需不断改善。中国作为负责任、有担当的发展中大国，有意愿和能力推进全球化、引领全球化、促进全球共同发展。为此，中国应加大对落后国家或地区公路、铁路、港口等基础设施的投资力度，借助丝路基金、亚洲基础设施投资银行、金砖国家开发银行等投融资平台，加快推进基础设施的互联互通；鼓励各国通过减少贸易单证数量、推进无纸化通关等方式简化通关手续，建立林产品贸易数据库，提高海关贸易数据收集的效率和质量，不断优化海关环境；与共建国家共建良好的规制环境，提高贸易政策的透明度和法律执行力，尝试搭建林产品贸易政策、法规和措施等数字信息共享平台，实现共建国家林业信息互通共享；借助互联网平台构建林产品贸易的物流、信息流与技术流畅通的网络体系，促进中国林产品出口企业采用跨境电子商务等新型贸易模式，提高贸易效率；积极参与国际组织关于贸易便利化的议题，主动学习和借鉴其他国家在提升贸易便利化水平方面的成功经验和方法，与共建国家共同将其应用于“一带一路”建设，通过以上多种措施有效提高共建国家的贸易开放度，最终以贸易便利化水平的提升为突破口，通过构建开放型区域贸易新体系推动实现共建国家林产品贸易的互利共赢，使“一带一路”倡议不断释放出林产品质量提升和林产结构优化升级的正向聚合效应。

（五）加快价值链重构，不断推进共建“一带一路”各国共同富裕

目前，世界范围内林业产业的分工模式已形成以全球林业产业链为纽带的生产网络模式，俄罗斯、东南亚国家提供原材料，在中国加工成成品，终点是美国等发达国家。在这一分工模式下，一方面，发达国家由于占据科技研发和品牌渠道等方面的优势，垄断了价值链的高端环节，而中

国等发展中国家往往只能从事组装加工等低端环节，面对较高的技术学习和自主创新成本，代工企业极易进入俘获型价值链。另一方面，部分共建发展中国家依靠低成本优势吸引外资，而忽视对其他要素资源的培育，加上价值链高端企业营造的技术壁垒，使得这些国家无法通过参与国际分工来提高在价值链中的地位。

随着“刘易斯拐点”的到来，中国在自身面临寻求新发展模式和经济增长点关键转折的同时，也极为重视林业产业全球价值链分工体系的优化重塑。推动构建由中国主导的“一带一路”新型林业产业价值链分工网络，不仅是中国主动建设适宜自身发展的全球经济治理机制的内容之一，而且是提高中国林业产业国际分工地位、促进我国林业产业迈向全球价值链中高端的一种可行且必要的路径。与此同时，基于充分考虑共建“一带一路”国家林业贸易结构互补性而构建的新型贸易分工网络，也将为区域林业贸易潜力的发挥提供广阔空间，引领共建各国共享林业贸易高质量发展的成果。

如今，“一带一路”倡议已迈入蓬勃发展的第二个五年，经历了前期区域贸易额的快速增长之后，人们更多地开始追求实现区域整体的高质量、可持续发展。而在与共建“一带一路”国家开展林产品贸易方面，中国依然有很长的路要走。面对纷繁复杂的国际环境和飞速变革的产业生态，为推动中国林产品贸易数量和质量的稳定增长，中国应在下一阶段继续秉承高质量发展的深刻内涵，在保持现有贸易基础的前提下，与共建“一带一路”国家在多领域开展全方位合作，通过有针对性的创新发展机制、协调贸易结构、关注生态环境、凝聚开放共识、推进利益共享等有力举措，使林产品贸易成为中国“一带一路”倡议的重要组成部分和有力增长点，为当前国内经济新常态和未来中国对外贸易的长期发展做出应有的贡献。

主要参考文献

[1] 洪银兴:《改革开放以来发展理念和相应的经济发展理论的演进——兼论高质量

发展的理论渊源》，《经济学动态》2019 年第 8 期，第 10 ~ 20 页。
[2] 逄锦聚、林岗、杨瑞龙等：《促进经济高质量发展笔谈》，《经济学动态》2019 年第 7 期。
[3] 国家发展改革委经济研究所课题组：《推动经济高质量发展研究》，《宏观经济研究》2019 年第 2 期，第 5 ~ 17、91 页。
[4] 张军扩等：《高质量发展的目标要求和战略路径》，《管理世界》2019 年第 7 期，第 1 – 7 页。

图书在版编目(CIP)数据

中国与共建“一带一路”国家林产品贸易高质量发展研究／程宝栋等著. -- 北京：社会科学文献出版社，2021.5

ISBN 978-7-5201-8427-4

Ⅰ. ①中… Ⅱ. ①程… Ⅲ. ①“一带一路”-国际合作-研究 ②林产品-国际贸易-研究-中国 Ⅳ. ①F125 ②F752.652.4

中国版本图书馆CIP数据核字(2021)第096758号

中国与共建“一带一路”国家林产品贸易高质量发展研究

著　　者／程宝栋　李芳芳　万　璐 等

出 版 人／王利民
责任编辑／宋　静

出　　版／社会科学文献出版社·皮书出版分社（010）59367127
地址：北京市北三环中路甲29号院华龙大厦　邮编：100029
网址：www.ssap.com.cn
发　　行／市场营销中心（010）59367081　59367083
印　　装／北京玺诚印务有限公司

规　　格／开 本：787mm×1092mm　1/16
印 张：18.25　字 数：258千字
版　　次／2021年5月第1版　2021年5月第1次印刷
书　　号／ISBN 978-7-5201-8427-4
定　　价／98.00元

本书如有印装质量问题，请与读者服务中心（010-59367028）联系